U0692729

“十二五”國家重點圖書出版規劃項目

2011—2020年國家古籍整理出版規劃重點項目

國家古籍整理出版專項經費資助項目

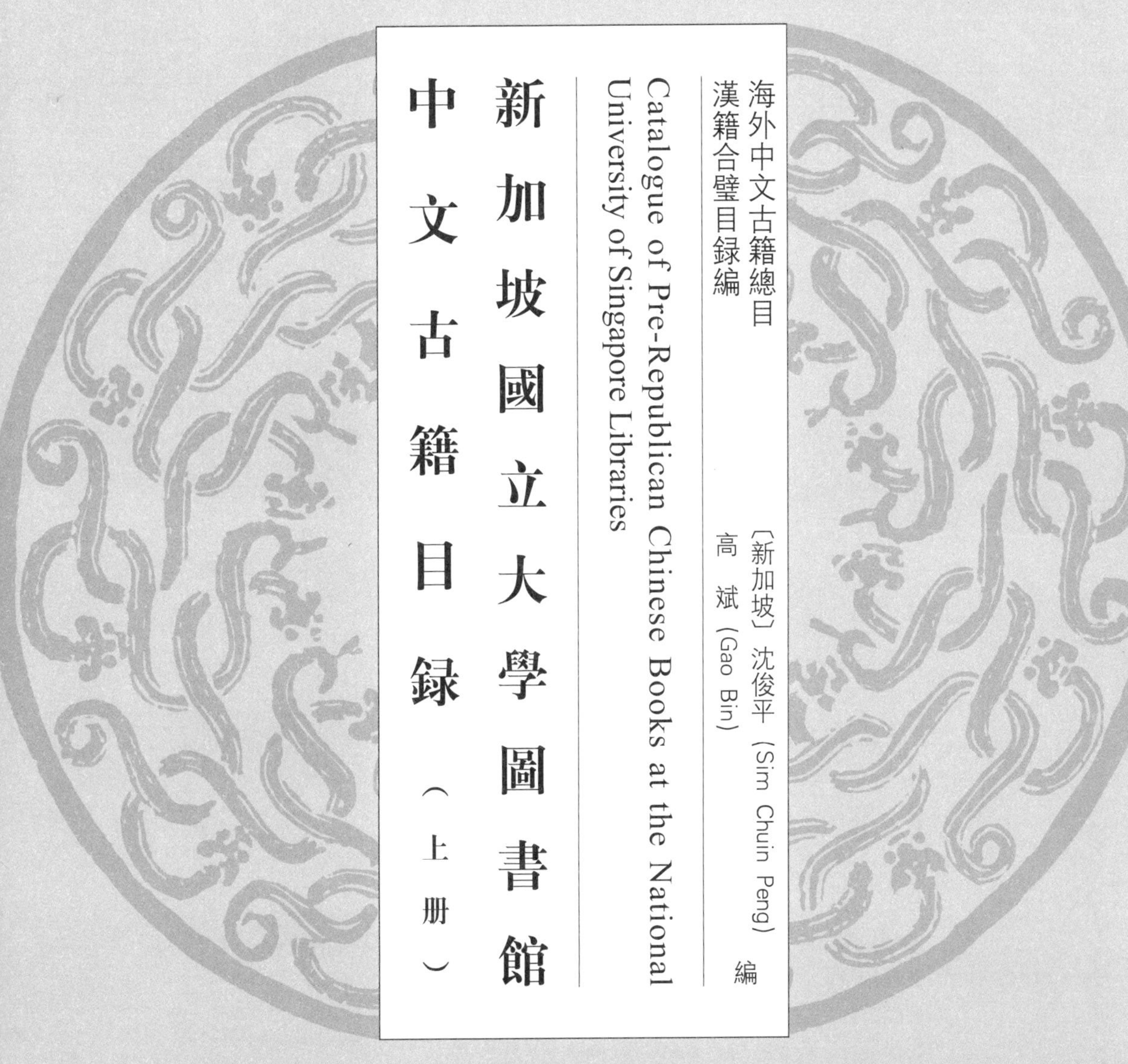

海外中文古籍總目
漢籍合璧目録編

〔新加坡〕沈俊平（Sim Chuin Peng）
高　斌（Gao Bin）　編

新加坡國立大學圖書館中文古籍目録

Catalogue of Pre-Republican Chinese Books at the National University of Singapore Libraries

（上册）

中華書局

圖書在版編目(CIP)數據

新加坡國立大學圖書館中文古籍目録/(新加坡)沈俊平,高斌編. —北京:中華書局,2021.5
(海外中文古籍總目)
ISBN 978-7-101-15014-8

Ⅰ.新… Ⅱ.①沈…②高… Ⅲ.院校圖書館-古籍-中文圖書-圖書館目録-新加坡 Ⅳ.Z838

中國版本圖書館 CIP 數據核字(2020)第 267788 號

書　　名	新加坡國立大學圖書館中文古籍目録(全二册)
編　　者	〔新加坡〕沈俊平　高　斌
叢 書 名	海外中文古籍總目
責任編輯	張　昊　李梅君　朱思瓊
裝幀設計	劉　麗
出版發行	中華書局
	(北京市豐臺區太平橋西里 38 號　100073)
	http://www.zhbc.com.cn
	E-mail:zhbc@zhbc.com.cn
印　　刷	三河弘翰印務有限公司
版　　次	2021 年 5 月北京第 1 版
	2021 年 5 月第 1 次印刷
規　　格	開本/787×1092 毫米　1/16
	印張 94¼　字數 1574 千字
國際書號	ISBN 978-7-101-15014-8
定　　價	1200.00 元

海外中文古籍總目·總序

中華文明悠久燦爛，數千年來留下了極爲豐富的典籍文獻。這些典籍文獻滋養了中華民族的成長和發展，也廣泛地傳播到世界各地，不僅對周邊民族産生了深刻影響，更對世界文明的融合發展做出了卓越貢獻。可以説，中華民族創造的輝煌文化，不僅是中華文明的重要組成部分，更是全人類的共同文化遺産，需要我們共同保護、傳承、研究和利用。而要進行這一工作，首先需要對存世典籍文獻進行全面的調查清理，編纂綜合反映古典文獻流傳和存藏情況的總目録。

由全國古籍整理出版規劃領導小組（簡稱“古籍小組”）主持編纂、歷時十七年最終完成的《中國古籍總目》就是這樣一部古籍總目録。它“全面反映了中國（大陸及港澳臺地區）主要圖書館及部分海外圖書館現存中國漢文古籍的品種、版本及收藏現狀”，著録了約二十萬種中國古籍及主要版本，是迄今爲止對中國古籍流傳與存藏狀況的最全面最重要的總結。但是，限於當時的條件，《中國古籍總目》對於中國大陸地區以外的漢文古籍的調查、搜集工作，“尚處於起步階段”，僅僅著録了“港澳臺地區及日本、韓國、北美、西歐等地圖書館收藏的中國古籍稀見品種”（《中國古籍總目·前言》），并没有全面反映世界各國各地區存藏中國古籍的完整狀況。

對於流傳到海外的中國古籍的搜集和整理，始終是我國學界魂牽夢繞、屢興未竟的事業。清末以來幾代學人迭次到海外訪書，以書目提要、書影、書録等方式將部分收藏情況介紹到國内。但他們憑個人一己之力，所訪古籍終爲有限。改革開放以來，黨和政府對此極爲重視。早在1981年，黨中央就明確提出“散失國外的古籍資料，也要通過各種辦法争取弄回來或複製回來”（中共中央《關於整理我國古籍的指示》，1981年9月17日）。其時“文革”結束不久，百業待興，這一高瞻遠矚的指示還僅得到部分落實，難以規模性地全面展開。如今，隨着改革開放事業的快速發展，國際間文化交流愈加密切，尤其是《中國古籍總目》的完成和中華古籍保護計劃的實施，爲落實這一指示提供了堅實的基礎，可以説，各項條件已經總體具備。在全球範圍内調查搜集中國古籍、編纂完整反映中國古籍流傳存藏現狀的總目録，爲中國文化的傳承、研究提供基礎性數據，已經成爲黨和政府以及學術界、出版界的共識。

據學界的初步調研，海外所藏中國古籍數量十分豐富，總規模超過三百萬册件，而尤以亞洲、北美洲、歐洲收藏最富，南美洲、大洋洲、非洲也有少量存藏。海外豐富的中國古籍藏量以及珍善本的大量存在，爲《海外中文古籍總目》的編纂提供了良好的基礎。而且，海外收藏中國古籍的機構有的已經編製了館藏中國古籍善本目録、特藏目録或聯合目録，關於海外中國古籍的提要、書志、叙録等文章專著也不斷涌現，這對編纂工作無疑具有很高的參考價值。然而，目前不少海外圖書館中國古籍的存藏、整理、編目等情况却不容樂觀。絶大多數圖書館中文館員數量極其有限，無力系統整理館藏中文古籍；有的甚至没有中文館員；有的中國古籍衹能被長期封存，處於自然消耗之中，更遑論保護修復。啓動《海外中文古籍總目》項目，已經刻不容緩。

長期以來，我們一直關注着海外中國古籍的整理編目與出版工作。2009年《中國古籍總目》項目甫告竣工，在古籍小組辦公室的領導下，編纂出版《海外所藏中國古籍總目》的計劃便被提上日程，并得到中共中央宣傳部、新聞出版總署的高度重視，被列入《"十二五"國家重點圖書出版規劃》《2011—2020年國家古籍整理出版規劃》。經過細緻的調研考察和方案研討，在"十三五"期間，項目正式定名爲《海外中文古籍總目》，并被列爲"十三五"古籍整理出版工作的五大重點工作之一。中華書局爲此組織了專業團隊，專門負責這一工作。

《海外中文古籍總目》是《中國古籍總目》的延續與擴展，旨在通過團結中國國内和世界各地相關領域的專家學者，組成編纂團隊，吸收最新研究成果進行編目，以全面反映海外文獻收藏單位現存中文古籍的品種、版本及收藏現狀。在工作方法與編纂體例上，《海外中文古籍總目》與傳統的總目編纂有着明顯的區别和創新。我們根據前期的調研結果，結合各海外藏書機構的情况和意見，借鑒中華古籍保護計劃的有益經驗，確定了"先分館編輯出版，待時機成熟後再行統合"的整體思路。同時，《海外中文古籍總目》在分類體系、著録標準、書影採集等方面都與全國古籍普查登記工作高度接軌，確保能够編纂出一部海内外標準統一、體例一致、著録規範、内容詳盡的古籍總目。

編纂《海外中文古籍總目》，可以基本摸清中國大陸以外地區的中文古籍存藏情況，爲全世界各領域的研究者提供基礎的數據檢索途徑，爲系統準確的古籍整理出版工作提供可靠依據，爲中國與相關各國的文化交流活動提供新的切入點和立足點。同時，我們也應該認識到，中國的古籍資源既是中國的，也是世界的，整理和保護這些珍貴的人類文明遺産，是每一個人的共同責任和使命。

2017年1月，中共中央辦公廳、國務院辦公廳印發了《關於實施中華優秀傳統文化傳承發展工程的意見》，其中明確提出"堅持交流互鑒、開放包容，積極參與世界文化的對話交流，不斷豐富和發展中華文化"的基本原則，并將"實施國家古籍保護工程，加强中華文化典籍整理編纂出版工作"列爲重點任務之一。遥想當年，在兵燹戰亂之中，前輩學人不惜生命捍衛先人留下的典籍。而今，生逢中華民族實現民族復興的偉大時代，我們有責任有義務完成這一幾代學人的宏願。我們將努力溝通協調各方力量，群策群力，與海内外各藏書機構、學界同仁一起，踏踏實實、有條不紊地將《海外中文古籍總目》這一項目繼續開展下去，儘快完成這樣一個動態的、開放的、富於合作精神的項目，使之早日嘉惠學林。

中華書局編輯部

2017年2月

目　録

卷上　圖録

卷下　目録

前　言

本目録所收之書，爲新加坡國立大學（以下簡稱"國大"）圖書館所藏中文古籍。國大圖書館所藏中文資料，皆歸中文圖書分館（以下簡稱"中文館"）管理。

中文館始創於1953年。其創設宗旨，乃爲支援同年設立之馬來亞大學中文系。成立初期，除大學的經費資助外，中文館還獲得本校前校長李光前博士（1893—1967）和實業家葉意先賢（1867—1952）的鼎立贊助，從而得以順利展開中文書籍搜集工作。1953年9月，時任代理中文系主任賀光中博士赴香港和日本搜購中文典籍，舉凡語言、文學、歷史、哲學、宗教、經學、美術、遊藝、總録、書志等各類書籍，精選採納，共得八萬一千册，值叻幣十八萬五千元，其中不乏珍稀的元明版本及明代抄本，爲中文館打下了堅實的館藏基礎。至一九六零年代中期，中文館館藏已達十四萬册，包括叢書四百餘種，學報、期刊兩百餘種，二戰前後之中文報章近三十種，已具一般大學中文系應有之圖書規模，而於文史資料方面尤爲詳備，爲中文系師生之教學與研究，創造了十分有利的客觀條件。

1965年，中文館獲得本地藏書家許紹南先賢家屬惠贈許氏生前收藏全部書刊約五千餘種（共七千餘册），館藏更爲豐富。許氏爲潮州潮安人，早歲南下，經商爲業。性恬淡，無所嗜好，唯以典籍自娛。貨殖所得，輒以書市，尤喜聚戲曲小説，辟室以藏，顔之曰"霜月蟲音齋"，長日深更，翻閲玩索，遂以收藏研究通俗文學及戲曲名家。許氏藏書以宋元以來之詩詞、戲曲和小説類書籍爲最，其中不乏善本，而辛亥革命以還出版之各種學報期刊，尤爲完備。

隨着前新加坡大學與前南洋大學於1980年合併爲新加坡國立大學之後，中文館得以彙集前馬來亞大學（1953—1961）、前新加坡大學（1962—1980）以及前南洋大學（1956—1980）等圖書館之全部中文藏書，館藏益加富足。1992年，前東亞哲學研究所（1983—1991）所藏東亞哲學研究之書交由中文館託管，現亦正式納入中文館館藏。

秉持父親理念，雲茂潮（1918—1992）先生子女從1995年起慷慨資助中文館。雲先生祖籍海南省文昌縣龍馬鄉大宫村，生於新加坡。1948年自愛德華七世學院藥劑科畢業。雲先生出身貧寒，却以其刻苦奮鬥和勇於拼搏的創業精神，在商界闖出一片天地。雲先生熱心公益，樂善好施，特别體恤出身貧寒之人士，並深明良好教育的重要性。在其子女多年來持續資助下，中文館的收藏益加豐富。

2002年10月，日文資料室之豐富日文藏書，亦併入中文館館藏。據2019年12月統計，中文館現收藏中、日文紙本資料逾76萬册，其中中文藏書近71萬册，其規模爲本地區同類圖書館之冠。中文藏書中的綫裝古籍逾17萬册，數量蔚爲可觀。

本目録分上、下兩册，共收善本古籍603種，普通古籍2994種，涵蓋元代至清末各時代刊本，其中和刻本131種（其中善本30種），朝鮮刊本4種，越南刊本1種，滿文刊本2種（其中善本1種）。目録上册爲館藏善本圖録，共收271種，其中經部40種，史部52種，子部64種，集部95種，類叢部20種，每種古籍均附書影，俾便學界考察使用。目録下册爲善本與普通古籍合編，共收3326種，其中經部419種，史部819種，子部595種，集部906種，類叢部398種，新學類53種，附録136種。

中文館館藏不乏罕見的傳世珍本，如元代建陽麻沙本《朱文公校昌黎先生全集》、明前期姜立綱抄本《史記》、明永樂元年（1403）内府刻本《古今列女傳》、清康熙三十六年（1697）冠山堂刻本《儋園文集》、清嘉慶十八年（1813）内府刻朱墨套印本《昭代簫韶》、日本德川時代後期稿本《七經逢原》、清光緒十八年（1892）朝鮮儀軌廳刻本《進饌儀軌》、越南大南國阮朝建福元年（1884）刻本《欽定越史通鑑綱目》等。

本目録的順利出版，得益於美國俄亥俄州立大學中文系李國慶教授的多方協助。李教授負責協調《海外中文古籍總目》的編目與出版工作，於2017年5月參觀了中文館的古籍善本並閲讀了古籍清單。他認爲中文館的古籍善本有不少珍品，建議國大圖書館加入《海外中文古籍總目》項目，以利學林。我們欣然接受了李教授的建議，並立即着手計劃進行這項頗有意義的工作。在編目期間，我們遇有任何疑問，便隨時通過各種方式向李教授請教，李教授雖在百忙之中，也總能耐心及時地予以指導和解惑。本書目歷時將近兩年才終於整理完成，其間李教授付出的辛勞，無以言謝！國大圖書館副館長沈俊平博士負責編目的統籌工作，他的熱誠與策劃，使得本目録得以如期完成。國大中文系博士生高斌先生負責版本鑒定、分類、著録、撰寫提要等工作，花費了不少心力，分擔了館員的不少工作，厥功至偉。其他館内同仁及協助者還有林永美女士、胡燕君女士、袁野先生、譚惠芳女士、周凱琴女士、學生助理孫蘋鈺小姐等，對他們在本目録編纂期間所給予的支持與協助，以及其他提供幫助但未能一一列舉的館員，在此一併致以衷心的謝意！也感謝中華書局的編輯們爲此付出的辛勞！

謹以此目録紀念新加坡國立大學建校115周年！

新加坡國立大學圖書館館長吴菁燕

二〇二〇年一月

凡　例

一、本書目共收録新加坡國立大學圖書館所藏中文古籍3597種。日本、朝鮮及越南地區古籍作爲附録附於書後。

二、本書目依據《全國古籍普查登記目録·漢文古籍分類表》標準，按“經”“史”“子”“集”“類叢”五部編排，另附“新學類”。

三、本書目信息依據古籍原書著録，著録項包括基本信息和附注。如古籍原書的信息不完整，必要時參考相關資料補充。

四、本書目按書名項、著者項、版本項、稽核項、附注項順序著録。叢書、合刻本、彙印書列出子目。每種古籍皆標明索書號。

1.書名項：包括書名及卷數。書名以卷端所題爲據，取自其他部位之題名，於附注項説明。卷數包括正文、卷首、卷末、附録等。殘本在書名項著録原書卷數，在附注項標明現存卷數。

2.著者項：包括著者、並列著者、時代及著作方式。一般著録本名，主要據原書所署，原書無署且無考者不著録。清以前的著者，著録朝代名，加〔 〕；域外著者，則著録國名，加（ ）。朝代、姓名不詳者以“□”代之。

3.版本項：包括刻印或抄寫時代、地域、版刻方式等。年代不詳者，則著録爲某朝或某朝某代間抄本、刻本。

4.稽核項：著録古籍册數。

5.版式項：著録行格、字數、書口、魚尾、版框、邊欄、版心等情况。

6.藏印項：著録書中有關藏書家、名人學者所鈐藏書印，以反映其流傳情况。藏印文字不能識别者以“□”代之。

7.複本：著録爲“又一部”。

五、上册善本圖録精選二百七十一種珍稀古籍並附書影，由於數量較多，每部古籍僅附卷端書影。

六、本書目中偶有不同書而同索書號者，係歷史原因所致，館内每種藏書另編有唯一藏書號（Stack Number），以便讀者及館員檢索。

七、本書目引用較多古人著作及資料，編者在引用時所加標點原則爲粗斷，以能解文意爲度。同理，原書牌記、題跋等所加標點也以能解文意爲度。

八、本書目引文中，或有個别錯訛字及簡化字，經核對當爲原書之誤，對此不做修改，以保留原貌。

九、本書目中存在大量異體字，考慮到本書内容的特殊性，尤其可能會影響書名、牌記等特徵標記的準確性，因此儘量采取從寬從俗、保留原貌的原則，並不强求字形的統一。

十、本書目後附書名及著者名索引，以便讀者檢索之用。

卷上

圖錄

經部

十三經注疏　111 0000

〔明〕毛晉輯

明崇禎間古虞毛氏汲古閣刻本　七十九册

半葉9行21字，小字雙行字同，白口，左右雙邊，無魚尾，半框高17.9釐米，寬12.6釐米。版心上鎸子目書名，中鎸卷次及葉碼，下鎸“汲古閣”。

鈐有“劉郉仁先生贈書之印”印。

子目：

尚書注疏二十卷　〔漢〕孔安國序　〔唐〕孔穎達疏　明崇禎五年（1632）刻本

毛詩注疏二十卷　〔漢〕鄭玄箋　〔唐〕孔穎達疏　明崇禎三年（1630）刻本

春秋左傳注疏六十卷　〔晋〕杜預注　〔唐〕孔穎達疏　明崇禎十一年（1638）刻本

春秋公羊注疏二十八卷　〔漢〕何休解詁　明崇禎七年（1634）刻本

春秋穀梁注疏二十卷　〔晋〕范甯集解　〔唐〕楊士勛疏　明崇禎八年（1635）刻本

周禮注疏四十二卷　〔漢〕鄭玄注　〔唐〕賈公彦疏　明崇禎元年（1628）刻本

禮記注疏六十三卷　〔漢〕鄭玄注　〔唐〕孔穎達疏　明崇禎十二年（1639）刻本

儀禮注疏十七卷　〔漢〕鄭玄注　〔唐〕賈公彦疏　明崇禎九年（1636）刻本

爾雅注疏十一卷　〔晋〕郭璞注　〔宋〕邢昺疏　明崇禎元年刻本

論語注疏解經二十卷　〔三國魏〕何晏集解　〔宋〕邢昺疏　明崇禎十年（1637）刻本

孟子注疏解經十四卷　〔漢〕趙岐注　〔宋〕孫奭疏　明崇禎六年（1633）刻本

按：館藏缺《論語注疏解經》卷一至卷九、《周易注疏》九卷、《孝經注疏》九卷。

孟子註疏題辭解

朝散大夫守尚書兵部郎中充龍圖閣待制知通進銀臺司兼門下封駁事兼判國子監上護軍賜紫金魚袋臣孫奭撰

題辭解

[疏]正義曰案史記云孟軻受業子思門人道既通所干者不合退與萬章之徒序詩書述仲尼之意作孟子七篇至嬴秦焚書坑儒孟子之徒黨自是盡矣其七篇書號爲諸子故篇籍得不泯絕漢興高皇未遑庠序之事孝惠雖除挾書之律然而公卿皆武力功臣亦莫以爲意及孝文皇帝廣遊學之路天下衆書往往稍出由是論語孟子孝經爾雅皆置博士當時乃有劉歆九種孟子凡十一篇炎漢之後盛傳於世爲之註者西京趙岐出焉至于李唐又有陸善經出焉自陸善經已降其所訓說雖小有異同而咸歸宗於趙氏隋志云趙岐註孟子十四卷又有鄭玄註孟子七卷在梁時又有綦毋邃孟子九卷唐書藝文

田間易學不分卷 121.17 933

〔清〕錢澄之撰

清康熙間斟雉堂刻本　七册

半葉10行23字，小字雙行字同，白口，左右雙邊，單黑魚尾，半框高18.1釐米，寬13.8釐米。版心上鎸書名，中鎸章節名，下鎸葉碼。

卷端題"田間易學"。内封題"桐城錢飲光先生著，田間易學，斟雉堂藏版"。卷首依次有清康熙二十三年（1684）清徐秉義撰《田間易學序》，署"康熙二十三年甲子夏六月既望"；凡例；《周易雜考》。

鈐有"南洋大學圖書館藏書"印。

周易雜攷

漢上朱氏曰十翼本與周易異卷前漢費直傳古文周易以彖象繫辭文言解說上下經是也費氏之易至馬融始作傳融傳鄭康成康成始以彖象連卦辭爻辭魏王弼又以文言附乾坤二卦故自康成而後其本加彖曰象曰王弼而後加文言曰至於文辭連屬不可附六十四卦之爻則仍其舊篇今繫辭上下說卦序卦雜卦是也魏高貴鄉公問博士淳于俊曰今彖象不連經文而注連之何也俊對曰鄭康成合彖象於經者欲便學者尋省易了孔子恐其與文王辭雜是以不合則鄭未詳易經之前彖辭不連經文矣○世所稱鄭玄舊本以彖傳連經文然猶合乾卦次序至王弼乃自坤卦始每卦以彖傳移綴彖辭之後而以象曰兩字冠之又以爲象本釋經宜相附近其義易了故分爻之象辭各附當爻之下猶如杜預註左傳分經之年與傳相附其意欲便學者誦習如淳于俊之說也○呂伯恭曰漢與言易者六家獨費氏傳古文易而不立於學官劉向以中古文易經校施孟梁丘經或脫去无咎悔亡惟費氏經與古文同眞孔氏遺書也按古

周易洗心十卷 121.127 915

〔清〕任啓運撰

清乾隆四十七年（1782）襲芳軒刻本　六册

半葉8行20字，小字雙行字同，白口，四周雙邊，單黑魚尾，半框高19.6釐米，寬14.1釐米，有圖。版心上鎸書名，中鎸卷次及章節名，下鎸葉碼。

内封題“壬寅歲刊，荆溪任啓運著，周易洗心，襲芳軒藏板”。卷首依次有清雍正八年（1730）《易學洗心叙》，署“雍正庚戌荆溪學人任啓運叙”；讀法；目録，題“荆溪任啓運釣臺傳，男翔巢阿參，孫慶范禺仙、門晚學生汾陽耿毓孝峰松同校刊”。卷末有清乾隆三十四年（1769）《跋》，署“乾隆歲次己丑季春月門晚學生耿毓孝敬跋”。

鈐有“南洋大學圖書館藏書”印。

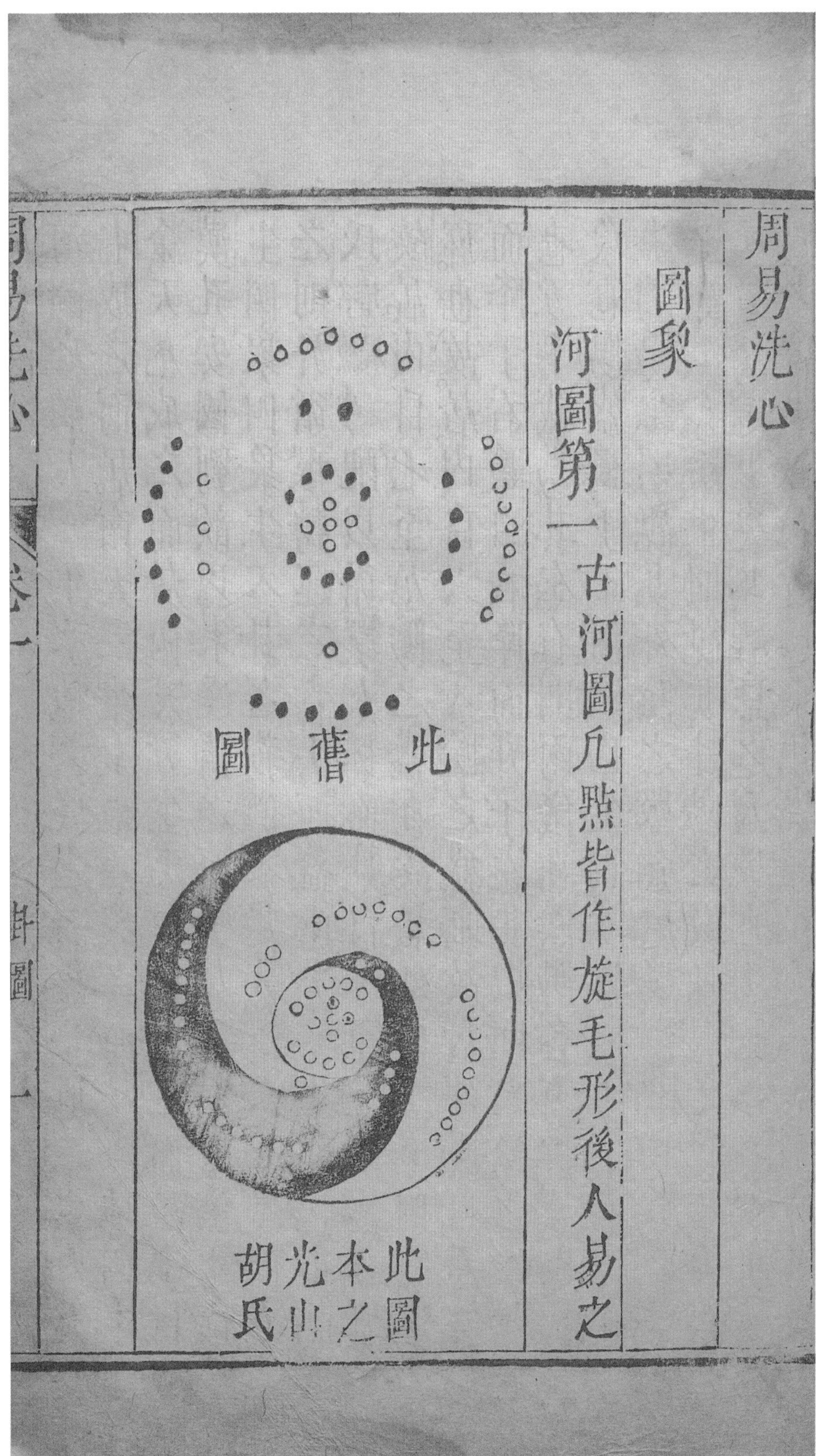
周易洗心
圖象
河圖第一
古河圖凡點皆作旋毛形後人易之
此舊圖
此圖本之光山胡氏
周易洗心　卷一　卦圖　一

監本書經六卷 332 3300

〔宋〕蔡沈集傳

清康熙間金陵奎壁齋刻本　四册

半葉9行17字，小字雙行字同，白口，左右雙邊，無魚尾，半框高18.7釐米，寬12.8釐米。兩截版，上鐫注解，下鐫正文，版心上鐫章節名，下鐫葉碼及卷次。

卷端題“書，蔡沈集傳”。内封題“遵依洪武正韻，監本書經，京都文興堂藏板”。卷首依次有宋嘉定二年（1209）《書集傳序》，署“嘉定己巳三月既望武夷蔡沈序”，《序》末牌記題“莆陽鄭氏訂本，金陵奎壁齋梓”；目録。

鈐有“馬鑒之印”印。

傳去声　典开音　放上声　思去声

書卷之一　蔡沈集傳

虞書

虞舜氏。因以爲有天下之號也。書凡五篇。堯典雖紀唐堯之事。然本虞史所作。故曰虞書。其舜典以下夏史所作。當曰夏書。春秋傳亦多引爲夏書。此云虞書或以爲孔子所定也。

堯典

堯唐帝名。說文曰。典從冊在开上。尊閣之也。此篇以簡冊載堯之事。故名曰堯典。後世以其所載之事可爲常法。故又訓爲常也。今文古文皆有

曰若稽古帝堯。曰放勳。欽明文思安安。允恭克讓。光被四表。格于上下。曰粵越通。古文作粵。曰若者。發語辭

書經大全十卷 334 4300

〔明〕胡廣等編纂 〔清〕徐汧訂

清康熙三十五年(1696)吴郡寶翰樓刻本 七册

半葉8行21字,小字雙行字同,白口,左右雙邊,無魚尾,半框高19.3釐米,寬14.5釐米,有圖。版心上鎸書名,中鎸卷次、章節名及葉碼。

卷端題“書經大全”。内封一題“康熙三十五年新刊,徐九一先生輯,五經大全,本衙藏板”,内封二題“徐九一先生訂,尚書大全,吴郡寶翰樓藏版”。卷首依次有凡例;引用先儒姓氏;參纂人名録;宋嘉定二年(1209)《書經大全序》,署“嘉定己巳三月既望武夷蔡沈序”;《書序》;《後序》;《書説綱領》;書圖;宋王應麟著《書經考異》。

鈐有“寶翰樓藏書記”“學□堂珍賞”“甘暝齋圖書記”“季雄氏”“林興之印”“藤井文庫”“東田川郡大和村古關川井庄右衛門之”印。

按:第一册部分頁爲手抄配補。

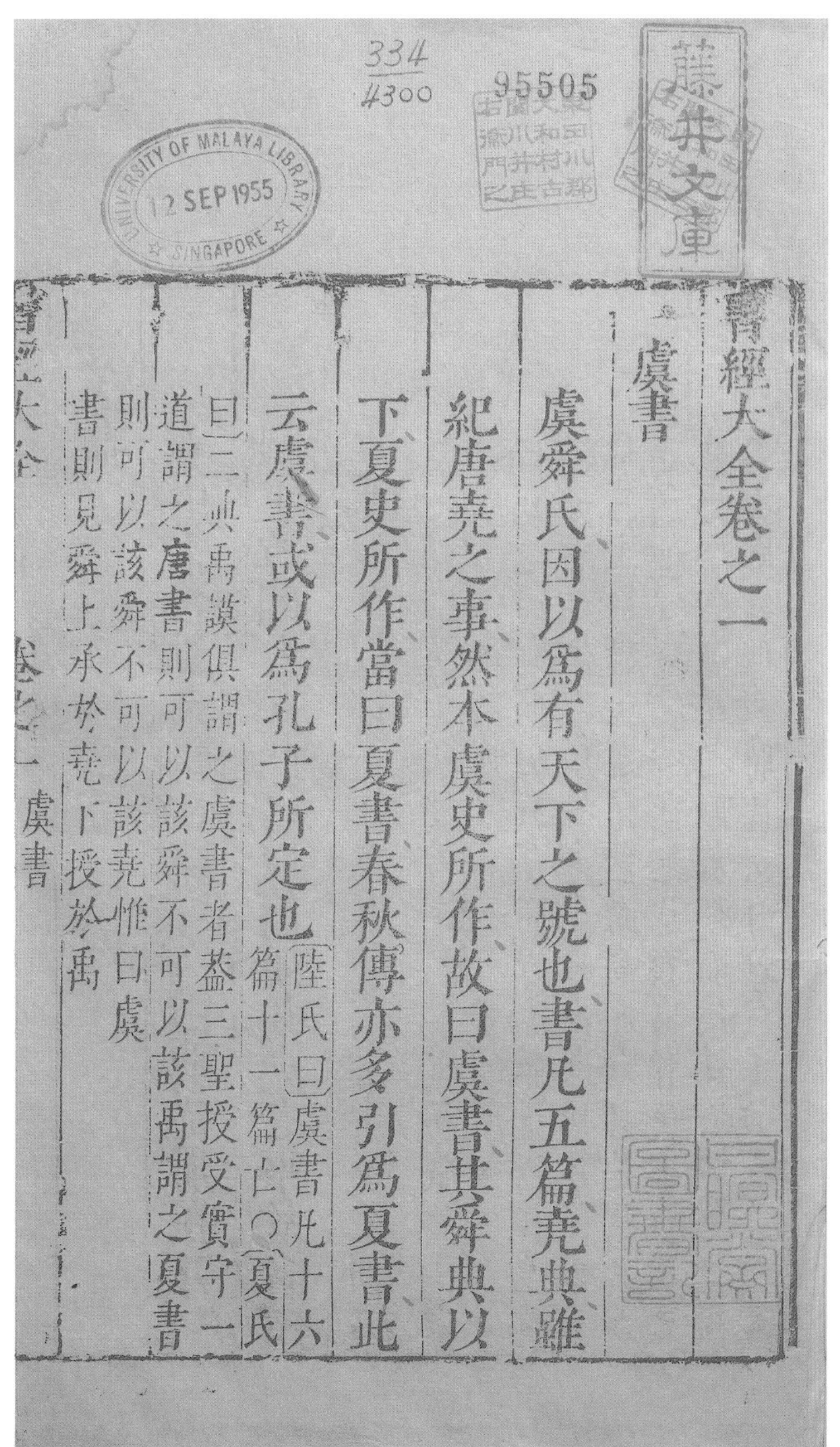

書經大全卷之一

虞書

虞舜氏因以爲有天下之號也書凡五篇堯典雖紀唐堯之事然本虞史所作故曰虞書其舜典以下夏史所作當曰夏書春秋傳亦多引爲夏書此云虞書或以爲孔子所定也陸氏曰虞書凡十六篇十一篇亡○夏氏曰二典禹謨俱謂之虞書者蓋三聖授受實守一道謂之唐書則可以該舜不可以該禹謂之夏書則可以該舜不可以該堯惟曰虞書則見舜上承於堯下授於禹

書經大全　卷之一　虞書

古文尚書考二卷

〔清〕惠棟撰

清乾隆五十七年（1792）讀經樓刻本　一册

半葉10行21字，小字雙行字同，白口，左右雙邊，單黑魚尾，半框高17.7釐米，寬13.3釐米。版心上鎸書名，中鎸卷次，下鎸葉碼。

卷端題“古文尚書考，東吴惠棟定宇撰”。内封題“惠松崖先生纂，古文尚書考，乾隆五十七年刊，讀經樓定本”。卷首依次有清乾隆十五年（1750）《古文尚書考序》，署“乾隆十五年歲次上章敦牂四月既望果堂弟沈彤撰”；清乾隆五十七年《序》，署“乾隆壬子三月既望嘉定錢大昕序”。

鈐有“齋藤圖書”“横山氏圖書記”印。

古文尚書攷卷上

東吳 惠 棟 定宇 撰

孔安國古文五十八篇漢世未嘗亡也三十四篇與伏生同二十四篇增多之數篇名具在劉歆造三統秝班固作律秝志鄭康成注尚書序皆得引之特以當日未立於學官故賈逵馬融等雖傳孔學不傳逸篇融作書序亦云逸十六篇絕無師說十六篇內九共九篇故二十四葢漢重家學習尚書者皆以二十九篇爲備伏生二十八篇太誓後得故二十九劉歆移書太常曰抑此三學㠯尚書爲備臣瓚曰當時學者謂尚書唯有二十八篇不知本有百篇也三學謂逸禮尚書左傳于時雖有孔壁之文亦止謂之逸書無傳之者服虔

毛詩古音考四卷附讀詩拙言一卷 434 3530

〔明〕陳第編輯 〔明〕焦竑訂正 〔清〕徐時作重訂

清乾隆二十七年（1762）刻本 二册

半葉10行21字，小字雙行字同，白口，四周雙邊，單黑魚尾，半框高18.8釐米，寬13.2釐米。版心上鎸書名，中鎸卷次，下鎸葉碼。

卷端題“毛詩古音考，閩中陳第季立編輯，金陵焦竑弱侯訂正，綏安徐時作筠亭重訂”。卷首依次有清乾隆二十七年《序》，署“乾隆二十七年壬午歲仲夏月濉川徐時作書於崇本山堂”；明萬曆三十四年（1606）《毛詩古音考序》，署“萬曆丙午夏秣陵焦竑弱侯書於所居恬愉館中”；明陳第撰《毛詩古音考自序》；總目。卷末有明萬曆三十四年《毛詩古音考跋》，署“萬曆丙午仲夏朔陳第書於謝墩山房”。

毛詩古音攷卷一

閩中陳　第季立編輯
金陵焦　竑弱矦訂正
綏安徐時作筠亭重訂

服音逼徐蒇曰服見於詩者凡十有六皆當爲蒲北切而無與房六叶者愚按不特詩易古辭皆此音

本證關雎求之不得寤寐思服悠哉悠哉輾轉反側有狐有狐綏綏在彼淇側心之憂矣之子無服葛屨要之襋之好人服之蜉蝣蜉蝣之翼采采衣服心之憂矣於我歸息候人維鵜在梁不濡其翼彼其之子不稱其服采薇四牡翼翼象弭魚服豈不日戒玁狁孔棘

六家詩名物疏五十五卷 AC149 Zcl 180

〔明〕馮復京輯

明萬曆間刻本　十四册

半葉9行19字，白口，四周單邊，單白魚尾，半框高21.3釐米，寬12.7釐米。兩截版，上鎸注文，下鎸正文，版心上鎸“詩名物疏”，中鎸卷次及葉碼，下鎸刻工及刻字字數。

卷端題“六家詩名物疏，海虞馮復京嗣宗輯著”。

鈐有“鄭杰之印”“鄭氏注韓居珍藏記”“佩三言齋”“紹昌印記”印。

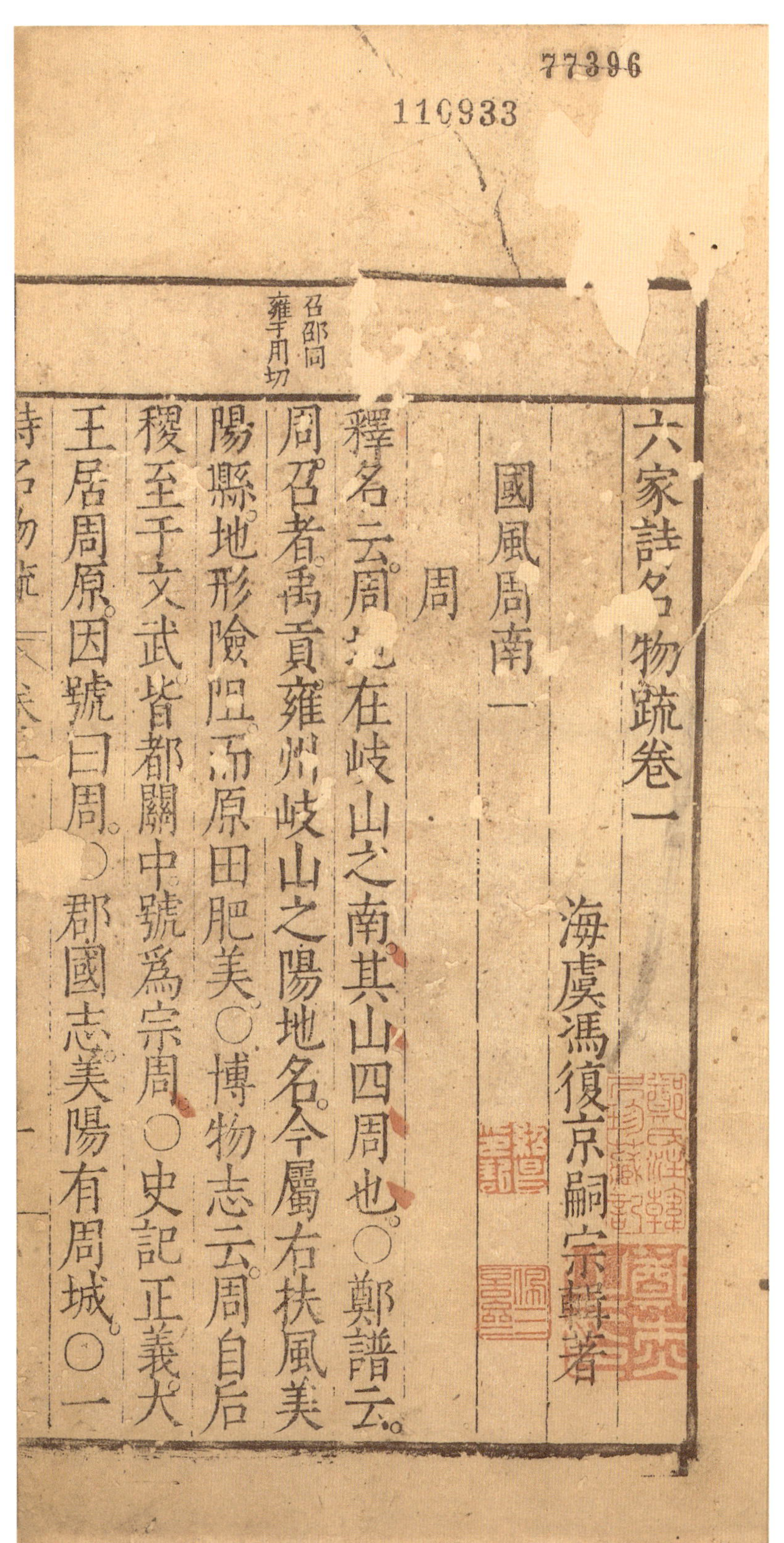
77396
110933
六家詩名物疏卷一
海虞馮復京嗣宗甫著
國風周南一
周
召邵同 雍于用切
釋名云周地在岐山之南其山四周也○鄭譜云周召者禹貢雍州岐山之陽地名今屬右扶風美陽縣地形險阻而原田肥美○博物志云周自后稷至于文武皆都關中號爲宗周○史記正義大王居周原因號曰周○郡國志美陽有周城○一
詩名物疏

詩瀋二十卷

〔清〕范家相撰

清乾隆三十九年(1774)古趣亭刻本　四册

半葉10行22字,黑口,左右雙邊,雙黑魚尾,半框高17.7釐米,寬12.7釐米。版心鎸書名、卷次及葉碼。

卷端題“詩瀋,會稽范家相蘅洲一字雪舟學”。内封題“乾隆甲午年鎸,秀水諸具茨先生、武進錢稼軒先生鑒定,詩瀋,古趣亭藏板”。卷首依次有清乾隆十九年(1754)《序》,署“乾隆甲戌九月望後二日年通家侍生秀水諸錦序”;清乾隆二十八年(1763)《序》,署“乾隆二十八年歲次癸未二月虞山同學年愚弟顧鎮頓首拜題”;清翁方綱撰《序》;清乾隆二十五年(1760)《自序》,署“乾隆二十五年歲次庚辰正月上元會稽范家相序”;目録。

鈐有“培英圖書館藏書印”“義安學院圖書館章”“南洋大學圖書館藏書”印。

詩瀋卷之一

會稽范家相衡洲一字雪舟學

總論上

原詩

詩何自起也大庭軒轅載籍無稽學者第弗深考惟虞書有詩言志歌永言之文先儒謂卽詩之道所自昉愚謂虞書所言乃詩歌聲律之用非詩之道始自虞廷也孔穎達曰明堂著土鼓之文黄帝有雲門之樂至周時尚有其聲則是樂聲之音逐人爲辭其卽爲詩之漸由此言之則知大庭軒轅之先亦必有詩明矣夫上古之樂雖不如中天

儀禮析疑十七卷

〔清〕方苞撰　〔清〕程崟、方道興編校

清乾隆十一年（1746）刻本　八册

半葉9行19字，白口，左右雙邊，單黑魚尾，半框高20.4釐米，寬14.2釐米。版心上鎸書名，中鎸卷次，下鎸葉碼。

卷端題“儀禮析疑，望溪方苞著，受業程崟、男道興編校”。内封題“儀禮析疑”。卷首依次有清乾隆十一年《序》，署“乾隆十一年仲冬門人程崟撰”；目録。

鈐有“嵩岡藏書”印。

儀禮析疑卷之一

望溪方苞著

受業程崟編

男道興校

士冠禮

古者十五入大學、九年而後出學、冠者不宜有任職之士、其用士禮與昏禮之墨車同。乃攝盛也。蓋公卿大夫元士之適子、並入成均、卽士之庶子、亦恒爲學士、舍不帥教而屏之遠方、鮮不登於天府者。故其始冠、俾攝用士禮、及三十而

天子肆獻祼饋食禮三卷

〔清〕任啓運纂

清乾隆三十八年(1773)清芬堂刻本　一册

半葉9行22字,小字雙行字同,白口,四周雙邊,單黑魚尾,半框高19.4釐米,寬13.8釐米。版心上鎸"肆獻祼饋食禮",中鎸卷次,下鎸葉碼。

卷端題"天子肆獻祼饋食禮,義興釣臺任啓運通纂"。内封題"義興釣臺任啓運通纂,肆獻祼饋食禮,清芬堂藏板"。卷首依次有清乾隆三十八年《叙》,署"乾隆癸巳桂月高平後學檀萃謹序";目録。

鈐有"南洋大學圖書館藏書"印。

天子肆獻祼饋食禮上卷

義興釣臺任啓運通纂

儀禮特牲饋食禮，諸侯之士之祭禮也。少牢饋食禮，諸侯之大夫祭禮也。特牲，豕也。少牢，羊也。天子之大夫得用大牢，曲禮云大夫以索牛是也。其禮與諸侯之大夫有同有異，畧見詩楚茨篇。薦血腥爲朝事，薦熟爲饋食。諸侯之大夫士有饋熟，無朝事，故皆以饋食名篇。天子諸侯之祭禮亾矣，今姑取其散見經傳者，纂而輯之，曰肆獻祼饋食禮。纂使論禮者有考焉。周禮以肆獻祼享先王，以饋食享先王。鄭氏乎曰：肆獻祼，祫也；饋食，禘也。王氏肅曰：宗廟既祼而獻，既獻而肆，肆謂薦血腥也，既肆乃饋熟。愚按孔子言禘自既灌而往，何以禘言饋食？鄭說非也。

禮記十卷 588.2 3500

〔清〕姜兆錫章義

清雍正十年（1732）寅清樓刻本　六册

半葉10行25字，小字雙行字同，白口，四周單邊，單黑魚尾，半框高20.3釐米，寬15.4釐米。版心上鎸書名及章節名，中鎸卷次，下鎸葉碼。

卷端題“禮記，姜兆錫章義”。内封題“雍正十年鎸，丹陽姜上均章義，翻刻千里必究，禮記，拙刻檢點恐有未盡，懇有道政示疏誤，俯成聞過則喜之義，本衙藏板”。卷首依次有清康熙五十二年（1713）《禮記章義序一》，署“康熙五十二年秋九月壬戌嘉定張大受序”；清康熙五十八年（1719）《禮記章義序二》，署“康熙己亥立春後五日同里王澍序”；《禮記序論六則》；目録。

按：卷首《序》及目録頁版心下鎸“寅清樓”。

禮記卷之一

姜兆錫章義

曲禮上第一

經曰曲禮三千言節目委曲其多如是也此蓋古禮經之篇名而作記者雜綴其文居首故即以名篇後人以編簡多又分爲上下云○張子曰物我兩盡自曲禮入朱子曰古者八歲入小學若曲禮少儀內則弟子職諸篇乃小學之支流餘裔也

曲禮曰毋不敬儼若思安定辭安民哉

毋禁止辭程子曰主一之謂敬無適之謂一朱子曰毋不敬是統言主宰處也儼若思敬者之貌安定辭敬者之言安民則敬者之效也此乃修身之要爲政之本君子修己以敬而其效至於安人安百姓蓋以是也○北溪陳氏曰敬者一心之主宰萬事之本人心出入無時莫知其鄉惟敬則心存萬理便森然於中古人謂敬者德之聚此也范氏曰經禮三百曲禮三千可以一言蔽之曰毋不敬眞氏曰曲禮篇爲禮記之首而毋不敬句爲曲禮之首蓋敬者禮之綱領也毋不敬者謂身心內外不可使有一毫之不敬也

○敖不可長欲不可從志不可滿樂不可極

敖去聲長上聲從縱同樂音洛○此章與丹書相表裏敖不可長所謂敬吉而怠滅也欲不可

禮記類編三十卷 588.2 7200

〔漢〕鄭玄注　〔唐〕陸德明音義　〔清〕沈元滄輯

清乾隆間刻本　十册

半葉10行23字，白口，左右雙邊，單黑魚尾，半框高18.5釐米，寬14.1釐米。版心上鎸書名，中鎸卷次及篇名，下鎸葉碼。

卷端題“禮記類編，漢北海鄭氏注，唐吴郡陸德明音義，後學仁和沈元滄輯”。卷首依次有清乾隆二十二年（1757）《禮記類編序》，署“乾隆丁丑冬月愚弟德潛拜撰”；清康熙二十八年（1689）《禮記類編自序》，署“康熙二十八年七月望日仁和沈元滄敬書”；清乾隆二十三年（1758）《禮記類編序》，署“乾隆戊寅人日山陽年侍生周龍官拜書於越華書院”；參訂姓氏；目録。

鈐有“紫堂”“易廷鋆印”“哲如陳慶保藏書”“師竹齋圖書”印。

禮記類編卷第一

漢　北海鄭　氏註

唐吳郡陸德明音義

後學仁和沈元滄輯

通論禮

元滄按易之履禮也。然因上天下澤以名之。特其象耳。惟乾以四德明天道。而禮則爲亨。亨者嘉之會。于時則萬物相見之期也。故三千三百。皆以節人事而天德存焉。戴記推本乎太一。而極之官天以表其體。曰治情。曰達義。曰釋回增美。以見其用。而又謂忠信之士。乃能隆

欽定三禮義疏 531.874 857

〔清〕鄂爾泰等編纂

清乾隆十九年(1754)武英殿刻本　一百八册

半葉8行18字，小字雙行22字，白口，四周雙邊，單黑魚尾，無界行，半框高22釐米，寬16釐米，有圖。版心上鎸書名，中鎸卷次、章節名及葉碼。

卷首依次有清乾隆十三年(1748)《御製三禮義疏序》，署"乾隆十三年冬十月朔經筵講官兵部尚書加一級臣梁詩正奉敕敬書"；《欽定周官義疏凡例》；參纂諸臣職名，題"乾隆十九年閏四月二十五日奉旨開列"；引用姓氏；目録。

鈐有"南洋大學圖書館藏書"印。

子目：

欽定周官義疏四十八卷首一卷

欽定儀禮義疏四十八卷首二卷

欽定禮記義疏八十二卷首一卷

欽定周官義疏卷第一

天官冢宰第一之一 冢知勇反

惟王建國辨方正位體國經野設官分職以爲民極 辨本亦作辯平勉反

正義 鄭氏康成曰建立也周公作六典之職以授成王營邑於土中以治天下是爲洛邑 賈疏召誥王來紹上帝自服于土中洛誥周公曰孺子來相宅亂爲四方新辟是也 案朱子詩傳周公相成王營洛邑爲東都以朝諸侯故曰以治天下 司徒職曰日至之景尺有五寸謂之地中天地之所

宋葉文康公禮經會元四卷

〔宋〕葉時撰　〔清〕陸龍其點定

清康熙間宛委堂刻本　四册

半葉9行20字，小字雙行字同，黑口，左右雙邊，雙黑魚尾，半框高16.4釐米，寬14釐米。版心鎸“禮經會元”、卷次、篇名及葉碼，天頭鎸有評文。

卷端題“宋葉文康公禮經會元，平湖陸龍其稼書點定，受業席永恂漢翼、趙鳳翔魚裳、侯銓秉蘅、王前席漢廷、男宸徵直方校”。内封題“陸稼書先生手訂禮經會元讀本，參互考訂漢鄭康成注疏，宛委堂發兑”。卷首依次有元至正二十五年（1365）《序》，署“至正乙巳中秋日榮禄大夫江浙行省右丞兼同知行樞密院事海陵潘元明序”；目録。

鈐有“小四庫圖章”“卓犖觀群書”印。

宋葉文康公禮經會元卷之一

席永恂漢翼

平湖陸龍其稼書點定　受業　趙鳳翔魚裳

侯　銓秉衡　校

王前席漢廷

男　宸徵直方

禮經

知有聖人之治法，當知有聖人之道法。離道于法，非深於周禮者也。欲觀周禮，必先觀中庸。中庸曰：大哉

參讀禮志疑二卷

〔清〕汪紱撰

清乾隆三十六年（1771）栖碧山房刻本　二册

半葉10行22字，小字雙行字同，白口，左右雙邊，單黑魚尾，半框高20.1釐米，寬13.8釐米。版心上鎸書名，中鎸卷次，下鎸葉碼。

卷端題“參讀禮志疑，婺源後學汪紱”。内封題“乾隆辛卯秋鎸，江雙池先生著，參讀禮志疑，栖碧山房藏板”。卷首依次有清乾隆三十六年《序》，署“乾隆三十六年辛卯秋八月望日後學洪騰蛟書於栖碧山房”；清洪騰蛟撰《汪雙池先生小傳》。

鈐有“盱眙王氏十四間樓藏書印”“陳慶保”“庸言書屋”印。

參讀禮志疑卷之上

婺源後學汪紱

今之譚經者於易則欲羅焦京王何於書於詩則欲攙小序箋疏以朱蔡爲少也獨於禮則望漢儒注疏而卻行雖雲莊集說亦倦然而不戡卒業矣夫焦京流於術王何入於玄書詩之大小序則附會穿鑿而不復察於本篇之意旨所存漢唐諸儒惟事訓詁多爲枝葉不有朱蔡何以大其廓清之功乎禮則不然禮謹節文禮之迹存乎器數節文器數與俗更革去古日遠其迹日湮數千百年而失亡盡矣漢儒去周未遠周之所遺車服

明堂大道録八卷附禘説二卷 651 8444

〔清〕惠棟撰

清乾隆間經訓堂刻本　四册

半葉10行22字，小字雙行字同，白口，左右雙邊，單黑魚尾，半框高18釐米，寬14.2釐米。版心中鎸書名及卷次，下鎸葉碼。

卷端題“明堂大道録，東吴惠棟學”。内封題“惠松崖先生纂，明堂大道録，經訓堂藏版”。

明堂大道録卷一

東吴 惠 棟 學

明堂總論

明堂爲天子大廟禘祭宗祀朝覲耕籍養老尊賢饗射獻俘治（御名）望气告朔行政皆行于其中故爲大教之宫其中有五寑五廟十又个肯堂後室室以祭天堂以布政上有靈臺東有大學外有四門四門之外有辟廱有四郊及四郊迎气之兆中爲仁澤又有圜丘主四門者有四嶽外薄四海有四極權輿于伏羲之易𠛬始于神農之制自黄帝堯舜夏商周皆遵而行之而行之者以天下至誠毋三才

明堂大道録卷一　一

左氏節萃十卷

〔清〕凌𤩽玉撰

清乾隆二十六年（1761）金閶書業堂刻本　五册

半葉9行22字，小字雙行字同，白口，左右雙邊，單黑魚尾，半框高18.4釐米，寬13.6釐米。版心上鎸書名，中鎸卷次及章節名，下鎸葉碼。

卷端題“左氏節萃”。内封題“雲間盧文子先生鑒定，上海凌斗隍先生定本，春秋分國左傳，金閶書業堂梓行”。卷首依次有清乾隆二十六年《序》，署“乾隆二十六年辛巳四月錫山秦蕙田拜撰”；清乾隆七年（1742）《序》，署“乾隆壬戌陽月下旬斗隍凌𤩽玉書”；清乾隆二十六年《序》，署“辛巳嘉平朔男應曾謹記”。

左氏節萃周事 周平王宜臼四十九年爲魯隱元年崩於隱三年春孫桓王林立至桓十五年崩

周魯之事 桓王

隱公三年春王三月壬戌平王崩赴以庚戌先十二日故書之

秋武氏子來求賻王未葬也

六年冬京師來告饑公爲之請糴於宋衛齊鄭禮也

初戎朝于周發幣于公卿凡伯弗賓失地主禮七年冬王使凡伯來聘還戎伐之於楚丘以歸

桓公四年夏周宰渠伯糾來聘父在故名

五年夏仍叔之子書曰天王使仍叔之子來聘弱也此亦父在而子不名

春秋胡傳三十卷 690 1300

〔宋〕胡安國傳

明萬曆間新安黄之宷刻本　二册

半葉9行17字，小字雙行字同，白口，左右雙邊，單黑魚尾，半框高20.5釐米，寬14.3釐米。兩截版，上鎸注解，下鎸正文，版心鎸“春秋”、卷次及葉碼。

卷端題“春秋，胡安國傳”。卷首依次有《春秋胡傳序》；《總例》；《諸國興廢説》。

鈐有“東山”“馬鑒之印”“嚴啓豐印”“成雷之印”“迪莊珍藏”印。

春秋卷之一　　胡安國傳

隱公上

公名息姑姬姓侯爵自周公子伯禽始受封傳世二十三而至隱公攝主國事在位十一年謚法不尸其位曰隱

孟子曰王者之迹熄而詩亡詩亡然後春秋作今按邶鄘而下多春秋時詩也而謂詩亡然後春秋作何也自黍離降爲國風天下無復有雅而王者之詩亡矣春秋作於隱公適當雅亡之後又按小雅正月刺幽王詩也而曰赫赫宗周褒姒威之逮魯孝公之末幽王已爲大戎所斃惠公初年周既東矣春秋不作於孝公惠公者東遷之始

復扶又反　威胡悅反

春秋胡傳参義十二卷 695.2 1345

〔清〕姜兆錫參義

清雍正元年（1723）寅清樓刻本　四册

半葉10行25字，小字雙行字同，白口，四周單邊，單黑魚尾，半框高20.2釐米，寬15.2釐米。版心上鎸“春秋”及章節名，中鎸卷次，下鎸葉碼及“寅清樓”。

卷端題“春秋，胡傳原本姜兆錫參義”。内封題“雍正元年鎸，丹陽姜上均胡傳參義，春秋，兹編遵朱參胡刻竣，伏讀欽定傳説序文，幸不背違，内有數條擬遵奉，更加參定，本衙藏板”。卷首依次有《胡安國原序》；目録；《特標先聖作經大本十則》；《彙輯先哲論經大綱十四則》；《彙録諸傳評論十三則》；《遵録朱子語類六則》。

鈐有“哲如陳慶保藏書”印。

春秋卷之一

胡傳原本姜兆錫參義

隱公名息姑，惠公之長子，桓公軌之兄也。嫡母孟子，母聲子。公將以國讓軌，後以公子翬讒搆，爲軌所弑。謚法：不尸其位曰隱。

孟子曰：王者之迹熄而詩亡，詩亡然後春秋作。今按邶鄘而下多春秋時詩也，而謂詩亡然後春秋作，何也？自周轍既東，黍離降爲國風，天下無復有雅，而王者之詩亡矣。春秋之作，適當雅亡之後也。小雅正月刺幽王詩也，故曰赫赫宗周，褒姒滅之，則魯孝公之末，幽王已爲犬戎所弊，惠公初年，平王既東遷矣，而春秋不作于孝公、惠公，而作于隱公者，蓋東遷之始，流風遺俗猶有存者，鄭武公入爲王司徒，善于其職，周人愛之，而賦緇衣之詩，則猶用賢也。晉侯捍王于艱，王錫之秬鬯彤弓盧矢，而命之曰父義和，其歸視爾師，則猶有詩命也。及其在位日久，不能自强于政治，晚年失道滋甚，乃以天王之尊，下賵諸侯之妾，于是三綱淪，九法斁，人望絶矣。夫婦，人倫之本；朝廷，風化之原。平王母爲正后，身爲適冢，親遭褒姒之難，廢黜播遷，而宗國顛覆，亦可省矣。又不自懲，而賵人寵妾，是拔本塞源，自滅

春秋正傳三十七卷附末一卷 b10813950

〔明〕湛若水撰

清乾隆六十年(1795)古香書屋重刻本　十二册

半葉10行21字，小字雙行字同，白口，左右雙邊，單黑魚尾，半框高16.8釐米，寬13.7釐米。版心上鎸書名，中鎸卷次，下鎸葉碼。

卷端題“春秋正傳，增城湛若水甘泉撰，族孫祖貴重刊”。卷首依次有清乾隆六十年《春秋正傳序》，署“乾隆六十年歲次乙卯孟冬月既望賜進士及第光禄大夫經筵講官吏部右侍郎提督江西學政後學平湖沈初撰”；明嘉靖十一年(1532)《春秋正傳序》，署“嘉靖十一年七月朔旦後學甘泉湛若水序”；《正朔月數論》。卷末有清乾隆六十年《跋》，署“乾隆六十年乙卯夏五月族孫湛祖貴謹跋於江西永寧邑署之古香書屋”。

鈐有“陳慶保”“南洋大學圖書館藏書”印。

春秋正傳卷之一

增城湛若水甘泉撰　　族孫祖貴重刊

隱公名息姑姬姓侯爵自周公子伯禽始受封傳世十三而至隱公惠公繼室所生在位十一年

周平王四十九年元年齊僖公祿父九年晉鄂侯郄二年曲沃莊伯鱓十一年衛桓公完十三年蔡宣公考父二十八年鄭莊公寤生二十二年曹桓公終生三十五年陳桓公鮑二十三年杞武公二十九年宋穆公和七年秦文公四十四年楚武王熊通十九年

春王正月

正傳曰春王正月乃春秋表時以紀事之通例無事亦書虛以待事也公羊曰春者何歲之始也王者孰謂謂天王也曷爲先言王而後言正月王正月也何

春秋地名考略十四卷附春秋左傳姓名同異考四卷

〔清〕高士奇撰

清康熙二十七年（1688）刻本　五册

半葉10行19字，小字雙行字同，白口，四周單邊，單黑魚尾，半框高18.2釐米，寬13.8釐米。版心上鎸書名，中鎸卷次及國名，下鎸葉碼。

卷端題“春秋地名考略，日講官起居注詹事府少詹事兼翰林院侍講學士臣高士奇”。卷首依次有清康熙二十六年（1687）《序》，署“康熙二十有六年冬十月昆山徐乾學謹序”；清朱彝尊撰《序》；清康熙二十七年《序》，署“康熙二十七年歲在戊辰仲冬日講官起居注詹事府少詹事兼翰林院侍講學士臣高士奇拜手謹序”；凡例；目録。

鈐有“玉森氏藏書”“謝氏珍藏”“日勺秋農”印。

按：《春秋左傳姓名同異考》版式略異，黑口，版心鎸書名、卷次及國名。

春秋地名攷略卷之一

日講官起居注詹事府少詹事兼翰林院侍講學士臣高士奇

周

都洛邑王城

武王作邑于鎬京謂之宗周是爲西都既革殷命謂周公曰我南望三塗北望嶽鄙顧瞻有河粤瞻雒伊毋遠天室營周居于雒邑而後去葢營之而未就也周公攝政之七年成王在豐欲宅洛邑使召公先相宅召誥曰太保朝至于洛卜宅厥既得卜則經營越三日庚戌太保乃以庶殷攻位于洛汭越五日甲寅位成孔安國傳曰以衆殷之民治都邑之位于洛水北今河南城也康誥曰周公初基作新大邑于東國洛四方民大和會史記曰成王使召公復營洛邑如武王之意周公復卜申視卒營築居九鼎焉曰此天下之中四方入貢道里均即此周書作雒解周公立城方千六百二十丈郛方

春秋宗朱辨義十二卷首一卷

〔清〕張自超撰

清乾隆五年(1740)世耕堂刻本　八册

半葉8行22字，小字雙行字同，白口，四周雙邊，單黑魚尾，半框高21.2釐米，寬15.6釐米。版心上鎸書名，中鎸卷次及子目，下鎸葉碼及“世耕堂”。

卷端題“春秋宗朱辨義，固城張自超彝嘆氏著”。内封題“乾隆五年嘉平月新鎸，高淳張彝嘆著，春秋宗朱辨義，世耕堂藏版”。卷首依次有清乾隆五年《序》，署“乾隆歲在庚申嘉平月年家眷同學弟九子徐家祺拜撰”；清康熙五十一年(1712)《自序》，署“康熙五十有一年歲在壬辰仲夏月高淳張自超書”；清雍正十二年(1734)劉毓嵩、邢紹中撰《序》，署“雍正歲在甲寅嘉平月之朔”；校訂姓氏；《總論》。

春秋宗朱辨義卷一

固城張自超彜歎氏著

隱公

元年

有天子之元年有諸侯之元年春秋魯史故先書年而以天時王月繫於其下

春王正月

文定謂魯史本書十一月夫子改作春正月是泥於商革夏命以丑月爲歲首仍謂之十二月而未嘗改月周革殷命以子月爲歲首仍謂之十一月而未嘗改月也夫以歲首而書十二月十一月固爲不順周曆既以十

孝經衍義一百卷首二卷　

〔清〕韓菼等編纂

清康熙二十九年（1690）刻本　三十册

半葉9行20字，小字雙行字同，白口，四周雙邊，單黑魚尾，半框高21釐米，寬14.5釐米。版心上鐫書名，中鐫卷次，下鐫葉碼。

内封題“孝經衍義”。卷首依次有清康熙二十九年《御製孝經衍義序》，署“康熙二十九年四月二十四日”；清康熙二十一年（1682）《恭進孝經衍義表》；凡例；目録。

鈐有“陳慶保”印。

孝經衍義卷一

衍至德之義

臣按德者天所賦人所受之正理曰仁曰義曰禮曰智曰性是為五性之德愛曰仁宜曰義理曰禮通曰智守曰性其用有五者之則而皆以孝為之本故經謂之至德曾子親受經於聖師者也禮記祭義篇名載曾子之言則曰仁者仁此者也禮者履此者也義者宜此者也信者信此者也强者强此者也不言智者强而不變即知

大學衍義四十三卷 1278 4155

〔宋〕真德秀撰

明崇禎十六年（1643）汲古閣刻本　十六册

半葉9行20字，小字雙行字同，白口，四周單邊，單黑魚尾，半框高19.8釐米，寬11.7釐米。版心上鎸書名，中鎸卷次，下鎸葉碼，每卷首、末頁版心鎸有“汲古閣”。

卷端題“大學衍義”。每卷卷末題“後學毛鳳苞、男褒、衮、表、扆訂正”。卷首依次有宋真德秀撰《大學衍義序》；宋真德秀撰《進大學衍義表》；目録；宋端平元年（1234）《中書門下省時政記房申狀》，署“端平元年十月日翰林學士中奉大夫知制誥兼侍讀浦城縣開國公食邑五百户賜紫金魚袋臣真德秀狀”。卷末依次有明崇禎十五年（1642）《跋》，署“壬午九月九日虞山毛鳳苞識”；明毛褒撰《跋》；明毛衮撰《跋》；明毛表撰《跋》；明毛扆撰《跋》。

鈐有“古恒室圖書”“華仁記子”印。

大學衍義卷第一

帝王爲治之序

堯典虞書篇名典者常也曰若稽古帝堯曰若發語辭曰字與粵越通用稽考也言考古之帝堯其事云云也曰放勳放至也亦廣大之意如放乎四海之放勳功也欽明文思安安欽敬也思去聲允恭克讓允信也克能也光被四表格于上下被及也四表四外也格至也上天下地也克明俊德以親九族明明之也俊大也以用也九族高祖至玄孫之親九族既睦平章百姓既已也睦和輯也平均也章明也百姓畿內之民也百姓昭明協和萬邦黎民於變時雍昭亦明也協合也於美也變化也時是也雍和也

四書章句大全四十卷

〔明〕胡廣等編纂　〔清〕汪份增訂

清康熙間遄喜齋刻本　二十四册

半葉9行21字，小字雙行字同，白口，左右雙邊，單黑魚尾，半框高20.7釐米，寬14.9釐米。兩截版，上截鎸評文，下截鎸正文，版心上鎸書名，中鎸卷次及章節名，下鎸葉碼及“遄喜齋讀本”。

《大學章句大全》卷端題“大學章句大全，長洲汪份武曹手輯，長洲馮翯孟容、吴縣張九葉傳之、秀水陳鑒其言仝訂”。卷首依次有清康熙四十二年（1703）《序》，署“康熙四十二年正月穀旦日講官起居注翰林院侍講學士提督江南等處學政加一級張廷樞序”；清康熙四十一年（1702）《序》，署“康熙四十一年夏五月朔旦同里韓菼序”；清康熙四十一年《序》，署“康熙四十一年五月十七日長洲汪份書於遄喜齋”；《增訂四書大全附録》；明永樂十三年（1415）《進呈表》，署“永樂十三年九月十五日翰林院學士兼左春坊大學士奉政大夫臣胡廣等謹奉表”；明永樂十三年《成祖御製序》，署“永樂十三年十月初一日長洲後學倪熹光謹書”；凡例；《讀大學法》；宋淳熙十六年（1189）《大學章句序》，署“淳熙己酉二月甲子新安朱熹序”。

《論語集注大全》卷端題“論語集注大全，長洲汪份武曹手輯，長洲馮翯孟容、徐葆光亮直、秀水陳鑒其言仝訂”。卷首依次有《讀論語孟子法》；《論語集注序説》。

《孟子集注大全》卷端題“長洲汪份武曹手輯，長洲馮翯孟容、陸介黄眉士、吴縣馮汝軾學坡、秀水陳鑒其言仝訂”。卷首有《孟子集注序説》。

《中庸章句大全》卷端題“中庸章句大全，長洲汪份武曹手輯，長洲馮翯孟容、陸介黄眉士、秀水陳鑒其言仝訂”。卷首依次有《讀中庸法》；宋淳熙十六年《中庸章句序》，署“淳熙己酉春三月戊申新安朱熹序”。

子目：

大學章句大全三卷附或問

論語集注大全二十卷

孟子集注大全十四卷

中庸章句大全三卷附或問

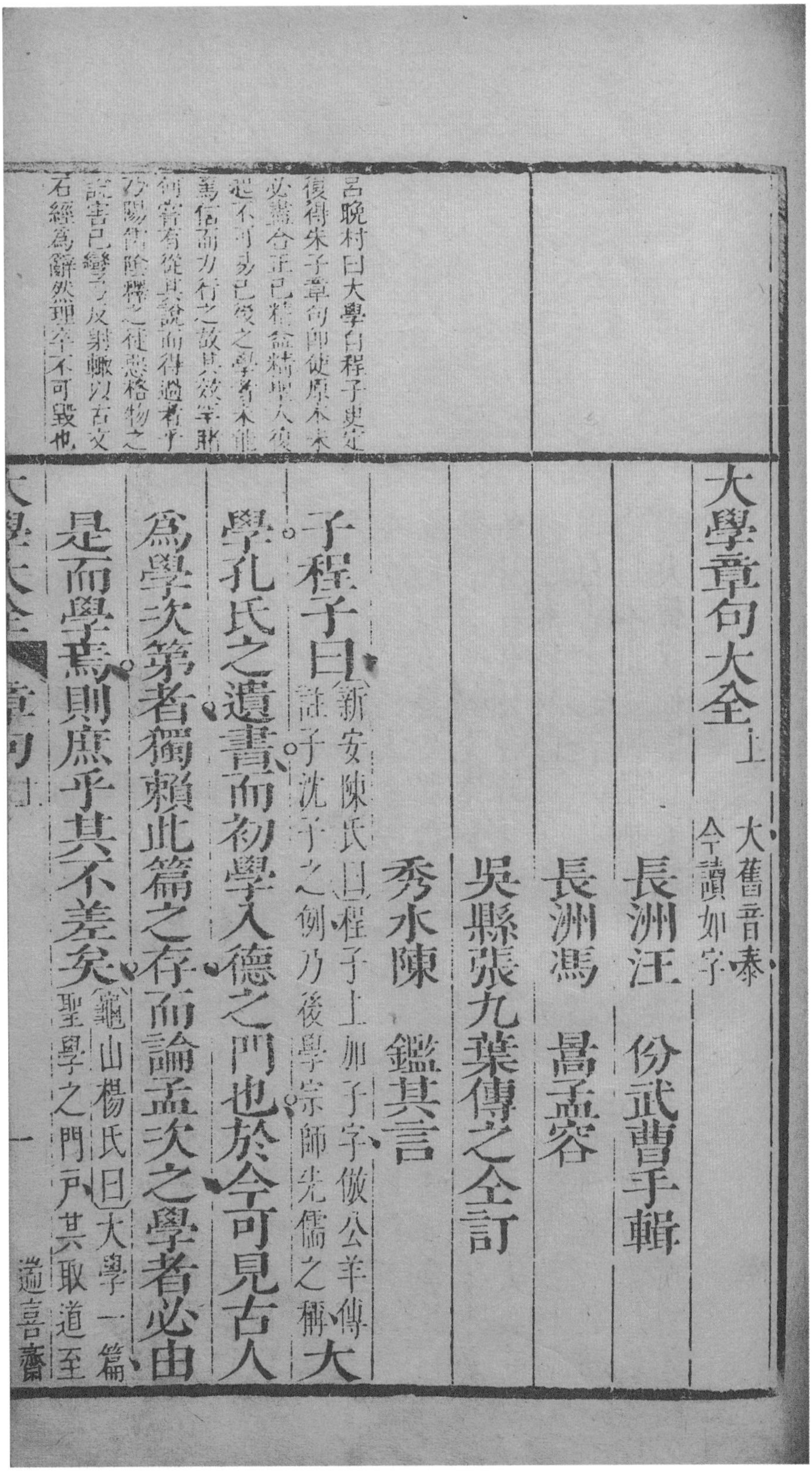

呂晚村曰大學自程子更定復得朱子章句即使原本未必盡合而已精益精聖人復起不可易已從之學者不能篤信而力行之故其效罕睹何嘗有從其說而得過者乎以陽儒陰釋之徒惡格物之說害己變亂反射輒以古文石經爲辭然理卒不可毀也

大學章句大全上　大舊音泰今讀如字

長洲汪　份武曹手輯

長洲馮　暠孟容

吳縣張九葉傳之全訂

秀水陳　鑑其言

子程子曰新安陳氏曰程子上加子字倣公羊傳子沈子之例乃後學宗師先儒之稱大學孔氏之遺書而初學入德之門也於今可見古人爲學次第者獨賴此篇之存而論孟次之學者必由是而學焉則庶乎其不差矣龜山楊氏曰大學一篇聖學之門戶其取道至

增補四書精繡圖像人物備考十二卷 855 5623

〔明〕陳仁錫增定　〔明〕唐光夔詳閲　〔清〕唐義錫重校　〔清〕陳鋭参訂

清乾隆二十八年（1763）古吴聚秀堂刻本　八册

半葉13行30字，小字雙行字同，白口，四周單邊，單黑魚尾，半框高20.1釐米，寬13.5釐米，有圖。兩截版，上截鎸評文，下截鎸正文，版心上鎸“四書人物備考”，中鎸卷次、章節名及篇章名，下鎸葉碼及“卓雅堂”。

卷端題“增補四書精繡圖像人物備考，太史芝臺陳仁錫明卿增定，古吴唐光夔冠甫詳閲，弟義錫和卿重校，秣陵陳鋭又鋒参訂”。内封題“乾隆二十八年新鎸，武進薛方山先生彙輯、長洲陳明卿先生增定，增補四書人物備考，精繡圖像、注擇無遺，古吴聚秀堂梓行”。卷首依次有清康熙五十八年（1719）《四書人物備考叙》，署“康熙歲次己亥桂月新鎸”；圖；目録。

鈐有“谷澤藏書”印。

水經注曾子居曲阜鴉巷不入城郭六中記云曾子行孝於井湧泉

增補四書精繡圖像人物備考大學卷之一

太史金之臺陳仁錫明卿增定　古吳唐光夔冠甫詳閲

弟　義錫和卿重校

秣陵陳　鋐又鏵參訂

宗聖謚號

曾參唐高宗贈少保加太保配享封郕伯宋改武城侯加郕國公元加宗聖明改宗聖曾子

曾子

曾子名參字子輿曾皙南武城人鄫國之後也禹孫少康封其次子曲烈於鄫嘗魯襄公時鄫人莒人滅鄫鄫世子巫奔魯去邑而爲曾氏巫凡幾傳生點點生參參年十六孔子在楚命參之楚受學焉出闕里誌性至孝曾子嘗出薪於野客至其家母以手搤臂參即馳至問母曰臂何恙乎母曰今者客至搤臂以呼汝耳家貧食力敝衣躬耕日不舉火而歌聲若出金石魯君聞而致邑焉固辭不受曰吾聞受人施者嘗畏人與人者嘗驕人縱君有賜不吾驕也吾豈能勿畏乎家語曾子嘗芸瓜誤斬其根曾皙怒援杖擊之仆地有頃而蘇蹶然而起進曰大人用力教參得無

吕晚邨先生四書講義四十三卷

〔清〕吕留良撰　〔清〕陳鏦編次

清康熙二十五年（1686）刻本　六册

半葉11行21字，黑口，左右雙邊，雙黑魚尾，半框高17.7釐米，寬13.7釐米。版心中鎸“四書講義”及卷次，下鎸葉碼。

卷端題“吕晚邨先生四書講義，門人陳鏦編次，同學諸子共較”。卷首有目録，末有清陳鏦撰《跋》，署“康熙丙寅立冬後四日”。

鈐有“陳慶保”“哲如陳慶保藏書”印。

呂晚邨先生四書講義卷之一

門人陳鏦編次
同學諸子共較

大學一

經一章

大學自程子更定復得朱子章句即使原本未必盡合正以精益精聖人復起不可易已後之學者未有能篤信而力行之故其效罕睹何嘗有從其說而得過者乎乃陽儒陰釋之徒惡格物之說害已彎弓反射輙以古文石經爲辭然理卒不可毀也其後索性敢道大學非聖人書嗚呼悖叛至此大亂之道也

四書講四十卷

〔清〕金松撰　〔清〕金瑞、金瑛參定

清康熙間刻本　十册

半葉12行25字，無界行，黑口，左右雙邊，雙黑魚尾，半框高19釐米，寬14釐米。版心中鎸書名及卷次，下鎸葉碼。

卷端題“四書講，檇李金松仞直論著，受業金瑞紹先、金瑛蕙圃參定”。内封題“檇李金仞直四書講，本衙藏板”。卷首依次有清康熙三十一年（1692）《叙》，署“康熙三十一年壬申孟秋後學金松仞直題於武原宛虹别墅”；例言；《看書十則》；卷次。

鈐有“尺留米文庫”印。

四書講卷之一

檇李金　松份直論著

受業金　瑞紹先
金　瑛蕙囲　參定

大學一

大學之道章

三綱領統八條目，而明德又綱領中之主腦，故又提出明德爲本；八條目分疏三綱領，而修身又條目中之總會，故又提出修身爲本。然修身不外明明德，以修之，則兩本究是一本。末節反言結之。大段不過如此。但知止一節殊難位置，近道以下殊難生接。如云欲止善，必先知止，惟知止而后可由定靜安慮以得止。是矣，然試問定靜安慮與誠正修齊治平有先後乎？無先

駁吕留良四書講義不分卷

〔清〕朱軾等撰

清雍正九年(1731)刻本　八册

半葉9行21字,小字雙行字同,白口,四周雙邊,單黑魚尾,半框高18.3釐米,寬13.6釐米。版心上鎸書名,中鎸葉碼。

卷端題"駁吕留良四書講義"。卷首依次有清雍正九年十二月十六日《上諭》;清雍正九年十二月十四日奏摺。

駁呂留良四書講義

大學

聖經

呂留良云大學無重心義以其本天也盡心只可當知至存心只可當正心不可以該明新也單說心即本心之學非聖學也

張子曰。心統性情者也。朱子引孟子言仁之心。義之心。以証心統性之說。引孟子言惻隱之心。羞惡之心。以証心統情之說。是則性非他。即理之具於心而寂然不動者是也。情非他。即性之發於外而感而遂通者是也。寂

重刊許氏説文解字五音韻譜十二卷

〔宋〕李燾撰

明刻本　十二册

半葉7行14字，小字雙行20字，白口，左右雙邊，單黑魚尾，半框高19.7釐米，寬15.1釐米。版心鎸"説文"、卷次及葉碼。

卷端題"重刊許氏説文解字五音韻譜"。卷首依次有宋徐鉉《校定許氏説文原序》；宋雍熙三年（986）徐鉉等《進表》；宋雍熙三年李昉《牒文》。

鈐有"笠間文庫""字士弧号望南""寺田盛業""小田氏藏""讀杜草堂"印。

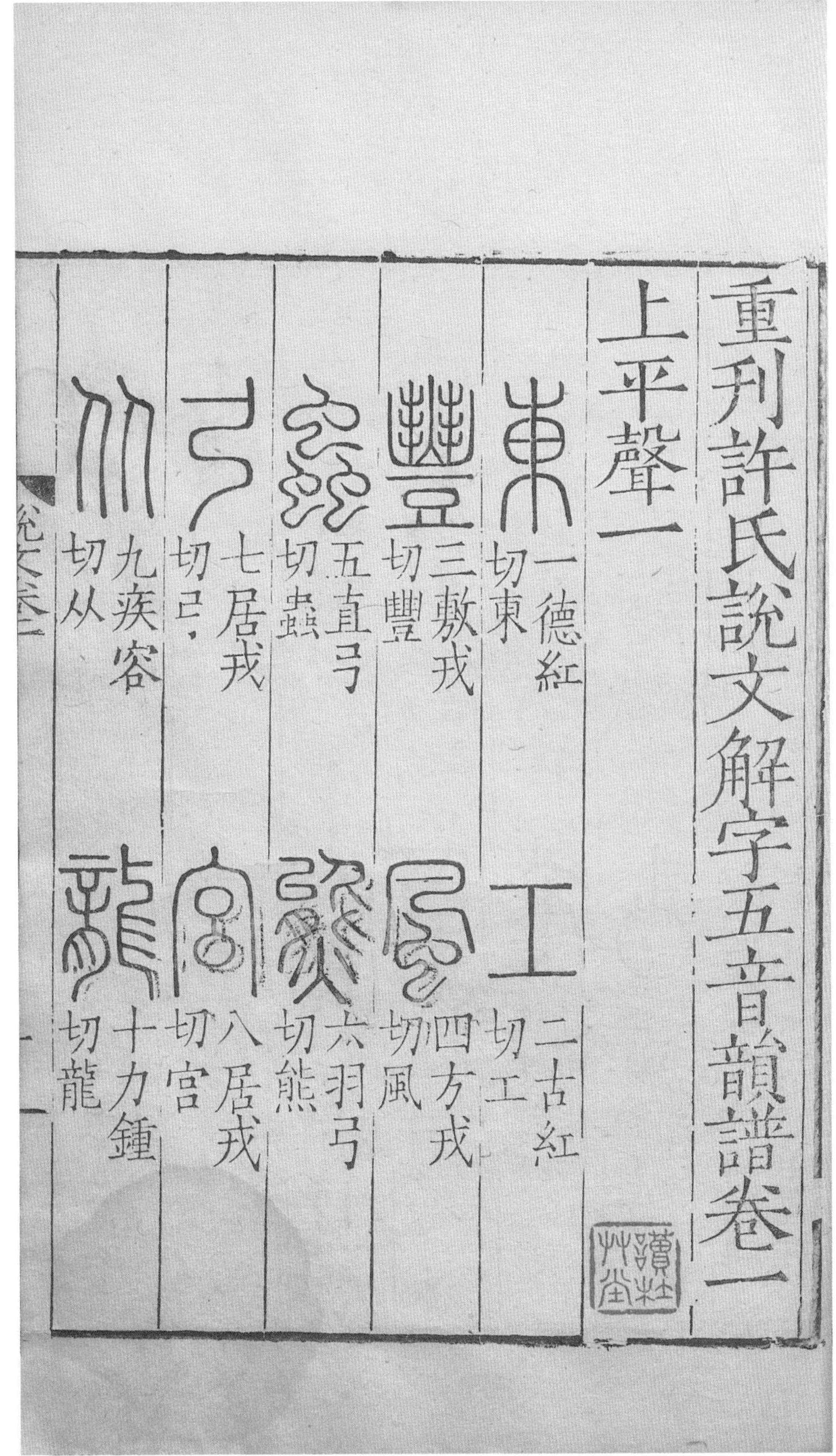

重刊許氏説文解字五音韻譜卷一

上平聲一

東　一德紅切東

工　二古紅切工

豐　三敷戎切豐

風　四方戎切風

䖵　五直弓切䖵

熊　六羽弓切熊

弓　七居戎切弓

宫　八居戎切宫

从　九疾容切从

龍　十力鍾切龍

説文卷一　一

漢隸字源六卷 AC149 Zcl 1722

〔宋〕婁機輯

明末清初毛氏汲古閣刻本　六册

半葉5行，字數不等，小字雙行17字，白口，左右雙邊，無魚尾，半框高24釐米，寬16.6釐米。版心中鐫“漢隸字源”及四聲，下鐫葉碼及“汲古閣”。

卷端題“漢隸字源”。卷首依次有宋慶元三年（1197）《漢隸字源序》，署“慶元三年十二月朔旦野處洪景盧序”；《漢隸字源綱目》；《碑目》。

鈐有“吴翌鳳家藏文苑”“秋邨”“吴三錫印”“述簃”印。

漢隸字源

上平聲

一東

東 東三 東四 東八 東十五 東十六

東廿五 東六四 東六五 東七二 東七五 東

漢隸字源上平 一 汲古閣

班馬字類五卷 2568.15 2847

〔宋〕婁機撰

清乾隆間吴興經鉏堂刻本　四册

半葉6行10字，小字雙行19字，黑口，四周單邊，單黑魚尾，半框高21.2釐米，寬14.7釐米。版心上鎸字數，中鎸“字類”、卷次及葉碼。

卷端題“班馬字類”。内封題“宋淳熙本，史漢字類，經鉏堂藏板”。卷首依次有宋樓鑰撰《叙》；宋淳熙十一年（1184）《班馬字類序》，署“淳熙甲辰上巳日鄱陽洪邁書於金華松齋”；目録。卷末有宋婁機撰《後序》；清錢泳撰《後序》。

鈐有“老見異書猶眼明”印。

班馬字類卷一

平聲上

一東

桐 漢書禮樂志桐生茂豫讀爲通達也武五子傳母桐好逸桐音通輕脫之貌

空桐 史記五帝本紀西至於空桐黃帝過空桐從廣成子即此山

空同 史記趙世家其後娶空同氏正義云即崆峒

童 漢書項籍傳贊舜重童子目之眸子與瞳同

正字通十二卷首一卷

AC149 Zra 67

〔清〕廖文英輯

清康熙十年(1671)弘文書院刻本　四十册

半葉8行12字，小字雙行24字，白口，四周雙邊，單黑魚尾，半框高20.1釐米，寬13.8釐米。版心上鎸書名，中鎸集次及部首名，下鎸葉碼及“弘文書院”。

卷端題“正字通，連陽廖文英百子輯”。卷首依次有清康熙十年《叙》，署“康熙辛亥臘月之吉賜進士出身江西督學使者睢陽年家弟王震生拜題”；清康熙九年(1670)《正字通叙》，署“康熙庚戌仲冬穀旦内翰林院侍讀學士篔山張貞生書”；清康熙十年《正字通叙》，署“辛亥孟夏朔日南昌舊學年家治弟黎元寬拜手題”；清康熙十年《正字通序》，署“康熙辛亥季夏月之吉同里年家弟姚子莊題於棣署東軒”；清康熙十年《叙》，署“康熙辛亥歲次孟夏穀旦内陞京堂内府户工二科都給事中内翰林院庶吉士年家治弟史彪古書”；凡例；姓氏名録；引證書目；清康熙九年《十二字頭引》，署“康熙九年庚戌孟冬朔旦正黄旗教習廖綸璣撰”；總目；《字彙舊本首卷》。

鈐有“古吴徐氏”“芸香書閣”“尚書世家”“平江”“荟室”“瓜涇徐仲子珍藏印”“雁宕邨居”印。

正字通卷一

連陽廖文英百子輯

一部

一 伊悉切因入聲廣韻數之始也又同也初也增韻均也易繫辭天下之動貞夫一記禮運禮必本于太一註未分曰一大極函三爲一之理也樂記禮樂刑政其極一也註四者事雖殊其致一歸于慎所以感之者以同民心出治道也又星經太一星杜紫微垣端門之左位前歷數所始七政所起萬物所從出也又大一山名五經通義終南山長安南山也一名大一又三一漢郊祀志以大牢祀三一註天一地二泰一泰一者天地未分元氣也又尺一尺一詔版也後漢陳蕃傳尺一選舉註版長尺一以寫詔書又姓明一炫宗一洪一菩又去聲眞韻音意左思吳都賦藿蒳豆蔻薑彙非一江蘺之屬海苔之類○說文惟

鐘鼎字源五卷附録一卷

〔清〕汪立名撰

清康熙五十五年（1716）刻本　二册

半葉6行，字數不等，小字雙行，字數不等，白口，左右雙邊，單黑魚尾，半框高17.8釐米，寬13釐米。版心中鎸書名、卷次及葉碼。

卷端題“鐘鼎字源”。卷首依次有清康熙五十五年《序》，署“康熙五十五年歲在游兆涒灘餘月錢塘汪立名書於自餘居”；目録。

鈐有“廣州驥英”“櫪園舊物”“今我草堂”“櫪園”“伏翁”印。

鐘鼎字源 卷一上平聲

一東

東

東宮鼎

穆公鼎

師毀敦

谷口甬

甘泉上林宮行鐙

館陶釜

同

商鐘

齊侯鎛鐘

牧敦

石鼓

銅

谷口甬

武安侯鈁

汾陰宮鼎

孝成鼎

好畤鼎

蓮勺鑪

金石韻府五卷 AC149 Zcl 4158

〔明〕朱雲輯纂 〔明〕俞顯謨校正

明嘉靖十年(1531)俞顯謨刻朱印本 五册

半葉6行,字數不等,小字雙行,字數不等,白口,四周單邊,無魚尾,無界行,半框高20.6釐米,寬15.2釐米。版心上鎸書名及卷次,下鎸葉碼。

卷端題“金石韻府,毗陵朱雲時望輯纂,雲間俞顯謨子昭校正”。卷首依次有明嘉靖十年《金石韻府叙》,署“嘉靖十年九月望前進士天官尚書郎南禺外史豐坊抒叔書於寶峴樓”;明俞顯謨撰《序》;凡例;“古文所出書傳”。

鈐有“玉笥山樓”印。

金石韻府上平聲

姑蘇朱雲時望輯篆

雲間俞顯謨子昭校正

一東

東 德紅切 小篆 古孝經 汗簡 雲臺碑 古文

同 徒紅切 小篆 古孝經 道德經 鄭敦 齊鐘

童 小篆

廣金石韻府五卷

〔清〕林尚葵輯　〔清〕李根較正

清康熙九年（1670）大葉堂刻朱墨套印本　六册

半葉6行，字數不等，小字雙行，字數不等，白口，四周單邊，無魚尾，半框高22.1釐米，寬14.8釐米。版心下鎸聲調名及葉碼。

卷端題“廣金石韻府，古閩林尚葵朱臣甫廣輯、李根阿靈甫較正”。内封題“賴古堂重訂，廣金石韻府，大葉堂藏板”。卷首依次有康熙九年《廣金石韻府序》，署“康熙九年歲次庚戌禊日櫟下周亮工撰於賴古堂”；《考古書傳》；《纂集玉篇偏旁形似釋疑文字》；目録。

鈐有“白波”“金世享印”“岑城”“廣陵散人”“富貴如不可求從吾所好”“東坡曰君以目爲耳吾以手代口”“春城清玩”“海濱散人”“山石月水（山高月小水落石出）”“乾坤一草亭”印。

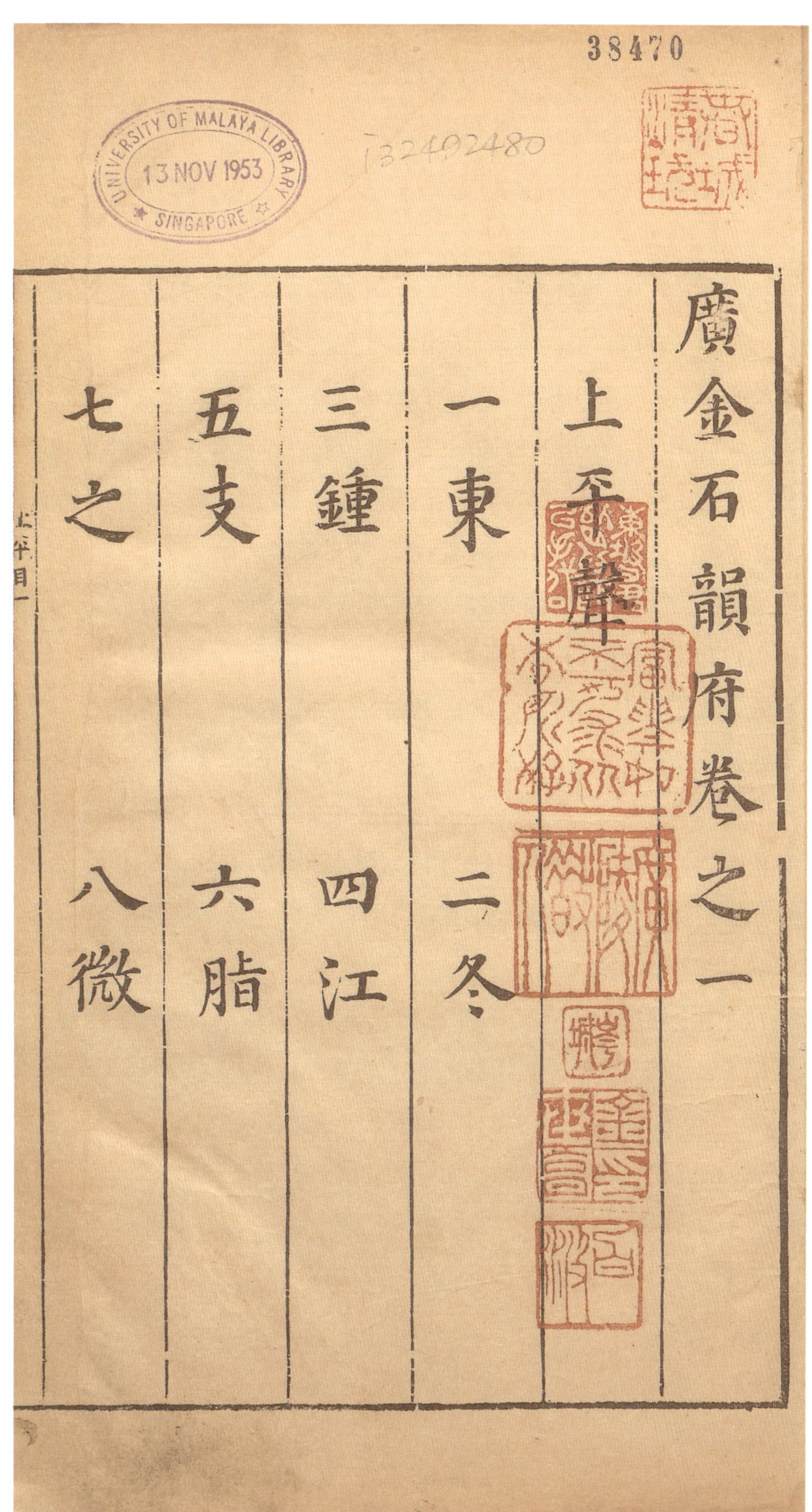
38470
UNIVERSITY OF MALAYA LIBRARY
13 NOV 1953
SINGAPORE
廣金石韻府卷之一
上平聲
一東 二冬
三鍾 四江
五支 六脂
七之 八微
上平目一

五經旁訓十九卷

〔元〕李恕撰　〔明〕鄭汝璧、田疇等校刊

明萬曆二十三年（1595）余泗泉刻本　九册

半葉9行20字，小字雙行字同，白口，左右雙邊，單黑魚尾，半框高21.1釐米，寬15.4釐米。版心上鎸書名，中鎸卷次，下鎸葉碼。

《易經旁訓》卷端題“易經旁訓”，内封題“易經旁訓，余泗泉梓行”。卷首依次有宋元符二年（1099）《伊川易傳序》，署“宋元符二年己卯正月庚申河南程頤正叔序”；《晦庵本義五贊》；明萬曆二十三年《刻五經旁訓引》，署“萬曆二十有三年乙未春仲清和日巡撫山東都御史梏蒼鄭汝璧撰”；校刊職名。

《詩經旁訓》卷端題“詩經旁訓”，内封題“詩經旁訓，余泗泉梓行”。卷首有宋淳熙四年（1177）《詩傳序》，署“淳熙四年丁酉冬十月戊子新安朱熹書”。

《書經旁訓》卷端題“書經旁訓”，内封題“書經旁訓，余泗泉梓行”。卷首依次有漢孔安國撰《書經序》；宋嘉定二年（1209）《書經序》，署“嘉定己巳三月既望武夷蔡沈序”。

《春秋旁訓》卷端題“春秋旁訓”，内封題“春秋旁訓，余泗泉梓行”。卷首依次有《春秋胡氏傳序》；宋崇寧二年（1103）《程子傳序》，署“宋崇寧二年癸未四月乙亥河南程頤正叔序”。

《禮記旁訓》卷端題“禮記旁訓”，内封題“禮記旁訓，余泗泉梓行”。卷末有明邵以仁撰《五經旁訓跋》；明汪應蛟撰《刻五經旁訓跋》；明周應治撰《五經旁訓跋》。

鈐有“綾野氏藏”“蘆隱清玩”“南洋大學圖書館藏書”印。

子目：

易經旁訓三卷

詩經旁訓四卷

書經旁訓二卷

春秋旁訓四卷

禮記旁訓六卷

書經旁訓卷之一

虞書 虞舜氏因以爲有天下之號書者史官記其行事以示萬世凡十八篇今所存五篇

堯典本唐書而亦曰虞書孔安國云虞史所追錄

昔在帝堯聰明文思光宅居天下將遜退遜于位帝位讓于虞

舜作堯典 已上係書序後倣此

堯典 堯唐帝名姓伊祁帝嚳之子十六歲自唐侯爲天子都陶號陶唐氏典法也常也言堯舜可爲萬世常法說文曰典從冊在丌上尊閣之也

粤越通

曰若 發語詞與越若來同 稽古帝堯曰放至勳功 言堯之功大無所不至也 欽明恭敬通明

文 文章著見 思 意思深遠 安安自然允信恭克能讓光顯被及四表格于上下

一

五經類編二十八卷 110 6372

〔清〕周世樟編

清康熙間刻本　八册

半葉8行20字，小字雙行字同，白口，左右雙邊，單黑魚尾，半框高16.9釐米，寬13.5釐米。版心上鐫書名，中鐫卷次及子目，下鐫葉碼。

卷端題“五經類編”。卷首依次有清康熙二十三年（1684）《序》，署“康熙甲子孟春婁東周世樟章成氏題於渚陽官舍”；目録，題“婁東周世樟章成氏編輯”。

鈐有“巢林菴圖書記”印。

五經類編卷之一　君道類

君德

易飛龍在天利見大人。以聖人之德居天子之位爲飛龍在天之象利見就臣民言文言云聖人作而萬物覩謂樂與大人相見也乾九五 首出庶物萬國咸寧首出者首先立極也乾象 知臨大君之宜吉象曰大君之宜行中之謂也中謂中道臨六五 大觀在上順而巽中正以觀天下以中正之德示天下所以爲大觀也觀象 大人虎變未占有孚象曰大人虎變其文炳也變者毛落更生之候大人在上禮樂文章煥然一新如虎

五經類編　卷之一　君德　一

六經圖定本不分卷

〔清〕王皜校録

清乾隆五年(1740)向山堂校刻本　六册

半葉10行19字, 白口, 四周單邊, 無魚尾, 半框高19.6釐米, 寬13.7釐米, 有圖。版心下鎸書名及葉碼。

卷端題“大易象數鈎深圖, 六安王皜挍録”。内封題“六經圖定本, 向山堂校刻”。卷首依次有清乾隆五年《序》, 署“乾隆五年庚申夏五古咎繇城南厲莊王皜書”; 清乾隆五年《六經圖定本序》, 署“乾隆五年庚申閏六月臨沂友人高淑魯書於燕貽館”; 清乾隆五年《跋》, 署“乾隆五年庚申長夏歙浦楊廷樽謹跋”; 目録。

鈐有“遂之醉墨”“賓拙齋”“竹夢生印”“遂之居士”“温子遂之”印。

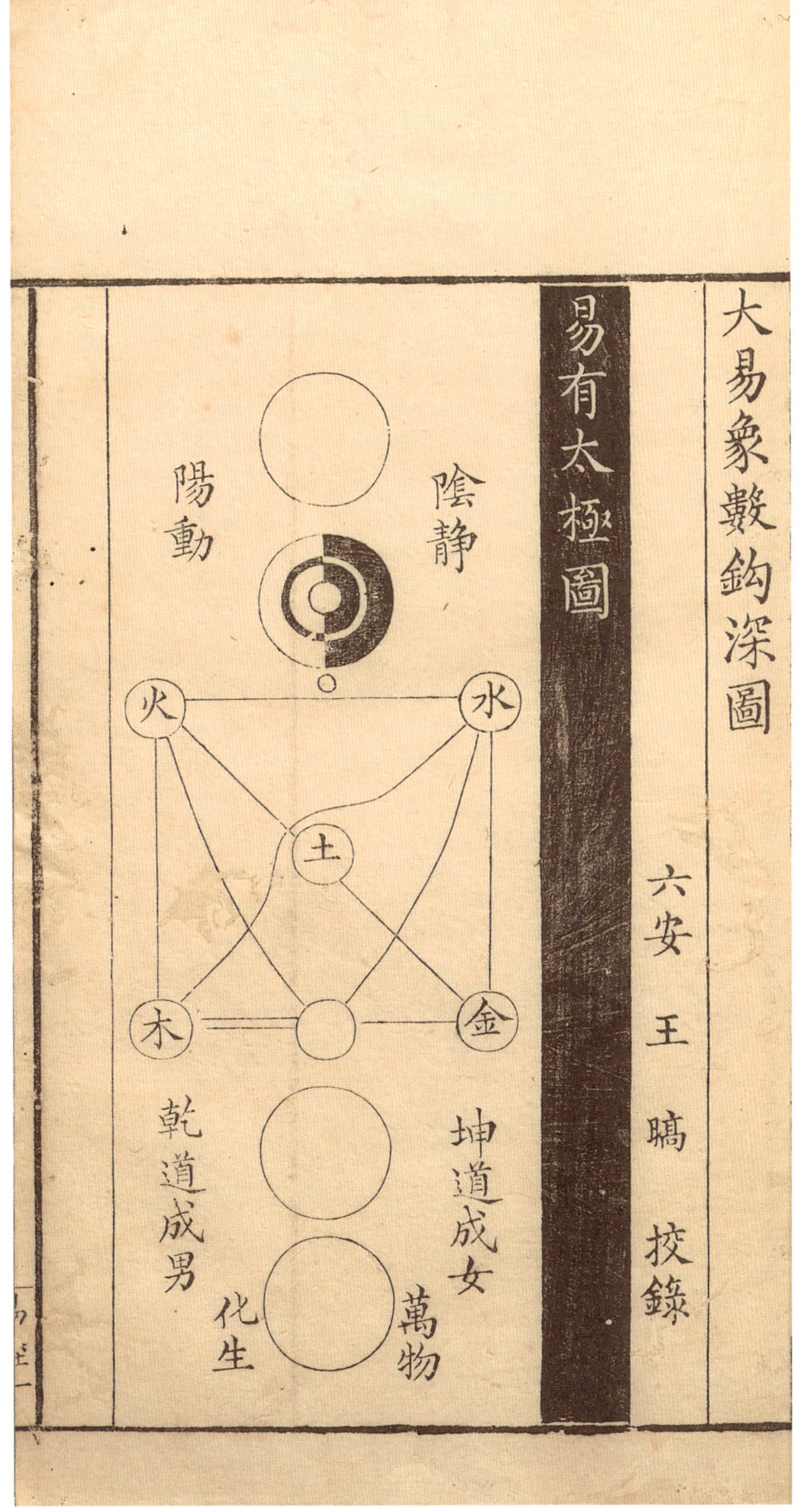
大易象數鈎深圖
六安王�校錄
易有太極圖
陰靜
陽動
火
水
土
木
金
坤道成女
乾道成男
萬物
化生

史部

史記不分卷

〔漢〕司馬遷撰

明初姜立綱抄本　二十四册

半葉8行20字，無界行。

卷首有明嘉靖十六年（1537）墨筆題記，“此書相傳爲元人所抄，或又謂姜立綱筆。予反覆展視，自首訖尾十數萬言，無一訛字、無一落字、無一補綴字。其字之點畫波磔皆以子昂爲宗，至小變處更見銖兩悉稱，如搆凌雲臺一之衡劑而成者，其爲姜書無疑，此近代藏書家所罕有。歲乙未偶得之於庶吉士趙大洲館中，共計二十有四本。吾子孫直當以法器珍藏，勿儘目爲書籍也。嘉靖丁酉二月鼎臣記”，末鈐“人和”朱印。

鈐有“千印樓”“印盧所藏精品”印。

按：澳門大學李憑教授對此手抄本《史記》已經作了相關研究，研究成果主要有以下幾點：一、卷首顧鼎臣墨筆題記所用紙爲江南海鹽縣古刹法喜寺專用抄寫佛經的名貴手工箋紙，至今已有八百年的歷史，其生産者是南宋時期蘇州承天寺（今名重元寺），十分罕見。二、這部手抄本以工整小楷寫成，共計五十餘萬字，抄寫者是明朝楷書第一人、太僕寺少卿姜立綱。三、這部手抄本的體例和文字與現存於世的各類《史記》版本都有差異，在文獻校勘學上具有重要價值。四、這部手抄本之前附有明朝嘉靖年間宰相顧鼎臣的題記序言，全文以典雅的行書寫成。顧鼎臣的存世真跡稀見，這幅真跡可與臺灣故宫博物院典藏名爲《解嘲》的顧鼎臣尺牘合稱爲雙璧。五、李教授詳細考證了此手抄本的流傳經歷。它從北京經蘇南、嶺南、澳門輾轉抵達星島，其間歷經趙貞吉、顧鼎臣、何秀峰、蔣振玉等名家之手，最終落户新加坡國立大學圖書館。上述成果是澳門大學科研項目“海外二十四史版本的調查與研究以及澳門大學二十四史資料庫的建立”的階段性成果，以《新加坡抄本〈史記〉通考》爲題，發表於《歷史研究》2017年第6期。

五帝本紀

黄帝者少典之子姓公孫名曰軒轅生而神靈弱而能言幼而徇齊長而敦敏成而聰明軒轅之時神農氏世衰諸侯相侵伐暴虐百姓而神農氏弗能征於是軒轅乃習用干戈以征不享諸侯咸來賓從而蚩尤最為暴莫能伐炎帝欲侵陵諸侯諸侯咸歸軒轅軒轅乃修德振兵治五氣藝五種撫萬民度四方教熊羆貔貅貙虎以與炎帝戰於阪泉之野三戰然後

唐書二百卷　　2620.1 3490

〔後晋〕劉昫等修　〔明〕聞人詮、沈桐校

明嘉靖間聞人詮刻本　四十册

半葉14行26字，白口，左右雙邊，雙黑魚尾，半框高21.5釐米，寬14.8釐米。版心中鐫書名、篇章名及葉碼。

卷端題"唐書本紀，監修國史推誠守節保運功臣特進守司空兼門下侍郎同中書門下平章事上柱國譙國公食邑五千户食實封四百户臣劉昫等奉敕修，皇明奉敕提督南畿學政山西道監察御史餘姚聞人詮校刻，蘇州府儒學訓導門人嘉興沈桐同校"。卷首有目録，末有手寫《跋》，署"昭和四年四月七日於朝鮮重吉識"，末鈐"重啓"朱印。

鈐有"阮堂""金正憙印""禺强道人""平重吉印"印。

後晉
劉昫撰

舊唐書本紀卷第一

臣修國史推誠守節保運功臣特進守司空兼門下侍郎同中
書門下平章事上柱國譙國公食邑五千戶食實封四百戶臣
劉昫 等奉勑修

皇明奉 勑提督南畿學政山西道監察御史餘姚聞人詮校刻
蘇州府儒學訓導門人嘉興沈桐同校

高祖

高祖神堯大聖光孝皇帝姓李氏諱淵其先隴西狄道人涼武昭王
暠七代孫也暠生歆歆生重耳仕魏爲弘農太守重耳生熙爲金門
鎮將領豪傑鎮武川因家焉儀鳳中追尊宣皇帝熙生天錫仕魏爲
幢主大統中贈司空儀鳳中追尊光皇帝皇祖諱虎後魏左僕射封
隴西郡公與周文帝及太保李弼大司馬獨孤信等以功參佐命當
時稱爲八柱國家仍賜姓大野氏周受禪追封唐國公謚曰襄至隋
文帝作相還復本姓武德初追尊景皇帝廟號太祖陵曰永康皇考

周書五十卷　　2599.1 7143

〔唐〕令狐德棻等撰

明萬曆十六年（1588）南京國子監刻明清遞修本　九册

半葉9行18字，黑口，四周雙邊，雙黑魚尾，半框高20釐米，寬14.9釐米。版心上鎸刊刻時間，中鎸書名及子目，下鎸葉碼。

卷端題“周書，令狐德棻等撰”。卷末題“康熙庚辰年江寧府儒學訓導王奕章校”。卷首依次有《序》；目録。卷末有明萬曆十六年《書重刻周書後》，署“萬曆戊子七月朔也去陳書之成凡三閱月國子祭酒趙用賢識”。

鈐有“樱山文庫”印。

按：此本爲崇禎七年（1634）、順治十六年（1659）、康熙二十年（1681）、康熙三十九年（1700）遞修本。

紀第一　　周書一

令狐德棻　等撰

大明南京國子監　祭　酒　趙用賢校正

司　業　余孟麟同校

文帝上

太祖文皇帝姓宇文氏諱泰字黑獺代武川人也其先出自炎帝神農氏爲黄帝所滅子孫遯居朔野有葛烏菟者雄武多筭畧鮮卑慕之奉以爲主遂揔十二部落世爲大人其後曰普回

宋史新編二百卷

〔明〕柯維騏編

明嘉靖間刻本　六十四册

半葉10行21字，白口，四周單邊，無魚尾，半框高18.8釐米，寬13.2釐米。版心上鎸書名及卷次，下鎸葉碼。

卷端題“宋史新編，明南京户部主事莆田柯維騏編”。卷首依次有明嘉靖三十四年（1555）《宋史新編序》，署“嘉靖三十四年歲次乙卯季冬下澣賜進士出身中順大夫詹事府少詹事兼翰林院侍讀學士前南京國子祭酒經筵講官同修國史玉牒泰泉黄佐撰”；凡例；目録。卷末有附録。

鈐有“明聲”“周廷之印”“中氏書畫之記”印。

宋史新編卷一　　本紀一

明南京户部主事莆田柯維騏編

本紀

太祖

太祖啓運立極英武睿文神德聖功至明大孝皇帝諱匡胤姓趙氏涿郡人高祖朓是爲僖祖唐幽都令朓生珽是爲順祖歷藩鎮從事兼御史中丞珽生敬是爲翼祖涿州刺史敬生弘殷是爲宣祖少驍勇善騎射事趙王王鎔將五百騎援唐莊宗于河上有功莊宗留典禁軍漢乾祐中討王景於鳳翔會蜀兵來援戰于陳倉始

宋史新編卷一　一

弘簡録二百五十四卷 2516 1370

〔明〕邵經邦撰 〔清〕邵遠平校閲

清康熙二十七年（1688）刻本 四十八册

半葉12行24字，白口，四周單邊，單黑魚尾，半框高20.9釐米，寬15.1釐米。版心上鎸書名，中鎸卷次，下鎸葉碼及子目。

卷端題“弘簡録，明刑部員外郎仁和邵經邦弘齋學，皇清翰林院侍講學士四世孫遠平校閲”。卷首依次有明嘉靖三十六年（1557）《弘簡録原序》，署“嘉靖三十六年丁巳春王正月仁和弘齋邵經邦仲德識”；清汪琬撰《史傳》；清邵遠平撰《重刻弘簡録序》；《讀書筆記》；凡例；清康熙二十七年《重刻弘簡録後序》，署“大清康熙二十七年歲次戊辰孟夏穀旦五世孫錫蔭謹識”；目録。

弘簡錄卷之一

明刑部員外郎仁和邵經邦弘齋學

皇清翰林院侍講學士四世孫遠平校閱

天王 唐一之一

高祖皇帝姓李氏諱淵字叔德隴西成紀人七世祖暠當晉末據秦涼是爲涼武昭王六世祖歆生重耳魏弘農太守是生皇高祖熙任金門鎮將戍於武川因家焉皇曾祖天賜仕魏贈司空皇祖虎魏太尉賜姓大野氏與李弼等八人佐周代魏有功加柱國封唐國公卒謚曰襄皇考昞襲封任隋安州總管柱國大將軍卒謚曰仁以周天和元年生高祖於長安體有三乳及長倜儻豁達寬仁容衆襲封唐公母獨孤氏隋文帝后姊特見親愛復其姓李初補千牛備身累轉譙隴岐三州刺史滎陽樓

續弘簡録元史類編四十二卷

〔清〕邵遠平輯

清康熙三十八年（1699）刻本　十二册

半葉12行24字，小字雙行字同，白口，四周單邊，單黑魚尾，半框高20.8釐米，寬15.1釐米。版心上鎸“續弘簡録”，中鎸卷次，下鎸葉碼及章節名。

卷端題“續弘簡録元史類編，皇清詹事府少詹事仁和邵遠平戒山學”。内封題“元史類編”。卷首依次有清邵遠平撰《自序》；凡例；《海運圖》；《朔漠圖考》；清康熙三十八年進呈元史類編表；目録。

續弘簡錄元史類編卷之一

皇清詹事府少詹事仁和邵遠平戒山學

世紀一

太祖皇帝諱鐵木眞姓奇渥溫氏蒙古部人其先世有曰脫奔咩聖犍妻曰阿蘭果火夜寢帳中夢白光自天而下化金色神人趨臥榻遂驚覺有娠生子曰孛端乂兒大方通鑑云阿蘭夜夢屢有光明照其腹一乳三子長曰孛完合答吉次曰孛合撒赤孛端乂兒其季也狀貌奇異沉默寡言家人謂之癡阿蘭獨曰此兒非癡後世子孫當有大貴者歷四世曰海都家爲押刺伊兒部所破止海都存其季父納眞率八刺忽怯谷諸民共立爲君長海都既立轉攻押刺伊兒部役屬之形勢寖大列營帳于八剌合黑河上跨河爲梁以便往來由是鄰部歸者漸衆其後子孫蕃衍各自爲族曰哈答吉曰散只兒曰吉押

御撰資治通鑑綱目三編四十卷 2512 4338

〔清〕朱珪等纂修

清乾隆四十年（1775）刻本　十二册

半葉11行22字，小字雙行字同，黑口，四周雙邊，雙黑魚尾，半框高18釐米，寬13.3釐米。版心上鎸書名及卷次，中鎸紀年，下鎸葉碼，天頭鎸有評文。

卷端題“御撰資治通鑑綱目三編”。卷首依次有清乾隆十一年（1746）《御撰資治通鑑綱目三編原序》，署“乾隆十一年夏四月朔御製”；清乾隆四十年五月十五日《上諭》；清乾隆四十年五月十八日《上諭》；凡例；參纂諸臣職名。

戊申

御撰資治通鑑綱目三編卷一

起戊申元順帝至正二十八年明太祖洪武元年盡壬子明太祖洪武五年 凡五年

元順帝至正二十八年○是歲閏七月元帝出奔以後爲明太祖高皇帝洪武元年春正月吳相國李善長等奉吳王朱元璋爲皇帝國號明

元璋字國瑞先世家沛徙句容再徙泗州父世珍始徙濠之鍾離生四子元璋其季也母陳氏元天歷元年元璋生室中數有光比長姿貌雄傑志意廓然至正四年大饑疫時年十七父母兄繼歿無所依乃入皇覺寺爲僧游食諸州復還寺是時元政不綱盜四起方國珍起海上劉福通奉韓山童起潁州徐壽輝起蘄水衆各數萬他盜擁兵據地寇掠甚衆十二年定遠人郭子興等起兵濠州元璋謁之子興奇其貌留爲親兵戰輒勝妻以所撫馬氏女明年收里中兵得七百人子興署爲鎮撫既而與所部將徐達湯和費聚等南畧定遠降驢牌寨民兵三千襲張知院於橫澗山收其卒二萬道遇李善長與語大悅留掌書記遂東攻滁州下之其年張士誠起高郵十五年子興與遣張天祐等攻拔和州命元璋統諸將守其地未幾子興卒福通立山童子林兒于亳

資治通鑑綱目五十九卷續編二十七卷 2512 4300

〔宋〕朱熹撰

明弘治十一年（1498）慎獨齋刻本　三十八册

半葉10行22字，小字雙行字同，黑口，四周雙邊，雙黑魚尾，半框高21.7釐米，寬13.5釐米。版心上鎸書名及卷次，中鎸紀年，下鎸葉碼。

卷端題“資治通鑑綱目，後學遂昌尹起莘發明，後學廬陵劉友益書法，後學新安汪克寬考異，後學慈湖王幼學集覽，後學上虞徐昭文考證，後學毘陵陳濟正誤，後學建安馮智舒質實”。牌記題“弘治戊午慎獨齋刊”。《續資治通鑑綱目》卷端題“續資治通鑑綱目，後學餘杭周德恭發明，後學雲間張時泰廣義”。卷首依次有宋乾道八年（1172）《資治通鑑綱目序例》，署“乾道壬辰夏四月甲子新安朱熹謹書”；凡例；《朱子與訥齋趙氏師淵論綱目手書》；宋嘉定十二年（1219）《資治通鑑綱目後序》，署“嘉定己卯冬十月庚午門人文林郎泉州觀察推官李方子謹書”；宋咸淳元年（1265）《資治通鑑綱目後語》，署“宋咸淳乙丑正月望金華王栢書”；宋文天祐撰《資治通鑑綱目識語》；宋尹起莘撰《資治通鑑綱目發明序》；資治通鑑綱目書法凡例；元泰定元年（1324）《資治通鑑綱目集覽叙例》，署“時歲次甲子泰定元年正月燈夕前一日古舒望江慈湖王幼學行卿端拜謹書”；元至順三年（1332）《資治通鑑綱目書法序》，署“至順壬申二月中和節門人賀善再拜謹序”；元天曆二年（1329）《資治通鑑綱目書法序》，署“天曆二年六月十日揭傒斯謹序”；元至元二年（1336）《資治通鑑綱目書法後跋》，署“時至元二年丙子十月朔男椝百拜謹述”；元至正二年（1342）《資治通鑑綱目序》，署“至正二年壬午夏五月辛未朔新安倪士毅謹書”；元至正三年（1343）《資治通鑑綱目考異序》，署“至正三年癸未良月既望後學新安汪克寬謹書”；資治通鑑綱目考異凡例；元至正十九年（1359）《資治通鑑綱目考證序》，署“至正己亥中秋後學上虞徐昭文敬序”；明永樂二十年（1422）《資治通鑑綱目集覽正誤序》，署“永樂壬寅正月上日後學毘陵陳濟識於北京寓舍”；明楊士奇撰《資治通鑑綱目序》；明成化元年（1465）《資治通鑑綱目質實序》，署“成化元年春正月之吉旦建安木石山人馮智舒謹書”；明弘治九年（1496）《新刊資治通鑑綱目後序》，署“弘治丙辰閏三月甲戌後學莆陽黄仲昭書”；綱目編集諸儒姓氏；總目録。

《續資治通鑑綱目》卷首依次有明成化十二年（1476）《御製續資治通鑑綱目序》，署“成化十二年十一月十五日”；明成化十二年《進資治通鑑綱目表文》，署“成化十二年十一月初九日資德大夫正治上卿太子少保吏部尚書兼文淵閣大學士臣商輅等謹上表”；明弘治元年（1488）《進呈表》，署“弘治元年八月十三日”；明弘治十一年《進續資治通鑑綱目發明表》，署“弘治十一年八月十日浙江杭州府餘杭縣儒學增廣生員援例冠帶臣周禮謹上表”；凡例；總目。

按：此本爲明弘治間刻板竹紙後印本。

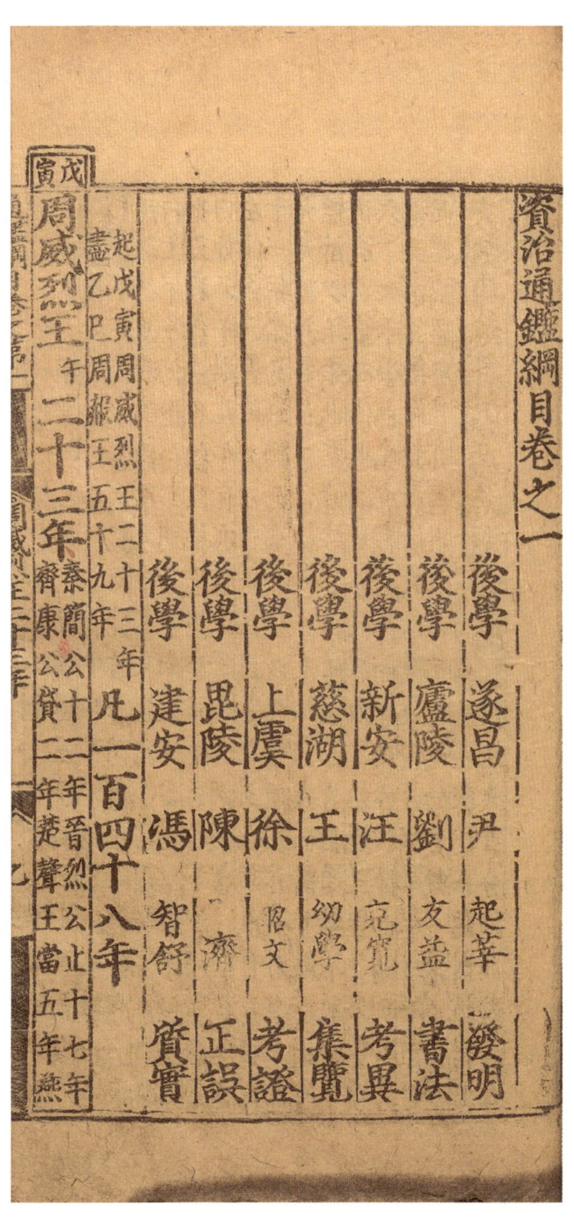
資治通鑑綱目卷之一
後學遂昌尹起莘發明
後學廬陵劉友益書法
後學新安汪克寬考異
後學慈湖王幼學集覽
後學上虞徐昭文考證
後學毘陵陳濟正誤
後學建安馮智舒質實
起戊寅周威烈王二十三年盡乙巳周赧王五十九年凡一百四十八年
戊寅　周威烈王午二十三年秦簡公十二年晉烈公止十七年齊康公貸二年楚聲王當五年燕

昭代典則二十八卷

〔明〕黄光昇編輯 〔明〕陸翀之校閲

明萬曆二十八年(1600)周曰校萬卷樓刻本 四十册

半葉11行22字,白口,四周單邊,單黑魚尾,半框高21.6釐米,寬13.5釐米。版心上鐫書名,中鐫卷次,下鐫葉碼。

卷端題“昭代典則,賜進士太子少保刑部尚書晋江黄光昇編輯,吴郡陸翀之校閲,金陵周曰校刊行”。内封題“皇明十朝正史,萬曆庚子,昭代典則,萬卷樓”。卷首依次有明萬曆二十八年《昭代典則序》,署“萬曆庚子歲中秋日賜進士第南京吏科給事中兼署户禮兵刑工五科事欽差巡視京營九庫督理後湖黄册豫章祝世禄撰”;目録。

鈐有“萬卷堂藏書記”“檇李項藥師藏”“忠貞世效”印。

按:内封破損嚴重,著録文字爲殘存部分。

昭代典則卷之一

賜進士太子少保刑部尚書晋江黄光昇纂輯

吴郡陸翀之校閲

金陵周日校刋行

太祖高皇帝

壬辰　胡虜僭據宇内，中華正統久絶。是年

聖主起於濠州，雖未即位建元，然天命有在，人心所歸，而

中華萬年曆數即已屬之。故於是年即紀我

大明，以上承三皇五帝夏商周漢唐宋正統，而胡虜之權

帖睦爾之昏亂，與其四方盜賊之竊據，皆我

聖主所驅除者，則隨年附見其事云。

明朝紀事本末八十卷

〔清〕谷應泰編　〔清〕谷際科、谷際第訂

清順治十五年(1658)築益堂刻本　二十四册

半葉9行20字,白口,左右雙邊,單黑魚尾,半框高18.5釐米,寬14釐米。版心上鎸"紀事本末",中鎸卷次,下鎸葉碼。

卷端題"(明朝)紀事本末,提督浙江學政僉事豐潤谷應泰編著,男際科、際第訂"。内封題"谷霖蒼先生編輯,明紀事本末,築益堂藏板"。卷首依次有清順治十五年《明朝紀事本末序》,署"順治戊戌嘉平太子太保武英殿大學士兼兵部尚書聊城傳以漸撰";清順治十五年《自序》,署"順治戊戌冬十月提督兩浙學政僉事豐潤谷應泰撰"。

鈐有"馬鑒之印""季明"印。

紀事本末卷之一

提督浙江學政僉事豐潤谷應泰編著

男　際科
　　際第　訂

太祖起兵

元順帝至正十二年閏三月甲戌朔，明太祖起兵濠梁。太祖之先，故沛人，徙江東句容，爲朱家巷宋季大父再徙淮家泗州，父又徙鍾離太平鄉，母陳生四子，太祖其季也。太祖生於元天曆戊辰之九月丁丑，其

三藩紀事本末四卷 AC149 Zcl 5016

〔清〕楊陸榮編

清康熙五十六年（1717）刻本　一册

半葉9行20字，白口，左右雙邊，單黑魚尾，半框高18.6釐米，寬13.7釐米。版心上鎸書名，中鎸卷次，下鎸葉碼。

卷端題“三藩紀事本末，青浦楊陸榮采南氏編”。卷首依次有清康熙五十六年《序》，署“康熙五十六年歲次丁酉仲春下浣青浦楊陸榮采南氏書”；凡例；目録。

按：封面墨筆題簽“三藩紀事本末，民國三十年七月逢源於西安”。卷末墨筆題“三十年七月廿二日晚逢源於西安”。書中有此人墨筆批注。

硃衷詞有舛錯，不知何人所為，以其尚存大謬，故未更正。　源注。

三藩紀事本末卷一

青浦楊陸榮采南氏編

三藩僭號

三藩，福王由崧、唐王聿鍵、桂王由榔也。

福王名由崧，神宗孫，福王常洵之子。洛陽陷，王避亂南下，次淮安。值甲申三月國變，南中府部等官會議監國。鳳督馬士英移書史可法及兵部侍郎呂大器請奉福王。可法、大器以潞王穆宗第四子翊鏐，封潞王，國衛輝。其子常淓，崇禎中襲封。流賊之亂，捐金資餉，不煩司農，急國之難。賊躪中州，轉徙至杭，降清。稍有賢譽，持未決。而士英密與操江誠意伯劉孔昭、總兵劉澤清、高傑、黃得功、劉良佐擁兵迎王於江上。王至南京，以內守備府

古史六十卷

〔宋〕蘇轍撰

明萬曆間刻本　十六册

半葉10行21字，小字雙行字同，白口，左右雙邊，單黑魚尾，半框高22.5釐米，寬15.1釐米。版心上鎸書名，中鎸卷次及葉碼，下鎸刻工。

卷首依次有明萬曆三十九年（1611）《古史序》，署“萬曆辛亥春瑯琊焦竑著”；明萬曆三十九年《刻古史叙》，署“萬曆三十九年中秋吉日南昌後學劉曰寧撰”；《古史叙》；目録。卷末有宋紹聖二年（1095）《跋》，署“紹聖二年三月二十五日眉山蘇轍子由志”。

鈐有“秋樹山房藏書”印。

三皇本紀第一　　古史一

太昊伏犧氏風姓始觀天地之象鳥獸之文近取諸身
遠取諸物以畫八卦教民嫁取儷皮以爲禮作結繩爲
罔罟以佃以漁豢犧牲服牛乘馬故曰伏犧亦曰包犧
氏伏犧以木德王天下故爲三皇首河出圖故爲龍師
而龍名居於宛丘後世所謂太昊之虛也伏犧氏既衰
而共工氏伯九州自謂水德失五行之敘其後神農氏
興而伏犧之子孫不可復紀至周衰有任宿須句顓臾
皆風姓邑於濟上奉伏犧之祀
炎帝神農氏姜姓以火德繼木爲火師而火名故曰炎

鄒元鄒刻

戰國策十卷 2527 3340

〔宋〕鮑彪校注 〔元〕吴師道重校

明萬曆間新建李克家校刻本 八册

半葉9行20字，小字雙行字同，白口，四周單邊，單黑魚尾，半框高21.8釐米，寬15.3釐米。版心上鎸“國策”及卷次，中鎸篇章名及葉碼，下鎸刻工及刻字字數。

卷端題“戰國策，宋縉雲鮑彪校注，元東陽吴師道重校”。卷首依次有漢劉向撰《戰國策序》；宋曾鞏撰《校戰國策序》；宋紹興十七年（1147）《戰國策序》，署“紹興十七年丁卯仲冬二十有一日辛巳冬至縉雲鮑彪序”；元泰定二年（1325）《國策校注序》，署“泰定二年歲乙丑八月日金華吴師道序”；元至正十五年（1355）《戰國策校注序》，署“至正十五年六月浚儀陳祖仁序”；“戰國策元本目録”；“戰國策今本目録”。卷末依次有宋李文叔撰《李文叔書戰國策後》；宋王覺撰《題戰國策》；宋紹興十六年（1146）《題戰國策》，署“紹興丙寅中秋剡川姚宏伯聲父題”；元至順四年（1333）《序》，署“至順四年癸酉七月吴師道識”；宋吴師道撰《戰國策後序》；宋紹興四年（1134）《括蒼刊本序》，署“紹興四年十月魯人耿延禧百順書”。

鈐有“八雲軒”“濯清水追凉風”“石居氏圖書印”“明德館圖書章”“伊達氏圖書”“明道館圖書章”“安兀”“藤克”“脇坂氏淡路守”“雄峰”“石居元繼”印。

戰國策卷一

宋縉雲鮑　彪校注

元東陽吳師道重校

西周

漢志河南洛陽穀城平陰偃師鞏緱氏皆周地也〔正曰〕按大事記周貞定王二十八年考王初立封其弟揭於河南是爲河南公河南即郟鄏武王遷九鼎周公營以爲都是爲王城洛陽周公所營下都以遷頑民是爲成周平王東遷定都王城王子朝之亂敬王徙都成周至是考王以王城故地封桓公焉平王東遷之後所謂西周者豐鎬也東周者東都也威烈王以後所謂西周者河南也東周者洛陽也何以稱河南爲西周自洛陽下都視王城則在西也何以稱洛陽爲東周自河南王城視下都則在東也河南桓公卒子威公立威公卒子惠公立考王十五年河南惠公復自封其少子班於鞏以奉王號東

豫章喻鎧寫鄒邦識刻

貞觀政要十卷 1192 3335

〔唐〕吴兢編纂 〔元〕戈直考訂

明成化元年（1465）内府刻本 八册

半葉10行20字，小字雙行字同，黑口，四周雙邊，雙黑魚尾，半框高26.8釐米，寬18.7釐米。版心中鎸書名、卷次及葉碼。

卷首依次有明成化元年《御製貞觀政要序》，署“成化元年八月初一日”；元吴澄撰《貞觀政要集論題辭》；元至順四年（1333）《序》，署“至順四年歲在癸酉正月辛卯前中奉大夫江南諸道行御史臺侍御史奎章閣大學士郭思貞書”；元戈直撰《序》；唐吴競撰《貞觀政要序》；目録；集論諸儒姓氏。

鈐有“會稽王季愷珍藏印”“廣運之寶”印。

按：“廣運之寶”印鈐於御製序首，且印章字體孱弱、印泥顔色暗淡，爲僞印無疑，此本是否爲内府刻本亦存疑。

貞觀政要卷第一

論君道一　論政體二

君道第一 凡五章

貞觀初。太宗謂侍臣曰。為君之道。必須先存百姓。若損百姓以奉其身。猶割股以啖腹。股。一作脛。啖。音淡。食也腹飽而身斃。若安天下。必須先正其身。未有身正而影曲。上理而下亂者。朕每思傷其身者不在外物。皆由嗜欲以成其禍。若躭嗜滋味。玩悅聲色。所欲既多。所損亦大。既妨政事。又擾生人。擾亦作損且復出一非理之言。萬姓為之解體。怨讟既作。讟音瀆。痛怨也離叛亦興。朕每思

弇州史料前集三十卷後集七十卷

〔明〕王世貞纂撰　〔明〕董復表彙次

明萬曆四十二年（1614）刻本　二十册

半葉9行18字，白口，四周單邊，單黑魚尾，半框高21.5釐米，寬15.2釐米。版心上鐫書名，中鐫卷次及集次，下鐫葉碼及刻工。

卷端題"弇州史料前集，瑯琊王世貞纂撰，華亭後學董復表彙次"。卷首依次有明萬曆四十二年《弇州史料叙》，署"萬曆甲寅花朝日華亭陳繼儒撰"；明董復表撰《纂弇州史料引》；目録。

弇州史料前集卷之一

瑯琊王世貞纂撰　華亭後學董復表彙次

同姓諸王表序

旨哉班固之引詩曰价人維藩大宗維翰懷德維寧宗子維城夫豈直以昭展親敦睦之誼蓋首廣樹胏腑以夾輔王室有深長思焉然天子之號僅爲王王畿不過千里諸侯之殺也十之故以至親勛德無兩周公而爵蕲九命地裁百

乘城日録不分卷　2736.71 3387

〔明〕周宇輯　〔明〕周柔强抄録

清康熙雍正間刻本　二册

半葉9行21字，白口，四周單邊，單黑魚尾，半框高18釐米，寬13.3釐米。版心上鎸書名，下鎸葉碼。

卷端題“乘城日録，蜀郡周宇編次，男成都廪生周柔强抄録”。卷首有明天啓二年（1622）《乘城日録小引》，署“天啓二年孟夏望吉原任南京户部浙江司員外郎周宇謹識”。

鈐有“菊農”“臣士璋印”印。

乘城日錄

蜀郡周宇編次

男成都廩生周彖强抄錄

天啓元年辛酉十月望後奢賊直犯成都警報迭至十七日甲申夜半下令斂兵入城築門固守

先是按院薛公敷政疏請川撫就近推補候命未下是日王府院司合辭請左布政使朱公攝巡撫事坐鎮北門

右布政使周守西城按察使林守南城提學道胡守東

後漢書鈔二卷

〔清〕高塘撰

清乾隆五十三年（1788）刻本　二册

半葉9行25字，小字雙行字同，白口，四周雙邊，單黑魚尾，無界行，半框高19.7釐米，寬15.4釐米。版心上鐫書名，中鐫卷次及篇名。

内封題“乾隆五十三年訂，和陽高梅亭集評，後漢書鈔”。卷首依次有清乾隆五十三年《序》，署“乾隆五十三年九月下浣和陽高塘”；目録。

王者之師。仁人之言。

光武勑馮異

馮異傳○帝諱秀、字文叔、高祖九世孫、出自景帝長沙定王發之後、王莽末、帝與兄縯起兵舂陵、定天下、再受命、廟號世祖、建武二年、帝既遣異代鄧禹討赤眉、車駕送至河南、賜以乘輿七尺具劍、并下此勑、異頓首受命、

三輔京兆、馮翊、扶風、遭王莽更始劉元之亂重以赤眉延岑之酷元元塗炭無所依訴今之征伐非必畧地屠城要在平定安集之耳諸將非不健鬬然好擄掠卿本能御吏士念自修勑無為郡縣所苦

蔡聞之曰帝王之言孟子所謂不嗜殺人者能一之也○此以異代禹也禹已入長安復不能制赤眉故以異代之異至禹復邀與同戰又敗禹歸異能自破赤眉始以盆子降異不伐不殺

通鑑博論三卷 2512 4327

〔明〕朱權編纂

明萬曆十四年(1586)内府重刻本　六册

半葉8行20字，黑口，四周雙邊，雙黑魚尾，半框高24.1釐米，寬16.3釐米。版心鎸書名、卷次及葉碼。

卷端題"通鑑博論，寧王奉敕編"。卷首依次有明萬曆十四年《御製通鑑博論序》；牌記題"萬曆十四年二月吉日重刊"；明洪武二十九年(1396)《通鑑博論序》，署"洪武二十九年五月初九日寧王頓首謹序"；《進通鑑博論表》，末署"洪武二十九年九月十七日寧王誠惶誠恐稽首頓首謹進"；目録；凡例。卷末有明萬曆十四年《御製通鑑博論跋》，署"萬曆十四年仲春吉日"。

通鑑博論卷上

寧王　奉　勑編

外紀

盤古

盤古氏即盤固氏又名渾敦氏當是之時混沌尚未昭晰盤古氏生於大荒莫知其始明天地陰陽造化之道而為三才首君混茫始開壽萬八千歲

古今萬姓統譜一百四十卷附歷代帝王姓系統譜六卷氏族博考十四卷

〔明〕凌迪知編

明萬曆七年(1579)刻本　三十六册

半葉9行20字,小字雙行字同,白口,四周單邊,單黑魚尾,半框高20.7釐米,寬14.1釐米。版心上鎸書名,中鎸卷次及葉碼,下鎸刻工及刻字字數。

卷端題"古今萬姓統譜,吴興凌迪知稚哲編,弟凌述知稚明校"。卷首依次有明王穉登撰《古今萬姓統譜序》;明萬曆七年《古今萬姓統譜叙》,署"萬曆己卯孟夏朔日嘉議大夫前都察院右副都御史吴郡王世貞撰";明萬曆七年《叙》,署"萬曆己卯秋八月賜進士出身奉直大夫工部員外郎吴興凌迪知撰";目録。

《歷代帝王姓系統譜》卷端題"歷代帝王姓系統譜,吴興凌迪知稚哲輯,同郡吴京朝卿校"。卷首依次有明萬曆七年《歷代帝王姓系統譜叙》,署"萬曆己卯秋八月穀旦賜進士出身奉直大夫工部營繕清吏司員外郎吴興凌迪知撰";古今萬姓統譜引用書目。

《氏族博考》卷端題"氏族博考,吴興凌迪知稚哲纂,同郡吴京朝卿校"。卷首依次有明吴京撰《氏族博考叙》;目録。

合璧姓氏統譜卷之一

吳興　凌廸知稚哲　編

弟　凌述知稚明　校

上平聲

一東

東　平原徵音舜七友東不訾之後

漢　東富　州人中郎涇

唐　東明　開元中爲涿鹿太守

宋　東周　眉州人慶曆進士　東震　眉州人元豐進士

歷代名臣傳三十五卷首一卷續編五卷附歷代名儒傳八卷歷代循吏傳八卷

2258 7483

〔清〕朱軾、蔡世遠訂

清雍正七年(1729)朱軾刻本　二十八册

半葉9行22字,白口,左右雙邊,雙黑魚尾,半框高18.9釐米,寬13.2釐米。版心上鎸書名,中鎸卷次、篇目名及葉碼。

《歷代名臣傳》卷端題"歷代名臣傳,高安朱軾、漳浦蔡世遠仝訂,南城張江分纂",内封題"歷代名臣傳,本衙藏板"。卷首依次有清雍正七年《歷代名臣傳序》,署"雍正七年己酉歲長至日高安朱軾書";清雍正五年(1727)《序》,署"雍正丁未壯月彭城後學李衛頓首拜撰";清雍正五年《歷代名臣傳序》,署"雍正五年丁未夏五端陽日漳浦蔡世遠書";目録。

《歷代名儒傳》卷端題"歷代名儒傳,高安朱軾、漳浦蔡世遠仝訂,安溪李清植分纂",内封題"朱可亭、蔡梁村先生編輯,歷代名臣傳,後附名儒、循吏傳合刻,鄒氏家藏"。卷首依次有凡例;清雍正七年《歷代名儒傳序》,署"雍正七年己酉歲長至前一日高安朱軾書";清雍正七年《歷代名儒名臣循吏傳總序》,署"雍正七年己酉歲長至日高安朱軾書";清雍正四年(1726)《歷代名儒傳序》,署"雍正四年丙午長至日漳浦蔡世遠書";清雍正四年《歷代名儒名臣循吏傳總序》,署"雍正四年丙午十月朔日漳浦蔡世遠書";目録。

《歷代循吏傳》卷端題"歷代循吏傳,高安朱軾、漳浦蔡世遠仝訂,南靖張福昶分纂"。卷首依次有清雍正七年《歷代循吏傳序》,署"雍正七年己酉歲長至前一日高安朱軾書";清雍正七年《歷代循吏傳序》,署"雍正七年己酉歲長至日漳浦蔡世遠書";目録。

歷代名臣傳卷之一

高安朱 軾

漳浦蔡世遠 仝訂

南城張 江分纂

漢

張良

張良字子房，韓人也。大父開地，父平，俱相韓，歷五主。秦滅韓時，良年少，未宦。家僮三百人，弟死不葬，悉以家財求客刺秦王，爲韓報仇。東見倉海君，得力士，爲鐵椎重百二十

皇明名臣記十五卷 2720.5 1883

〔明〕鄭曉撰

明萬曆間孫心材校刻本　二册

半葉10行19字，白口，左右雙邊，單黑魚尾，半框高18.5釐米，寬13.8釐米。版心上鎸“名臣記”，中鎸卷次及葉碼，下鎸刻工及刻字字數。

卷端題“皇明名臣記，海鹽鄭曉”。卷首依次有明嘉靖四十五年（1566）《皇明兩京典銓尚書表序》，署“嘉靖丙寅七月望日鄭曉識”；《兩京典銓尚書表》；明嘉靖四十五年《皇明名臣記序》，署“嘉靖丙寅八月朔鄭曉識”；目録。卷末題“子履準校，孫心材重校”。

按：叢書《吾學編》之一種。

皇明名臣記卷第一　　吾學編第二十二

海鹽鄭曉

中山徐武寧王

王名達鳳陽人幼倜儻沉雄有智略年二十二從

上起兵授鎮撫周旋二年進諸將上乙未脫

上急從克和陽渡江下采石定太平擒陳也先丙申從定建康下京口授鎮江翼大元帥轉江南樞密同僉圍毗陵擒張九六敵復圍毗陵又破其援兵丁酉克毗陵陞僉院轉攻下寧國戊戌取宜興是年　上征婺州留王守建康己亥池州捷聞升

大成通志十八卷 1786.1 4343

〔清〕楊慶撰

清康熙五十八年（1719）理齋刻本　二十一册

半葉9行24字，白口，四周雙邊，無魚尾，半框高21.1釐米，寬14釐米。版心上鐫書名及卷次，中鐫篇章名，下鐫葉碼及“理齋”。

卷端題“大成通志，金臺羅森約齋甫訂証，上谷劉斗耀微甫鑒定，古成紀楊慶有慶甫輯著，瀛海孫際昌名卿甫參閲”。卷首依次有清康熙八年（1669）《序》，署“康熙八年己酉歲菊月展重陽日巡撫甘寧兼理茶馬工部右侍郎兼督察院右副都御史上谷劉斗題於皋蘭公署”；清康熙八年《大成通志叙》，署“康熙八年己酉林鐘月上弦穀旦賜進士出身陝西平慶臨鞏等處承宣布政使司布政使金臺羅森撰”；清康熙八年《大成通志叙》，署“康熙己酉季秋整飭臨洮道副使前刑科掌印給事中浙江道監察御史己亥庚子文武兩闈會試同考孫際昌頓首書於蘭台立政堂”；清康熙六年（1667）《大成通志序》，署“康熙丁未仲夏三秦督學使者蕪湖徐明弼題於長安公署”；清康熙九年（1670）《大成通志序》，署“康熙九年歲次庚戌孟春中憲大夫平凉府知府錦州程憲章世甫題於水心亭”；清康熙七年（1668）《大成通志叙》，署“康熙歲戊申陽月之望陽夏許重華松臆甫題於洗心齋”；清康熙八年《大成通志序》，署“康熙八年歲次己酉季冬中憲大夫鞏昌府知府太原九峰白輝題於内省軒”；清康熙五年（1666）林烜章撰《大成通志序》，署“康熙五年歲次丙午中秋日序”；清胡獻瑶撰《大成通志序》；清康熙八年《大成通志序》，署“康熙八年歲次己酉大吕之吉古燕戴時顯文菴氏題於南安之鴻雪廬”；清許珌撰《大成通志序》；清康熙八年《大成通志序》，署“康熙八年仲冬吉旦雲間顧其言介庵甫題於西藩公署之偶憇軒”；清康熙八年《大成通志序》，署“康熙己酉孟冬南安謫吏梁溪陳禋祉而念甫書於敬畏堂”；清康熙十年（1671）《大成通志叙》，署“康熙辛亥中夏蘭庠學正舉人祋祤郭毓秀書升甫題於敬一亭”；清康熙八年《大成通志序》，署“康熙八年歲次己酉暢月之吉賜進士出身辛丑會魁禮部觀政通家眷社弟漳邑楊純臣頓首題於仁壽山房”；清康熙六年《大成通志後序》，署“康熙丁未孟夏之吉關中通家社弟謝賢謹序”；清康熙八年《大成通志序》，署“康熙己酉小陽上旬日金城舉人高璇謹序”；清康熙七年《大成通志序》，署“康熙戊申涂月中憲大夫知直隸河間府事孟家棟頓首題於近聖居”；清王予望撰《叙》；清任經邦撰《大成通志序》；清楊恒撰《序》；清康熙五十八年《大成通志序》，署“康熙己亥首秋之朔欽差提督陝西通省學政翰林院檢討覺羅逢泰賡菴氏拜撰於南安試院”；清康熙八年《自序》，署“康熙八年歲次己酉陽月之吉古成紀後學楊慶有慶甫謹序”；總目；參校者職名；目録。卷末依次有清康熙八年《大成通志跋》，署“康熙八年蕤賓之月江左社弟楊逢春頓首謹跋”；清康熙八年《大成通志後序》，署“康熙八年歲次己酉黄鐘之月門生郭弘業頓首拜書”；清康熙十一年（1672）《大成通志序》，署“康熙十一年壬子歲端月念日巡撫甘肅寧夏臨鞏等處地方贊理軍務兼理茶馬都察院右副都御史前内弘文院學士盛京華善題”。

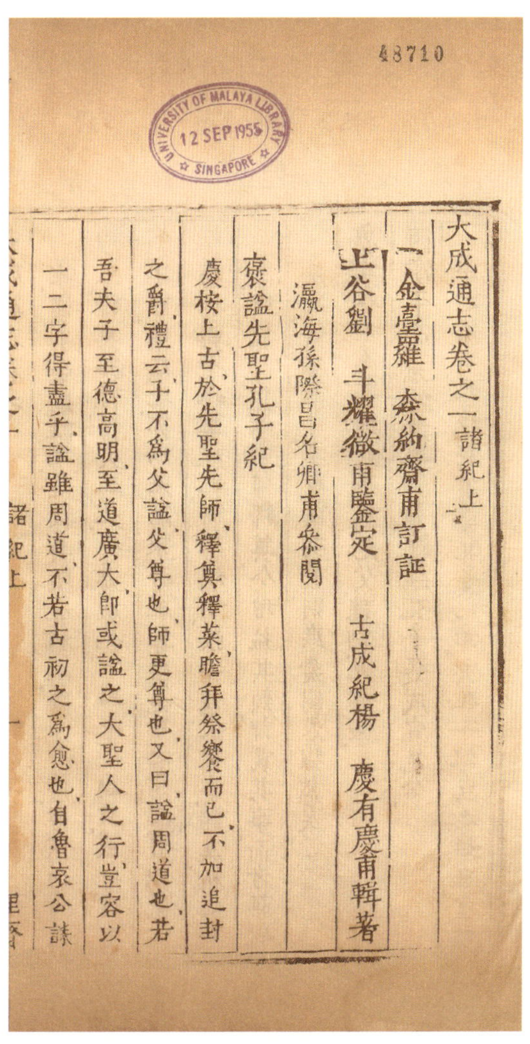

大成通志卷之一　諸紀上
一金臺羅　森約齋甫訂証
上谷劉　斗耀徵甫鑒定　古成紀楊　慶有慶甫輯著
瀛海孫際昌名卿甫叅閱
褒謚先聖孔子紀
慶校上古於先聖先師釋奠釋菜瞻拜祭饗而已不加追封
之爵禮云子不爲父謚父尊也師更尊也又曰謚周道也若
吾夫子至德高明至道廣大即或謚之大聖人之行豈容以
一二字得盡乎謚雖周道不若古初之爲愈也自魯哀公誄

明儒學案六十二卷 1025 1100

〔清〕黄宗羲輯撰 〔清〕賈潤參閲

清康熙間紫筠齋刻本 十六册

半葉12行24字，小字雙行字同，黑口，左右雙邊，雙黑魚尾，半框高18.7釐米，寬14釐米。版心中鎸書名及卷次，下鎸葉碼。

卷端題“明儒學案，姚江黄宗羲輯著，故城賈潤參閲”。内封題“黄梨洲先生輯著，賈若水先生參閲，明儒學案，紫筠齋藏板”。卷首依次有清康熙三十二年（1693）《明儒學案序》，署“康熙癸酉季秋受業仇兆鰲頓首拜題於燕臺邸舍”；清康熙四十六年（1707）《明儒學案序》，署“康熙丁亥歲孟秋西河于準拜題”；清康熙三十二年《明儒學案序》，署“康熙三十二年癸酉歲德輝堂謹梓”；清康熙三十二年《黄梨洲先生原序》，署“康熙癸酉紫筠齋謹刊”；清康熙三十年（1691）《明儒學案序》，署“康熙辛未歲仲夏月故城賈潤謹題於南村書室”；清康熙三十二年《明儒學案跋》，署“歲在癸酉夏月後學賈樸敬跋”；發凡；明末清初黄宗羲撰《師説》；總目。

鈐有“尚古齋”“□□□白雲”印。

明儒學案卷一　河東一

姚江黃宗羲輯著
故城賈　潤參閱

文淸薛敬軒先生瑄

薛瑄字德溫號敬軒山西河津人母夢紫衣人入謁而生膚理如水晶五臟皆見家人怪之祖聞其啼聲曰非常兒也自幼書史過目成誦父貞爲滎陽教諭聞魏范二先生深於理學魏純字希文山東高密人范俟考俾先生與之遊處講習濂洛諸書嘆曰此問學正路也因盡棄其舊學父移教鄢陵先生補鄢陵諸生中河南永樂庚子鄉試第一明年登進士第宣德初授監察御史三楊欲識其面令人要之先生辭曰職司彈事豈敢私謁公卿三楊嗟歎焉差監湖廣銀場手錄性理大全通宵不寐遇有所得卽便

欽定八旗氏族通譜輯要不分卷

〔清〕阿桂等編纂

清乾隆五十七年（1792）武英殿刻本　二册

半葉8行23字，小字雙行字同，白口，四周雙邊，單黑魚尾，半框高23釐米，寬15.1釐米。版心上鎸書名，中鎸葉碼。

卷端題“欽定八旗氏族通譜輯要”。卷首有清乾隆五十七年《進呈表》。

欽定八旗氏族通譜輯要

謹案氏族通譜開載八旗滿洲共六百四十五姓每一姓中每一支内擇其官至三品以上或立有世職者一人爲之立傳其子孫有官職者按其輩數均載於傳内或一支中僅有官職無應立傳者即附於其末謂之附載如完顏瓜爾佳以下一百五十姓均係有立傳之人並附載之族尼竺渾以下一百四十四姓有立傳之人無附載之族又精吉以下二百九姓

安危注四卷 2261.50 1630

〔明〕吴甡論輯

清康熙雍正間刻本　四册

半葉9行20字，白口，四周雙邊，單黑魚尾，半框高19.5釐米，寬13.9釐米。版心上鎸書名，中鎸卷次，下鎸葉碼。

卷端題“安危注，明禮部尚書兼東閣大學士吴甡專愚氏論輯”。内封題“安危注”。卷首依次有明喬可聘撰《序》；明李清撰《序》；目録。

安危注卷之一

明禮部尚書兼東閣大學士吴甡專愚氏論輯

漢張良　字子房韓人封留侯謚文成

專愚氏曰漢高帝起布衣提三尺劍任用天下俊傑亡秦滅項以有天下蓋開刱之功幾與湯武比烈矣當時日屈羣策而惟子房獨見其大高帝曰夫運籌帷幄之中決勝千里之外吾不如子房是亦惟帝能知子房也子房之從漢原以爲韓居中畫策未嘗一日爲將相而用其計策以開一代鴻

古今列女傳三卷 2261.60 3378

〔明〕解縉等編纂

明永樂元年（1403）内府刻本　六册

半葉12行22字，小字雙行字同，黑口，四周雙邊，雙黑魚尾，半框高20.8釐米，寬14.7釐米。版心鎸“列女傳”、卷次及葉碼。

卷端題“古今列女傳”。卷首依次有明永樂元年《古今列女傳御製序》，署“永樂元年九月朔旦序”；目録。

鈐有“林淫印”“周氏藉書園印”“濟南周氏藉書園印”印。

古今列女傳卷之一

虞

有虞(舜氏)二妃者帝堯之二女也。長娥皇。次女英。舜父頑。母嚚。父號瞽(音古)叟。弟曰象。敖遊於嫚。(同慢)舜能諧柔之。承事瞽叟以孝。母憎舜而愛象。舜猶內治。靡有姦意。四嶽薦之於堯。堯乃妻以二女以觀厥內。二女承事舜於畎畝之中。不以天子之女故而驕盈怠嫚。猶謙謙恭儉。思盡婦道。瞽叟與象謀殺舜。使塗廩。(音凜)舜歸告二女曰。父母使我塗廩。我其往。二女曰。往哉。舜既治廩。乃捐(音負)階。(梯也)瞽叟焚廩。舜以兩笠自扞(音汗)而下。復使舜浚(諭去聲)井。舜乃告二女。二女曰。俞。往哉。舜往浚井。格其出入。從掩。舜從匿空(去聲)傍出。時既不能殺舜。瞽叟又速舜飲酒。醉將殺之。舜告二女。二女乃

顏習齋先生年譜二卷

〔清〕李塨纂 〔清〕王源訂

清康熙四十六年（1707）刻本 二册

半葉11行22字，白口，左右雙邊，單黑魚尾，半框高20釐米，寬14.5釐米。版心上鎸書名，中鎸卷次，下鎸葉碼。

卷端題"顏習齋先生年譜，門人李塨纂、王源訂"。卷首依次有清康熙四十六年《顏習齋先生年譜》，署"康熙四十六年丁亥季秋大興門人王源頓首拜撰"；凡例；《顏習齋先生傳》。卷末有清康熙四十六年《跋》，署"丁亥菊月後學鄭知芳拜識"。

鈐有"季明""馬鑒之印""馬鑒讀"印。

顏習齋先生年譜卷上

門人李塨纂

王源訂

明崇禎八年乙亥三月十一日卯時先生生

先生姓顏諱元字渾然號習齋父諱昶博野縣北楊村人蠡縣劉村朱翁九祚養爲子遂姓朱爲蠡人妻王氏孕先生十有四月鄉人望其宅有氣如麟忽如鳳遂產先生啼聲甚高七日能翻身適園甃井因乳名曰園兒

數月後母瘡損一乳乳缺朱媪抱乞嫡隣嫗不得則與朱翁嚼棗肉胡麻薄餅交哺之 先生頂圓後一凹髮少年甚長晚歲尺許面方腴少紅白色晚蒼赤隱白

明狀元圖考三卷附明三及第會元詩文二卷 AC149 Zcl 249

〔明〕顧祖訓彙編 〔明〕黄應澄繪圖

明萬曆三十五年(1607)刻本 五册

半葉9行20字,白口,四周單邊,無魚尾,半框高25.7釐米,寬13.5釐米,有圖。版心上鎸卷次,下鎸葉碼。

卷端題"明狀元圖考,句吴大學士顧鼎臣孫祖訓彙編,新都後學吴承恩君錫父、程一楨君寧父校益,黄文德承甫父、吴修道敬夫父仝閲,黄應澄兆聖父繪圖,黄應纘嗣宗父書考"。《明三及第會元詩文》卷端題"明三及第會元詩文,新都後學吴立性無相父彙編、吴承恩君錫父校益"。

卷首依次有明萬曆三十五年沈一貫撰《序》,署"萬曆丁未孟夏中浣之吉敬題",後題"程應祚書,黄應瑞刻";明萬曆三十五年《明狀元圖考叙》,署"萬曆丁未歲端陽日霍林湯賓尹謹叙";凡例,末署"海陽吴承恩君錫父謹識";《國朝廷試事儀》;目録。卷末有《狀元圖考跋》,缺撰者,似缺葉。

鈐有"蕭山蔡氏人學室圖書""祖州""蔡氏書印""探月樓中人""南冀汪見元字會符號集武印""許紹南印""霜月蟲音齋藏書""書巢""學然後知不足""曾經眼過""蕭山""嗚晦廬珍藏金石書畫記""守之弗失""蔡聖涯家珍藏"印。

明狀元圖考

句吳大學士顧鼎臣孫祖訓彙編

新都後學

吳承恩君錫父

程一楨君寧父

校益

黃文德承甫父

吳脩道敬夫父

全閱

黃應澄兆聖父繪圖

黃應纘嗣宗父書考

卷一 三

廣治平略四十四卷 9301 3327

〔清〕蔡方炳纂

清康熙三年（1664）金閶沈寧宇刻本　七册

半葉9行25字，白口，四周單邊，無魚尾，無界行，半框高20.4釐米，寬12.1釐米。版心上鎸書名，中鎸卷次及篇章名，下鎸葉碼。

卷端題“廣治平略，平江蔡方炳九霞纂定”。内封題“子强子美兩先生原本，蔡九霞先生纂訂，廣治平略”，鈐有“本衙藏板”印。卷首依次有清康熙三年《序》，署“康熙甲辰中秋平江蔡方炳九霞撰”；《纂例》；目録。

廣治平略卷之一

平江　蔡方炳九霞纂定

垂象篇

周天象緯

昔者聖人觀乎天文以察時變夫天蒼蒼耳而稱之曰文則賴有七曜三垣二十八宿以昭示焉何謂七曜日月五星是也日月相會歲凡十二方會則月光盡減而為晦已會則月光復蘇而為朔舒前縮後則月斜停而為弦與日相對則月光正滿而為望晦

北邊備對不分卷雍録十卷 3034.1 2224

〔宋〕程大昌撰　〔明〕吴琯校

明刻本　五册

半葉10行20字，小字雙行字同，白口，左右雙邊，單黑魚尾，半框高20釐米，寬13.9釐米。版心上鎸書名及卷次，中鎸葉碼。

卷端題“北邊備對，宋新安程大昌著，明新安吴琯校”。《雍録》卷端題“雍録，宋新安程大昌著，明新安吴琯校”。卷首依次有宋紹熙二年（1191）《北邊備對序》，署“紹熙辛亥八月新安程大昌叙”；目録。

鈐有“文”“達”印。

北邊備對

宋新安程大昌 著
明新安吳 琯 校

四海

四海之邊中國者在山東則爲東海在廣南則爲南海人人得而聞見不待證說矣若夫禹迹所及西境流沙而極不言西海東北嘗至碣石而北海之名不著于經則謂外薄四海訖于四海者如之何而四也漢武帝事遠有效使命方行四表故西北二海遂有身歷而目擊之者矣非道聽塗說之比也於是條支

御製人臣儆心録不分卷 1685.28 5331

〔清〕世祖福臨撰

清順治十二年（1655）刻本　一册

半葉6行12字，白口，四周雙邊，單黑魚尾，半框高16.8釐米，寬11.6釐米。版心上鎸“儆心録”，中鎸葉碼。

卷端題“御製人臣儆心録”。卷首依次有清順治十二年《御製人臣儆心録》，署“順治乙未季春望日序”；論目。

御製人臣儆心錄

植黨論

自古國家太平之治。率由大小臣工。協力和衷。以熙庶績。乃能久安長泰。流譽靡窮。顧爲臣之道。其類不一。大約不

皇明疏鈔七十卷

〔明〕孫旬彙輯

明萬曆十二年（1584）刻本　二十册

半葉11行20字，白口，四周單邊，單白魚尾，半框高19.3釐米，寬14.3釐米。版心上鎸書名，中鎸卷次及葉碼，下鎸刻工。

卷端題“皇明疏鈔”。卷首依次有明萬曆十二年《皇明疏鈔序》，署“萬曆甲申四月望日欽差提督軍務巡撫浙江等處地方督察院右副都御史五雲蕭廪書”；明萬曆十二年《刻皇明疏鈔序》，署“萬曆甲申季春既望欽差巡按浙江等處監察御史東萊孫旬書”；目録，題“巡按浙江監察御史東萊孫旬彙輯，兩浙都轉運鹽使司運使新都游應乾、杭州府知府吴郡張振之、同知豫章喻均同校”。

鈐有“邵氏藏書”印。

皇明疏鈔卷之一

君道一

法天順人疏

王禕

臣聞自古帝王定天下成大業必祈天永命以爲萬世無疆之計所以祈之者在乎人君修德而已君德既修則天眷自不能已者書曰皇天無親惟德是輔此之謂也人君修德之要有二忠厚以存心寬大以爲政二者君德之大端也是故周家以忠厚開國故能垂八百年之基漢室以寬大爲政故能傳四百載之業簡冊所載不可誣也欽惟　陛下負不世出之資奮大有爲之志艱難十年大業已成周之文武漢

元豐九域志十卷 3025 5635

〔宋〕王存等撰

清乾隆間武英殿聚珍版本　十二册

半葉9行21字，小字雙行字同，白口，四周雙邊，單黑魚尾，半框高19釐米，寬12.6釐米。版心上鎸書名，中鎸卷次，下鎸葉碼。

卷端題“元豐九域志，宋王存等撰”。卷首依次有清乾隆三十九年（1774）《御製題武英殿聚珍版十韻》，署“乾隆甲午仲夏”；《提要》，題“武英殿聚珍版”；宋王存撰《元豐九域志序》；目録。卷末刻有校者姓名。

元豐九域志卷一

宋　王　存　等　撰

四京

皇祐五年以曹陳許鄭滑五州爲京畿路至和二

年罷

東京

東京開封府治開封祥符二縣

地里

東至本京界二百四十五里自界首至南京六十

元豐九域志　卷一　一

（雍正）朔平府志十二卷 3149 9263

〔清〕劉士銘纂修

清雍正十一年（1733）刻本　十册

半葉9行22字，小字雙行字同，白口，四周雙邊，單黑魚尾，半框高20釐米，寬14.5釐米。版心上鐫書名，中鐫卷次及篇章名，下鐫葉碼。

卷端題"朔平府志"。卷首依次有清雍正九年（1731）《序》，署"皇清雍正九年歲次辛亥嘉平月上浣吉日欽命鎮守朔平等處地方統轄滿洲蒙古漢軍八旗官兵建威將軍奉恩將軍宗室申慕德撰"；清雍正十年（1732）《序》，署"皇清雍正十年歲次壬子夏五月上浣之吉賜進士出身通奉大夫山西等處承宣布政使司布政使加十級紀録四次虞山蔣泂撰"；清雍正十一年《序》，署"皇清雍正十一年歲次癸丑春正月上浣之吉中憲大夫知山西朔平府事加四級紀録一次宛平劉士銘撰"；清雍正十一年《序》，署"皇清雍正十一年歲次癸丑孟春上浣之吉奉政大夫朔平府管理糧餉兼理事總捕同知紀録一次長白塞克圖撰"；參纂姓氏；凡例；目録。卷末依次有清雍正十一年《跋》，署"皇清雍正十一年歲次癸丑三月穀旦屬吏朔州牧汪嗣聖謹跋"；清雍正十年《跋》，署"皇清雍正十年壬子臘前二日賜進士出身平魯縣學博翼城王靄撰"。

朔平府志卷之一

圖考志

周禮職方氏掌天下九州之圖外史掌書外令及四方之志名曰圖籍而籍不先圖葢籍可以文字載圖不可以室文曉易在天成象在地成形仰觀俯察聖人則之是以堯觀河而受圖禹鑄鼎以象物姬公營洛伻來獻圖漢祖入關收秦圖籍皆此物此志也朔平星分畢南昴北天街之界地居河東山西天下之領其爲郡也重矣是不可以無籍先不可以無圖爰

（乾隆）内黄縣志十八卷首一卷 3145 8113

〔清〕李湞纂修

清乾隆四年（1739）刻本　六册

半葉9行20字，白口，左右雙邊，單黑魚尾，半框高19.2釐米，寬15.5釐米，有圖。版心上鎸書名，中鎸卷次及篇章名，下鎸葉碼。

卷端題“内黄縣志”。卷首依次有清乾隆四年《内黄縣志序》，署“乾隆四年秋七月賜進士出身誥授資政大夫巡撫河南等處地方提督軍務兼理河道都察院右僉都御史加四級紀録一次博陵尹會一題”；清乾隆四年《内黄縣志序》，署“乾隆四年歲次己未孟秋月上浣特簡河南等處承宣布政使司布政使加三級紀録十三次朱定元題於中州官署”；清乾隆四年《重修内黄縣志序》，署“乾隆四年己未七月文林郎知内黄縣知縣加一級閬中李湞撰”；清董萬山撰《重修内黄縣志序》；清乾隆四年《重修内黄縣志序》，署“乾隆四年歲次己未新正穀旦知河南彰德府事前福建興泉道按察史司副使三韓滿雲鸖謹識”；前時修志姓氏；修志姓氏；目録；凡例；《縣志圖考》。卷末依次有明嘉靖六年（1527）《舊序》，署“嘉靖丁亥秋七月朔翰林院編修莆田林文俊撰”；明嘉靖十六年（1537）《舊序》，署“嘉靖丁酉孟秋望日開州端溪子王崇慶撰”；明萬曆二十八年（1600）《舊序》，署“萬曆庚子長至日賜同進士出身敕受文林郎章邱縣知縣元城董復亨撰書於繁露園”；明王廷誎撰《舊序》；明黄吉士撰《舊序》；清康熙元年（1662）《舊序》，署“康熙元年七月之吉賜進士知内黄縣事無棣張爲仁撰”；明任光裕撰《舊跋》；明楊之大撰《舊跋》；明田時登撰《舊跋》；清康熙元年《舊跋》，署“康熙元年嘉平月穀旦中憲大夫原任陝西肅州道兵備副使邑人楊問壽撰”；《舊志小引》；清乾隆四年《内黄縣志跋》，署“乾隆四年秋月内閣中書科中書舍人邑人黄之徵跋”。

內黃縣志卷之一

沿革

舊志稱黃以黃溝名魏以河南爲外河北爲內陳留有外黃此名內黃李斑之對可徵也自漢初設縣廢與離合迭更互異我

朝釐定舊制由直隸大名改屬河南彰德審形勢之宜得肯指之使稱盡善矣因本歷代史暨古圖經志沿革

沿革表

闕里志二十四卷 2261.05 3730

〔明〕陳鎬撰

清康熙間刻本　四十册

半葉10行19字，小字雙行字同，白口，四周單邊，單黑魚尾，半框高19.9釐米，寬14.4釐米。版心上鎸書名，中鎸卷次，下鎸葉碼。

卷端題“闕里志”。卷首依次有明弘治十八年（1505）《闕里志序》，署“弘治乙丑九月朔日光禄大夫柱國少傅兼太子太傅户部尚書謹身殿大學士知制誥長沙李東陽序”；明楊士聰撰《重修闕里志序》；目録。卷末有明末清初孔胤植撰《闕里志後序》。

鈐有“宣條之章”“清原”“柴氏家藏圖書”“柴邦彦圖書後歸阿波國文庫别藏於江户雀林莊之萬卷樓”印。

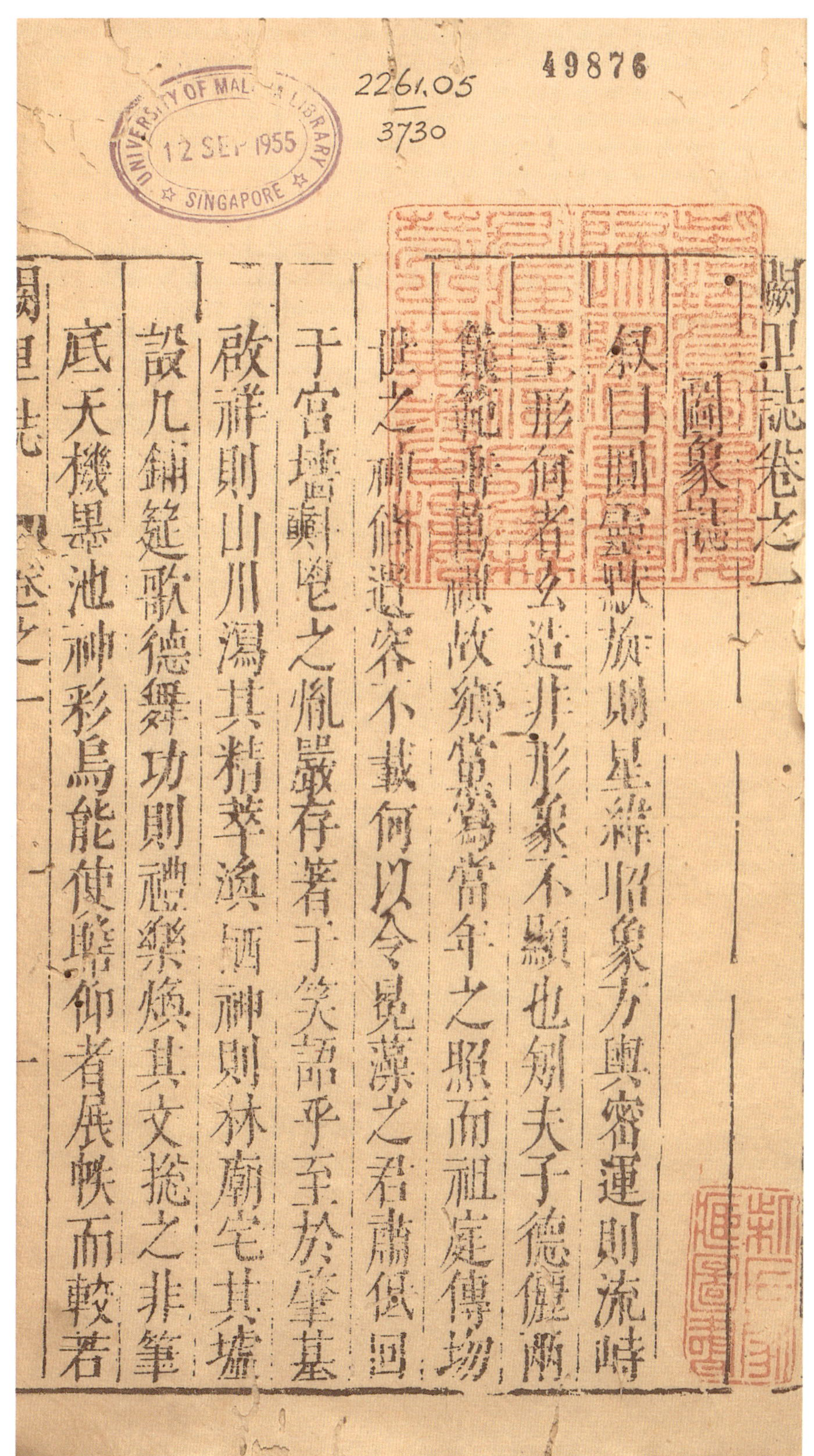

闕里誌卷之二

圖象誌

敘曰圓靈默旋則星緯昭象方輿審運則流峙呈形何者玄造非形象不顯也矧夫子德儷兩儀範垂萬禩故鄉黨爲當年之照而祖庭傳揚世之神儀遺容不載何以令覩藻之君肅然回于宮墻闕卷之佩儼存著于笑語乎至於肇基啟祥則山川瀉其精萃渙洒神則林廟宅其墟設几鋪筵歌德舞功則禮樂煥其文摠之非筆底天機畢池神彩烏能使瞻仰者展帙而較若

孔宅志八卷首一卷末一卷　1787 3355

〔清〕孔毓圻等纂

清康熙五十六年（1717）刻本　四册

半葉10行21字，白口，四周單邊，單黑魚尾，半框高21.2釐米，寬14.7釐米。版心上鎸書名，中鎸卷次，下鎸葉碼。

卷端題“孔宅志”。卷首依次有朱印清康熙四十四年（1705）《崇聖盛典》，署“康熙四十四年三月二十八日”；朱印清康熙二十五年（1686）《御製至聖先師孔子贊》，署“康熙二十五年八月”；朱印《御製四子贊》；清孔毓圻撰《孔宅志序》；清吴存禮撰《序》；清林之濬撰《序》；纂修職名；目録。

鈐有“中山氏藏書之記”印。

孔宅志卷之一

地圖

聖門志

大成至聖文宣先師廟宇

曲阜　泰安　衢州　澤州　青浦　國子監廟

天下學廟一千五百一十一處

書院十四處

按書院在在皆有或爲士子講誦而設或爲先儒讀書而設茲志所録惟録其有先聖主像者耳

尼山書院在曲阜縣東南六十里尼山上

金鰲退食筆記二卷 3045 3149

〔清〕高士奇撰

清康熙間刻本　一册

半葉10行20字，小字雙行字同，白口，四周單邊，單黑魚尾，半框高18釐米，寬13.5釐米。版心上鎸書名及卷次，下鎸葉碼。

卷端題“金鰲退食筆記，日講官起居注翰林院侍講學士高士奇”。卷首依次有清康熙二十三年（1684）《序》，署“康熙二十三年秋七月昆山徐乾學序”；目録。

鈐有“壽旗翼室”“襄卿”“王有贊”“馬鑒之印”印。

金鰲退食筆記卷上

日講官起居注翰林院侍講學士高士奇

嘗讀往史所載秦漢隋唐之宮闕高者七八十丈廣者二三十里而離宮別館綿延聯絡彌山跨谷或至數百所何其奢侈宏麗可怖也明因金元之舊宮闕苑囿較秦漢隋唐僅十之三四然皇城之中郎屬大内禁絶往來惟親信大臣得賜遊宴故或記或詩咸自詡爲異數亦有終身官侍從未得一至者聞人說苑西亭臺宮殿無異海外三山縹緲怳惚疑信者半我

都城紀勝不分卷 3070.2 4339

題〔清〕灌圃耐得翁撰

清康熙四十五年（1706）揚州詩局重刻本　一册

半葉11行21字，小字雙行，字數不等，黑口，左右雙邊，雙黑魚尾，半框高16.5釐米，寬11.7釐米。版心中鎸書名及葉碼。

卷端題"都城紀勝，灌圃耐得翁"。卷首依次有宋端平二年（1235）《都城紀勝序》，署"宋端平乙未元日寓灌圃耐得翁序"；目録。卷末木記題"楝亭藏本丙戌九月重刊于揚州使院"。

鈐有"許紹南印""霜月蟲音齋藏書"印。

按：封面墨筆題"都城紀勝，揚州詩局本"。卷末墨筆題"楝亭十二種之一，民國二十八年六月一日得之北平來薰閣，價二元五角"。

都城紀勝

灌圃耐得翁

井市

自大内和寧門外新路南北早間珠玉珍異及花果時新海鮮野味奇器天下所無者悉集於此以至朝天門清河坊中瓦前灞頭官巷口棚心衆安橋食物店鋪人煙浩穰其夜市除大内前外諸處亦然惟中瓦前最勝撲賣奇巧器皿百色物件與日間無異其餘坊巷市井買賣關撲酒樓歌館直至四鼓後方靜而五鼓朝馬將動其有趁賣早市者復起開張無論四時皆然如遇元宵猶盛排門和買民居作觀玩幕次不可勝紀隆興間

靳文襄公治河方略十卷首一卷

〔清〕靳輔撰　〔清〕崔應階重編

清乾隆三十二年(1767)刻本　八册

半葉10行20字,白口,左右雙邊,單黑魚尾,半框高19.3釐米,寬15.1釐米,有圖。版心上鎸"治河方略",中鎸卷次,下鎸葉碼。

卷端題"靳文襄公治河方略,楚鄂崔應階吉升甫重編,海昌俞調元燮齋、桂林胡德琳書巢、秀水盛百二秦川訂梓,華亭張松孫鶴坪、高郵夏曉春南芷、長興錢大琴素芬較閱"。卷首依次有清乾隆三十二年《序》,署"乾隆三十二年丁亥皋月朔日撫東使者楚鄂崔應階序";凡例;目録。卷末依次有清乾隆三十二年《跋》,署"乾隆三十二年閏七月濟南府知府襄平徐績跋";清乾隆三十二年《跋》,署"丁亥閏月門人海寧俞調□□跋";《跋》(殘)。

鈐有"青霜館賞鑒""佩三言齋"印。

靳文襄公治河方略卷之一

海昌俞調元燮齋
桂林胡德琳書巢　訂梓
秀水盛百二秦川
華亭張松孫鶴坪
高郵夏曉春南芷　較閱
長興錢大琴素芬

楚郢崔應階吉升甫重編

治紀上

自禹之後治水之人多矣而不詳其所治之法詳所治之法者蓋自歐陽玄至正河防記始也

名山勝概記四十六卷附名山圖一卷

〔明〕何鏜輯

明崇禎六年（1633）墨繪齋刻本　六十四册

半葉9行20字，白口，左右雙邊，單白魚尾，半框高19.2釐米，寬14.3釐米，有圖。版心上鎸篇名，下鎸葉碼。

内封題“鎸天下名山勝概記”。卷首依次有明王世貞撰《遊名山記序》；明湯顯祖撰《名山記序》；明王穉登撰《遊名山記序》；凡例；目録；名山圖。

鈐有“山水文章”印。

賜遊西苑序

明　楊士奇

宣德八年四月二十有六日　上以在廷文武之臣日勤職事不遑暇逸特　勑公侯伯師傅六卿文學侍從遊西苑以息勞暢倦於是成國公臣勇豐城侯臣賢新建伯臣王少師臣義少傅臣士奇臣榮尚書臣璡臣濙臣中侍郎臣驥少詹事臣英臣直侍讀學士臣時勉臣習禮拜　命以行時少保臣淮來自退休承　命偕行凡十有五人又　勑中官導自西安

武夷山志十九卷 AC149 Zra 51

〔明〕衷仲孺編訂

明崇禎十六年(1643)秀振堂刻本　六册

半葉9行20字,白口,四周單邊,無魚尾,半框高20.4釐米,寬15釐米。版心上鎸書名,中鎸卷次及類名,下鎸葉碼。

卷端題"武夷山志,東魯衷仲孺訂修"。内封題"衷穉生先生編定,武夷山志,秀振堂藏板"。卷首依次有明羅需孚撰《序》;明崇禎十四年(1641)《武夷山志序》,署"崇禎歲在辛巳中秋之望三山徐𤊹書於沖祐宫之橘隱堂";明崇禎十六年《武夷山志序》,署"崇禎癸未春王正月常熟孫朝讓題於富沙公署";明蔣棻題《武夷山志題韻》;明崇禎十六年《題詞》,署"崇禎癸未獻歲之明日雲間張肯堂題於崇安公署";目録;圖;《武夷總叙》。

鈐有"兩日屋圖書""穠翠亭珍藏"印。

武夷山志卷之一

東魯衷仲孺訂修

名勝編

武夷以奇勝名寓內說者謂詭幻百出人工毋論即鬼工爲之政亦未易幽人韻士往往獨窮其奥然或康樂之屐殊域爲藉志餘之舠夙互未剮不免索圖經以當卧遊耳于是作名勝編

一曲 凡二十條

鼓山志十四卷首一卷　3041.31 3930

〔清〕黄任修輯　〔清〕李拔鑒定　〔清〕張伯謨参訂

清乾隆二十六年（1761）刻本　五册

半葉9行20字，小字雙行字同，白口，四周雙邊，單黑魚尾，半框高21.8釐米，寬14.3釐米，有圖。版心上鎸書名，中鎸卷次，下鎸葉碼。

卷端題“鼓山志，郡守李拔鑒定，郡人黄任修輯，張伯謨参訂”。内封題“敕賜鼓山湧泉寺志”。卷首依次有清乾隆二十六年《叙》，署“乾隆二十六年歲次辛巳荔月望後四日欽命福建等處承宣布政使司布政使紀録二十次德福撰”；清李拔撰《鼓山志序》；清乾隆二十六年《鼓山志序》，署“乾隆二十六年蒲月郡人黄任時年七十有九”；清乾隆二十六年《鼓山志序》，署“乾隆二十六年歲次辛巳端陽日現住鼓山沙門興隆叙”；凡例；目録。

鈐有“克魯倫”“克魯倫研究室”印。

鼓山志卷一

郡守李　拔鑒定

郡人黄　任脩輯

張伯謨參訂

名勝

山海名經昉自伯益三代以後迄於齊梁志地者
二百四十餘家獨漢桑欽水經支分條析依倣經
體後魏酈道元注之博採異聞粲乎稱大備矣閩
地山水輿區顧以荒服獨遺紀載而鼓山距城伊

金石録三十卷

〔宋〕趙明誠編　〔清〕謝世箕較梓　〔清〕馮達道参訂

清順治七年（1650）刻本　六册

半葉9行21字，小字雙行字同，白口，四周單邊，單黑魚尾，半框高18.6釐米，寬13釐米。版心上鎸書名，中鎸卷次，下鎸葉碼。

卷端題“金石録，宋東武趙明誠編著，清濟南謝世箕較梓、晋陵馮達道参訂”。卷首有宋趙明誠撰《金石録序》。卷末依次有宋紹興二年（1132）《後序》，署“紹興二年玄默歲壯月朔甲寅易安室題”；清謝世箕撰《叙》。

鈐有“南洋大學圖書館藏書”印。

金石録卷第一　　目録一　三代　秦　漢

宋東武趙明誠編著

清濟南謝世箕較梓

晉陵馮逵道參訂

偃師金石遺文記二卷 2134 5939

〔清〕武億纂

清乾隆五十三年（1788）小石山房刻本　二册

半葉10行21字，小字雙行字同，白口，左右雙邊，單黑魚尾，半框高19.1釐米，寬13.9釐米。版心中鎸“金石録”及卷次，下鎸葉碼。

卷端題“偃師金石遺文記，縣人武億虚谷纂著，男穆淳愚溪校，韓甲辰太初採輯”。内封題“乾隆五十三年歲戊申冬十月刊，偃師金石遺文記，小石山房藏板”。卷首有清乾隆五十三年《偃師金石遺文記叙》，署“乾隆五十三年著雍涒灘之歲陽月十有二日小石山人武億識”。卷末有清毓倬撰《金石録後》。

鈐有“家有定武蘭亭黄子久富春大嶺圖二妙跡”“端溪何叔子瑗玉号蘧盦過眼經籍金石書畫印記”“何瑗玉印”印。

偃師金石遺文記

縣人武　億虛谷纂著
男穆淳愚溪校
韓甲辰太初採緝

周寅簋銘 佚

考古圖銘曰有進後雩邦人正之師氏人有辠有故西馭服即汝凶繇宕卑復虐逐乃君乃師乃作予一人服王曰寅敬明乃心用辟我一人善故乃友內辟勿事虢虐從獄受雜且行道乃非正命乃故疾讒人則唯輔天降喪不亡唯死錫　秬鬯一卣乃芹芾赤湯鴒軒朱輦

重修宣和博古圖録三十卷　

〔宋〕王黼等撰　〔明〕于承祖等校正

明崇禎九年（1636）刻本　十四册

半葉8行17字，白口，四周單邊，無魚尾，半框高21.2釐米，寬13.8釐米，有圖。版心上鎸"博古圖"，中鎸卷次及葉碼。

卷首依次有明陳震陽撰《重刻博古圖序》；明嘉靖七年（1528）《重刊博古圖序》，署"大明嘉靖七年歲在戊子菊月望日樂安蔣暘序"；明于承祖撰《重刊博古圖小序》；明崇禎九年《序》，署"崇禎丙子春王正月不肖男道南謹述"；校正博古圖姓氏；總目。

鈐有"鋤經樓藏書印"印。

重修宣和博古圖録卷第一

鼎鼒總説

鼎一二十六器

商

父乙鼎銘三十字

瞿父鼎銘二字

子鼎銘一字

庚鼎銘一字

泊如齋重修考古圖十卷

〔宋〕吕大臨撰

明刻本　十二册

半葉8行17字, 白口, 四周單邊, 單白魚尾, 半框高25釐米, 寬15.5釐米, 有圖。版心上鎸“考古圖”, 中鎸卷次及葉碼。

卷首依次有明王昌業撰《重修考古圖題辭》; 宋元祐七年(1092)《考古圖記》, 署“元祐七年二月汲郡吕大臨記”; 元大德三年(1299)《序》, 署“大德己亥冬至古迂陳才子謹題”; 元大德三年《序》, 署“大德己亥陽復日茶陵陳翼子翼俌識”; “考古圖所藏姓氏”。

泊如齋重修考古圖卷第一

鼎屬

庚鼎　辛鼎

癸鼎　晉姜鼎

公諴鼎　蠆鼎

敗氏鼎　東宮方鼎

孔文父飲鼎闕　鄭方鼎

牛鼎　雲鼎

金石古文十四卷 2082 3936

〔明〕楊慎輯

明末清初抄本　二册

半葉9行16字, 無版心, 無界行。

卷端題"金石古文, 成都升菴楊慎輯次"。卷末依次有明孟淮撰《金石古文後叙》; 明嘉靖三十四年(1555)《跋金石古文後》, 署"嘉靖三十四年春正月上浣之吉屬下濮中府知府李懿頓首謹跋"; 明萬曆十八年(1590)《跋金石古文》, 署"萬曆十八年五月望日漢中知府郭顯忠跋"; 末題"嘉慶改元秋七月既望瞿中溶假讀於四雖堂後增改脱誤數字"。

鈐有"川學齋藏""曉徵""錢大昕印""印廬珍藏""春坊瀟洒優閒地"印。

金石古文卷一　天集

成都升菴楊慎輯次

倉頡陽虛山丹甲青文石刻

上天垂命皇辟迭王

按河圖玉版云倉頡為帝南巡登陽虛之山臨于玄扈洛汭之水靈龜負書丹甲青文以授之文捉二十八字景刻于陽虛之石室李斯止識八字曰上天垂命皇辟迭王今已不可尋

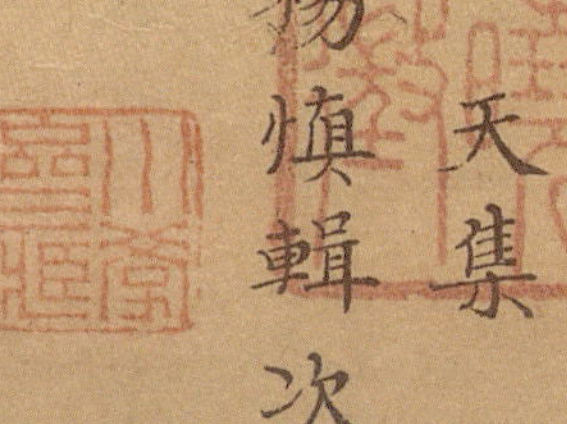

粵東金石略九卷附二卷首一卷 2148 5439

〔清〕翁方綱輯

清乾隆三十六年(1771)石洲草堂刻本　四册

半葉10行22字, 小字雙行32字, 白口, 左右雙邊, 單黑魚尾, 半框高19.7釐米, 寬14.5釐米。版心中鎸書名及卷次,下鎸葉碼。

内封題“北平翁覃谿著, 粵東金石略, 石洲草堂”。卷首有清乾隆三十六年《粵東金石略自序》, 署“乾隆三十六年冬十月二十二日大興翁方綱肇自卷端”。

鈐有“磐石”“劉檪相印”“七業堂”印。

粤東金石略卷第一

廣州府金石一

至聖先師像碑

先師像碑在廣州府學後圃番山藏居亭摹吴道子筆也

左有篆書

宣聖遺像四字右有八分書一段叙摹勒原委至正五年乙酉正月望日中奉大夫廣東道宣慰使都元帥僧家奴記承直郎廣東道宣慰使司都元帥府經歷貢師謙篆額廣東憲曹天台張譓書

宣聖兖公小影碑

觀妙齋藏金石文考略十六卷 2080 3834

〔清〕李光暎纂

清雍正七年(1729)觀妙齋刻本　十六册

半葉9行,字數不等,白口,四周單邊,單黑魚尾,半框高16.4釐米,寬11.5釐米。版心中鎸卷次,下鎸葉碼。

卷端題“觀妙齋藏金石文考略”。内封題“觀妙齋藏金石文考略,觀妙齋藏版”。卷首依次有清雍正七年《觀妙齋藏金石文考略引》,署“雍正七年歲次屠維作噩十月朔同里心齋老人金介復題”;目録,題“嘉興李光暎子中纂”。

觀妙齋藏金石文攷略卷一

夏禹岣嶁銘

此無慮數十刻唯楊用脩所得之石爲最先凡此等皆一石所摹也勿論古篆奇逸即題後廿餘字而非千年内物以爲出自夏后或未必然〻當非隋唐以來人所能辨也 墨林快事

禹碑七十七字在衡嶽密雲峯楊用脩得之張僉憲云宋嘉定中何致子一遊南嶽脱其文刻於嶽麓書院用脩又刻於滇中安寧州近世楊

泉志十五卷 2107 3300

〔宋〕洪遵撰　〔明〕胡震亨、毛晋訂

明末刻本　四册

半葉9行18字，白口，左右雙邊，單白魚尾，半框高19.4釐米，寬14.2釐米。版心中鎸書名及卷次，下鎸葉碼。

卷端題“泉志，宋洪遵撰，明胡震亨毛晋同訂”。内封題“泉志”。卷首依次有《刻泉志序》；宋紹興十九年（1149）《泉志序》，署“紹興十有九年秋七月晦日鄱陽洪遵序”；總目。卷末有明萬曆三十一年（1603）《泉志跋》，署“萬曆癸卯短至日錢塘徐象梅識”。

鈐有“拙齋藏書”“翔九氏”“施鳳翥印”“石心閣藏”印。

泉志卷之一

宋洪遵撰　明胡震亨毛晉同訂

正用品上

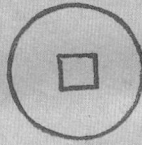

右虞錢　史記平準書曰虞夏之幣金爲三品或黄或白或赤或錢或布或刀或龜貝　賈逵注周語曰虞夏商周金幣三等黄爲上幣銅錢爲下幣

浙江採集遺書總録十二集

〔清〕沈初等編纂

清乾隆三十九年(1774)刻本　十册

半葉10行20字，小字雙行字同，黑口，四周單邊，單黑魚尾，半框高18.4釐米，寬13.1釐米。版心鎸書名、集數及葉碼。

卷端題“浙江採集遺書總録”。卷首依次有清乾隆三十七年(1772)正月初四《上諭》，清乾隆三十八年(1773)閏三月初一《上諭》，清乾隆三十八年五月二十五日《上諭》，清乾隆三十九年五月十四日《上諭》；清乾隆三十八年閏三月初七日《上諭》，清乾隆三十八年五月十三日《上諭》，清乾隆三十八年六月初五日《上諭》；纂録職名；清乾隆三十九年《序》，署“乾隆三十九年夏六月兵部侍郎督察院右副都御史巡撫浙江提督軍務糧餉兼鹽政海防世管佐領加三級臣三寶謹序”；清乾隆三十九年《序》，署“乾隆三十九年歲次甲午四月上浣日浙江布政使司布政使加三級臣王亶望謹序”；凡例；總目。

鈐有“曾寄申江郁氏處”印。

按：閏集未刊刻。

浙江採集遺書總錄

甲集

易類

周易注一卷 寫本

右吳鬱林太守吳郡陸績撰按隋志作十五卷釋文序錄及新舊唐書俱作十三卷會通一卷朱彝尊曰陸氏注已亡今鹽邑志林載有一卷乃係抄撮陸氏釋文李氏集解二書爲之

周易元包五卷 一名元命包 刊本

右後周衛元嵩撰唐秘書監武功蘓源明傳國子

子部

朱子經濟文衡類編前集二十五卷後集二十五卷續集二十二卷 1237 3361

〔宋〕朱熹撰 〔宋〕滕珙輯

清乾隆四年(1739)徽州府署重刻本 十二册

半葉9行20字，小字雙行字同，白口，四周單邊，單白魚尾，半框高19.8釐米，寬13.6釐米。版心上鎸"經濟文衡"，中鎸集次及卷次，下鎸葉碼。

卷端題"朱子經濟文衡類編"。内封題"乾隆四年重鎸，郡守後學楊雲服校，朱子經濟文衡，徽州府署藏版"。卷首依次有明萬曆三十四年(1606)《朱子經濟文衡類編原序》，署"萬曆丙午三十有四年仲秋之吉"；清乾隆四年《序》，署"乾隆四年九月翰林院檢討新安後學程恂書"；清乾隆四年《朱子經濟文衡類編序》，署"乾隆四年歲次己未季夏之吉江南徽州府知府南州後學楊雲服謹識"；明正德四年(1509)《朱子經濟文衡類編原序》，署"正德四年己巳春正月既望資善大夫都察院右都御史前奉敕總制陝西三邊諸軍事兼督理馬政石淙楊一清識"；總目。

朱子經濟文衡類編卷之一

前集

○太極類

論太極是名此理之至極

先生年譜云淳熙六年乙未夏五月東萊呂公自東陽來留止寒泉精舍旬日歸先生送之至信之鵞湖寺江西陸九齡子壽弟九淵子靜及清江劉清之子澄皆來會此論係答子靜雖歲月未詳然觀年譜所載則諸老先生相與講學之意大略

淵鑒齋御纂朱子全書六十六卷 1237 3900

〔宋〕朱熹撰　〔清〕李光地等編纂

清康熙五十三年(1714)内府武英殿刻本　二十五册

半葉9行20字，小字雙行字同，白口，四周單邊，單黑魚尾，無界行，半框高19釐米，寬13.9釐米。版心上鎸“朱子全書”，中鎸卷次、章節名、篇名及葉碼。

卷端題“淵鑒齋御纂朱子全書”。卷首依次有清康熙五十二年(1713)《御製朱子全書序》，署“康熙五十二年歲在癸巳夏六月敬書”；清康熙五十三年《刻成進呈表》，署“康熙五十三年八月初一日光禄大夫文淵閣大學士兼吏部尚書臣李光地等謹上表”；《承修諸臣職名》；凡例；目録。

鈐有“臣紹昌”“臣紹昌印”“鳴石”“羅漸鏗印”“潤生”“臣黄紹昌”印。

淵鑒齋

御纂朱子全書卷一

學一

小學

古者初年入小學，只是教之以事。如禮樂射御書數。及孝弟忠信之事。自十六七入大學。然後教之以理。如致知格物。及所以爲忠信孝弟者。

古人小學。養得小兒子誠敬。善端發見了。然而大學等事。小兒子不會推將去。所以又入大學教之。

朱子全書　卷一　學一　小學　一

慈溪黄氏日抄分類九十七卷附古今紀要十九卷

〔宋〕黄震編輯

清乾隆三十二年（1767）新安汪氏刻本　二十四册

半葉14行26字，小字雙行字同，黑口，四周雙邊，雙黑魚尾，半框高20.1釐米，寬13.3釐米。版心上鐫“黄氏日抄”，中鐫篇章名及卷次，下鐫葉碼。

卷端題“慈溪黄氏日抄分類，慈溪黄震東發編輯”。内封題“宋板較刻，黄氏日抄”。卷首依次有元至元三年（1337）《黄氏日抄序》，署“至元三年歲在丁丑四月之吉廬江沈逵序”；目録。

鈐有“再再生”“范秋颿藏金石圖書之印”“恨不十年讀書”“南洋大學圖書館藏書”“篁齋藏古”“子元一字滋園”“臣錫璋印”“周氏珍藏”印。

慈溪黄氏日抄分類卷之一

慈溪黄　震東發　編輯

讀孝經

漢興河間人(顔芝)之子得孝經十八章是爲今文孝經(魯恭王壞孔子壁得孝經二十二章是爲古文孝經鄭康成諸儒主今文孔安國馬融主古文而今文獨行唐明皇詔議二家孰從劉知幾謂宜行古文諸儒爭之卒亦行今文明皇自註孝經遂用今文十八章著爲定本我朝(司馬温公)在秘閣始專主古文孝經作爲指解而上之至以世俗信爲疑真爲言愚按孝經一耳古文今文特所傳微有不同如首章今文云仲尼居曾子侍古文則云仲尼閒居曾子侍坐今文云子曰先王有至德要道古文則云子曰參先王有至德要道今文云夫孝德之本也教之所由生也古文則云夫孝德之本教之所由生文之或增或減不過如此於大義固無不同至於分章之多寡今文三才章

性理標題綜要二十二卷首一卷 1060 2727

〔明〕詹淮纂輯　〔明〕陳仁錫訂正
明崇禎間刻本　二十四册

半葉9行19字，小字雙行字同，白口，四周單邊，單黑魚尾，半框高20.9釐米，寬14.4釐米。版心上鎸"性理綜要"，中鎸卷次及篇名，下鎸葉碼，天頭鎸有評文。

卷端題"性理標題綜要，新安詹淮纂輯，古吴陳仁錫訂正"。卷首依次有明永樂十三年（1415）《成祖文皇帝御製性理序》，署"永樂十三年十月初一日"；明崇禎五年（1632）《性理序》，署"崇禎五年歲次壬申仲春史官陳仁錫書於白松堂"；明李廷機撰《序》；明朱從古撰《性理序》；明詹淮撰《性理序》；《性理綜要譚藪》；凡例；先儒姓氏；明永樂十三年《進書表》，署"永樂十三年九月十五日翰林院學士兼左春坊大學士奉政大夫臣胡廣等謹上"；總目。

鈐有"□生軒□書印"印。

性理標題綜要卷之一

新安　詹淮　纂輯

古吳　陳仁錫　訂正

○太極圖　濂溪周先生著

朱子曰：太極圖者，濂溪先生之所作也。先生姓周氏，名惇實，字茂叔，後避英宗舊名，改惇頤，家世道州營道縣濂溪之上，博學力行，聞道甚早，遇事剛果，有古人風，爲政精密嚴恕，務盡道理。嘗作太極圖、通書、易通數十篇，襟懷飄灑，雅有

剛果有古人風　爲政務盡道理

御纂性理精義十二卷

〔清〕李光地等編纂

清康熙五十六年(1717)刻本　五册

半葉8行22字,小字雙行字同,白口,四周雙邊,單黑魚尾無界行,半框高22釐米,寬16.1釐米。版心上鎸書名,中鎸卷次、分類名及篇名,下鎸葉碼。

卷端題"御纂性理精義"。卷首依次有清康熙五十六年《御製性理精義序》,署"康熙五十六年春二月初一日書";清康熙五十四年(1715)《表》,署"康熙五十四年八月初四日光禄大夫文淵閣大學士兼吏部尚書臣李光地等謹上表";凡例;参纂諸臣職名;先儒姓氏;目録。

鈐有"哲如陳慶保藏書""陳慶保"印。

御纂性理精義卷第一

太極圖　周子作　朱子註

朱子曰。河圖出而八卦畫。洛書呈而九疇敘。而孔子於斯文之興喪。亦未嘗不推之於天。自周衰孟軻氏沒。而此道之傳不屬。更秦及漢。歷晉隋唐。以至於我有宋。五星集奎。實開文明之運。而先生出焉。不由師傳。默契道體。建圖屬書。根極領要。當時見而知之有程氏者。遂擴大而推明之。使夫天理之微。人倫之著。事物之衆。鬼神之幽。莫不洞然畢貫於一。而周公孔子孟氏之傳。煥然復明於當世。有志之士。得以探討服行而不失其正。如出於三代之前者。嗚呼盛哉。非天所畀。其孰能與於此。

○又曰。先生之學。其妙具於太極一圖。通書之言。亦皆此圖之蘊。而程先生兄弟語及性命之際。亦未嘗不因其說。觀通書之誠動靜理性命等章。及程氏書李仲通

朱子語類八十卷 1237 5700

〔清〕程川編 〔清〕潘思齊訂

清雍正四年(1726)春堂刻本 十六册

半葉11行20字, 小字雙行字同, 黑口, 四周單邊, 雙黑魚尾, 半框高16.2釐米, 寬12釐米。版心鎸"朱子語類"、篇目、卷次及葉碼。

卷端題"朱子語類, 後學程川重編, 後學潘思齊仝訂"。内封題"錢塘程鄘渠重編, 五經朱子語類, 春堂藏板, 丙午重校"。卷首依次有清朱軾撰《序》; 清程川撰《總説》; 總目; 清雍正三年(1725)《説》, 署"雍正三年春王正月元旦錢塘後學程川鄘渠氏書"; 目録。

鈐有"壽椿堂王氏家藏""香山黄紹昌印""太原仲子""臣恭印信""臣恭""屺鄉""紹昌之印"印。

朱子語類

後學程川重編

後學潘思齊仝訂

易一

統論經義一

季通云天下之萬聲出於一闔一闢聲音皆出於乾坤坤音鏖以韻脚反之乃見天下之萬理出於一動一靜天下之萬數出於一奇一耦天下之萬象出於一方一圓盡只起於乾坤二畫

朱子語類　易一　一

文公家禮儀節八卷 4678.5 6337

〔明〕丘濬輯

明正德十二年（1517）直隸太平府刻本　八册

半葉8行16字，小字雙行字同，黑口，四周雙邊，無魚尾，半框高18.9釐米，寬13.3釐米，有圖。版心鐫“儀節”、篇名及葉碼。

卷端題“文公家禮儀節，後學丘濬輯”。卷首依次有明成化十年（1474）《家禮儀節序》，署“成化甲午春二月甲子瓊山丘濬序”；引用書目；《文公家禮序》。

文公家禮儀節卷之一

後學丘濬輯

通禮

此篇所著皆所謂有家日用之常體不可一日而不修者

祠堂

此章本合在祭禮篇今以報本反始之心尊祖敬宗之意實有家名分之守所以開業傳世之本也故特著此冠于篇端使覽者知所以先立乎其大者而凡後篇所以周旋升降出入向背之曲折亦有所據以考焉然古之廟制不見於經且今士庶人之賤亦有所不得為者故特以祠堂名之而其制度亦多用俗禮云

人生必讀書十二卷

〔清〕唐彪撰

清康熙間四美堂刻本　六册

半葉11行25字，白口，四周單邊，單黑魚尾，無界行，半框高20.3釐米，寬15.1釐米。版心上鎸書名，中鎸卷次及篇名，下鎸葉碼。

卷端題"人生必讀書，溦水唐彪翼修氏撰録，男正志存立、正心存誠、正行存綱仝校"。内封題"沆滄柱、汪武曹二太史鑒定，要務成式譜，溦水唐翼修輯著，四美堂藏板"。卷首依次有清康熙五十三年（1714）《序》，署"康熙甲午歲仲冬望日甬江年家眷弟仇兆鰲頓首拜題"；清唐彪撰《小序》；凡例；目録。

鈐有"播赤松鴻字國鸞珍藏書畫印""澹虚齋印""閒靖室藏書記"印。

人生必讀書卷之一

瀫水唐彪翼修氏撰輯

男正志右立
正心存誠仝校
正行存綱

倫紀部

孝順

彪曰：凡爲人子，宜思此身非從空而降，是分父母之精神氣血所成也，而又賴父母之衣食以長養，始能成人，故恩爲最大。古人云：義理雖無窮，而莫先於孝弟；德業雖無窮，而莫大於孝弟。孝弟者，萬善之源也。孟子曰：堯舜之道，孝弟而已矣。孝既爲善之首，則不孝爲惡之首，故孔子云：五刑之屬三千，而罪莫大於不孝。人能將

讀書録十一卷

〔明〕薛瑄撰

明嘉靖四年（1525）刻本　二册

半葉10行20字，白口，四周單邊，無魚尾，半框高20.4釐米，寬13.5釐米。版心鐫書名、卷次及葉碼。

卷端題“讀書録”。卷首有明嘉靖四年《重刻讀書録引》，署“嘉靖乙酉夏石州後學張珩頓首書”。

讀書録卷之一

横渠張子云心中有所開即便劄記不思則還塞之矣余讀書至心有所開處隨即録之蓋以備不思而還塞也若所見之是否則俟正於後之君子云河東薛瑄謹識

無極而太極非有二也以無聲無臭而言謂之無極以極至之理而言謂之太極無聲無臭而至理存焉故曰無極而太極以性觀之無兆朕之可窺而至理咸具即無極而太極也

統體一太極即萬殊之一本各具一太極即一本之

顔氏家訓七卷附録一卷 1682 5931

〔北齊〕顔之推撰

清乾隆五十四年（1789）抱經堂刻本　四册

半葉10行21字，小字雙行字同，白口，左右雙邊，單黑魚尾，半框高17.7釐米，寬13.1釐米。版心上鎸書名，中鎸卷次及葉碼，下鎸“抱經堂校定本”。

卷端題“顔氏家訓，北齊黄門侍郎顔之推撰”。内封題“趙曔江先生注，顔氏家訓，抱經堂校補”。卷首依次有清乾隆五十四年《注顔氏家訓序》，署“乾隆五十四年歲在己酉重陽前五日杭東里人盧文弨書於常州龍城書院之取斯堂”；清盧文弨撰《顔氏家訓序》；例言；參校姓名；目録，題“江陰趙曦明敬夫注，餘姚盧文弨紹弓補”。卷末有清乾隆五十一年（1786）《跋》，署“乾隆五十一年歲次丙午冬十月十日曔江山人趙曦明書於容膝居是年八十有二”。

鈐有“曾在依雲樓”“雲山”“汪希文印”印。

按：有清李文田朱筆批注，殘。封面墨筆題“顔氏家訓，抱經堂校定本七卷凡四册，順德李文田先生批校，庚寅秋得於廣州，遂付重裝，癸巳秋雲山題記”，末鈐“雲山”“韓式”朱印。

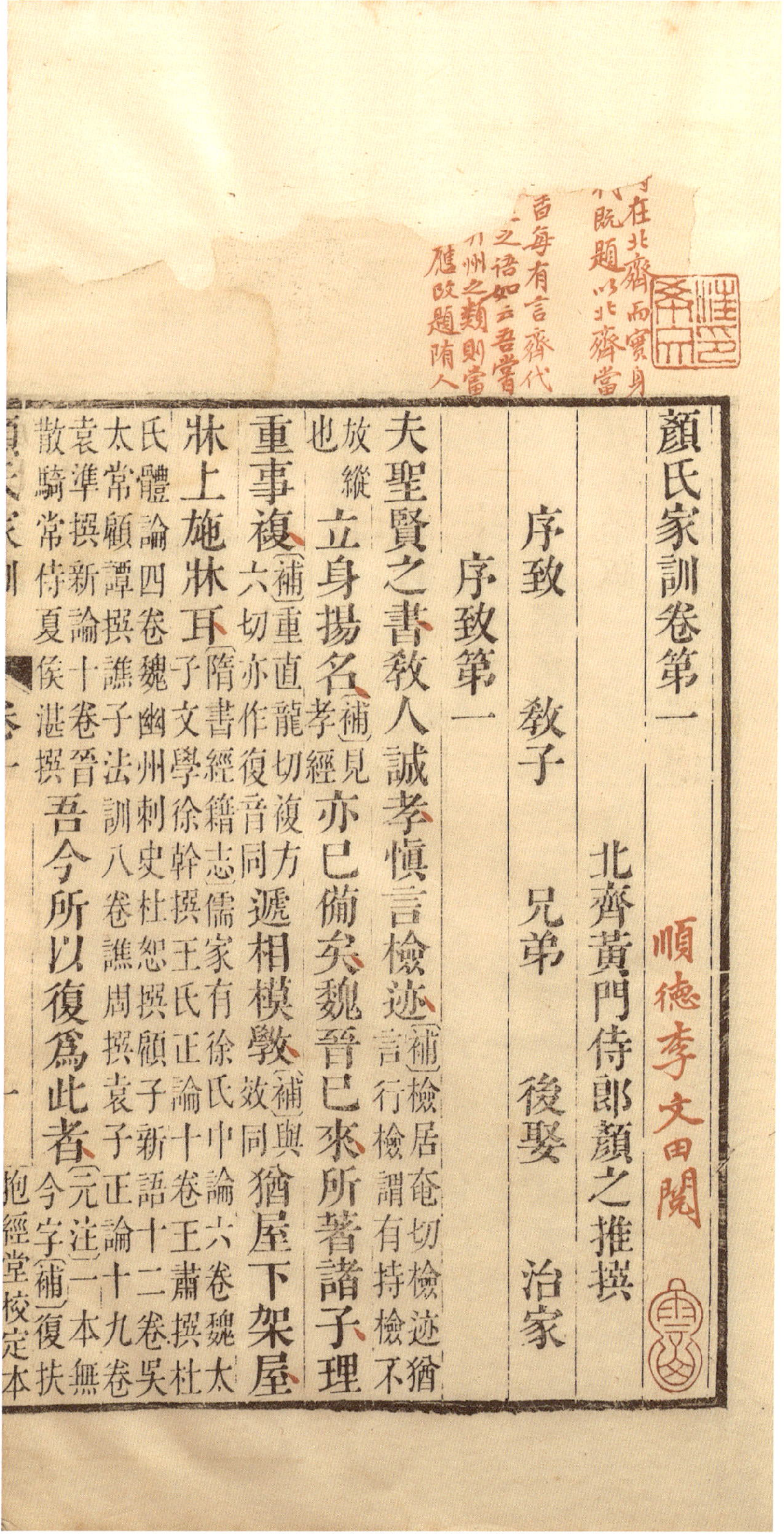

寸在北齊而實身
代既題以北齊當
酉每有言齊代
之語如云吾嘗
刂州之類則當
題改題隋人

顏氏家訓卷第一

北齊黃門侍郎顏之推撰

順德李文田閱

序致　教子　兄弟　後娶　治家

序致第一

夫聖賢之書教人誠孝慎言檢迹〔補〕檢居奄切檢迹猶言行檢謂有持檢不放縱也立身揚名〔補〕見孝經亦已備矣魏晉已來所著諸子理重事複〔補〕重直龍切複方六切亦作復音同遞相模斆〔補〕與效同猶屋下架屋牀上施牀耳隋書經籍志儒家有徐氏中論六卷魏太子文學徐幹撰王氏正論十卷王肅撰杜氏體論四卷魏幽州刺史杜恕撰顧子新語十二卷吳太常顧譚撰譙子法訓八卷譙周撰袁子正論十九卷袁準撰新論十卷晉散騎常侍夏侯湛撰吾今所以復爲此者〔元注〕一本無今字〔補〕復扶

抱經堂校定本

南華經八卷

〔明〕洪應紹纂注　〔明〕畢熙志校閲

明萬曆間刻本　二册

半葉6行18字，白口，四周單邊，單黑魚尾，半框高22.1釐米，寬14釐米。兩截版，上鎸注文，下鎸正文，版心上鎸書名及卷次，中鎸篇名，下鎸葉碼。

卷端題“南華節文，新安洪應紹念卿纂注，門人畢熙志疑耀校閲”。卷首依次有明萬曆四十五年（1617）畢懋康撰《南華經節文序》，署“時龍集彊圉大荒落涂月甲之鼂也”；目録。

鈐有“授經樓藏書印”“吴興藥龕”“馬鑒之印”“德壽閎笈之印”印。

南華節文

新安洪應紹念卿纂註

門人畢熙志疑耀校閱

内篇

逍遥遊

人之不得逍遥而游于世者多矣。

北冥有魚其名爲鯤。鯤之大。不知其幾千里也。

吕祖全書六十四卷 1938 7439

〔唐〕吕嵒撰 〔清〕劉體恕彙輯 〔清〕邵志琳增校

清乾隆四十年（1775）西湖瑪瑙講寺南房刻本 二十八册

半葉9行21字，小字雙行字同，白口，左右雙邊，單黑魚尾，無界行，半框高20.1釐米，寬14.1釐米。版心上鎸書名，中鎸卷次及篇名，下鎸葉碼。

卷端題“吕祖全書，義陵劉體恕無我彙輯，武林王世陛雲軒重鎸，黄誠恕一行、劉允誠清虚參訂，錢塘邵志琳純一增校”。内封題“武林王履階敬刻，吕祖全書，錢塘邵志琳增輯，板貯西湖瑪瑙講寺南房”。卷首依次有清乾隆四十年《吕祖全書序》，署“乾隆乙未秋月清信人吴樹虚稽首序”；清彭啓豐撰《重刻吕祖全書序》；清乾隆四十年《吕祖全書重梓序》，署“乾隆乙未八月朔旦古虞趙金簡書於古杭之梓花借廬”；乾隆四十年《吕祖全書重梓序》，署“乾隆乙未七月既望錢塘弟子春麓沈吴坤敬序”；乾隆四十年《吕祖全書增輯重梓序》，署“時乾隆四十年歲次乙未七月朔日錢塘弟子邵志琳盥手敬序”；清王世陛撰《重刻吕祖全書序》；凡例；總目；清乾隆九年（1744）《吕祖全書原序》，署“乾隆九年甲子孟秋中浣之吉貴州承宣使者武興陳悳榮密山氏薰沐敬題於湘江舟次”；清乾隆七年（1742）《吕祖全書原序》，署“乾隆七年壬戌元旦後三日義陵無我子劉體恕敬序”；清黄誠恕撰《吕祖全書原序》；參訂姓氏；清劉體恕撰《吕祖全書本傳小序》；孚佑帝君像。卷末依次有清黄誠恕撰《吕祖全書一行子原校後跋》；清劉體恕撰《吕祖全書無我子原輯後跋》；清乾隆四十年《吕祖全書静一子重梓後跋》，署“乾隆乙未七月望日吴門蔡來鶴敬書於西湖天香閣”。

鈐有“三輪田藏書”“神宮奉齋會鶴岡本部印”印。

天宝十四乙未
日本天平勝宝七年
孝謙天皇ノ時
貞元十四年ヨリ
四十五年前

貞元十四年
日本延暦十七年
戊寅ニ當ル
桓武天皇ノ時
貞觀二十年ト
貞元十四年トノ
間隔大凡
百五十三年

呂祖全書卷一

義陵劉體恕無我彙輯　黄誠恕一行
武林王世陛雲軒重鐫　劉允誠清虛　參訂
錢塘邵志琳純一增校

呂祖本傳

[照道書全集。仙佛奇蹤。神仙通鑑。全唐詩諸書校訂。其事蹟互異者。分注本文之下以備參考。]

呂祖名嵓。[一作巖]字洞賓。[全唐詩一字巖客。]世爲河中府永樂縣人。[一作蒲阪。一云向居東平。繼遷京川。]曾祖延之。仕唐終河東節度使。祖渭。終禮部侍郎。父讓。海州刺史。[一云有溫良恭儉四兄。]貞元十四

管子二十四卷韓非子二十卷 4614 3113

〔明〕趙用賢輯

明萬曆十年（1582）吴郡趙用賢刻本　十册

半葉9行19字，小字雙行字同，白口，四周單邊，單白魚尾，半框高21.8釐米，寬12.8釐米。兩截版，上鎸評文，下鎸正文，版心上鎸書名，中鎸卷次及葉碼，下鎸刻工。

卷端題“管子，唐司空房玄齡注”。卷首依次有明王世貞撰《合刻管子韓非子序》；明萬曆十年《管子書序》，署“萬曆壬午春三月前史官吴郡趙用賢撰”；宋慶曆四年（1044）楊忱撰《管子序》，署“大宋甲申秋九月二十三日序”；宋張嵲撰《讀管子》；《管子文評》；凡例；目録。

《韓非子》卷端題“韓非子”。卷首依次有《韓子總評》；凡例；目録。

管子卷第一

唐司空房　玄齡　註

牧民第一（國頌　四維　四順　士經　六親　五法）

經言一

凡有地牧民者。務在四時。（四時所以生成萬物也）守在倉廩。（倉廩食者人之天也）國多財則遠者來。地辟舉則民留處。（舉盡也言地盡闢則人留而安居處也）倉廩實則知禮節。衣食足則知榮

本草綱目附圖二卷

〔明〕李時珍編輯

明萬曆間刻本　二册

白口，四周單邊，單黑魚尾，半框高22.4釐米，寬15.7釐米，有圖。版心上鎸“本草綱目金石部圖”，中鎸卷次，下卷葉碼。

卷端題“本草綱目附圖，敕封文林郎四川蓬溪縣知縣蕲州李時珍編輯”。卷首有明萬曆十八年（1590）《本草綱目序》，署“萬曆歲庚寅春上元日弇州山人鳳洲王世貞拜撰”。

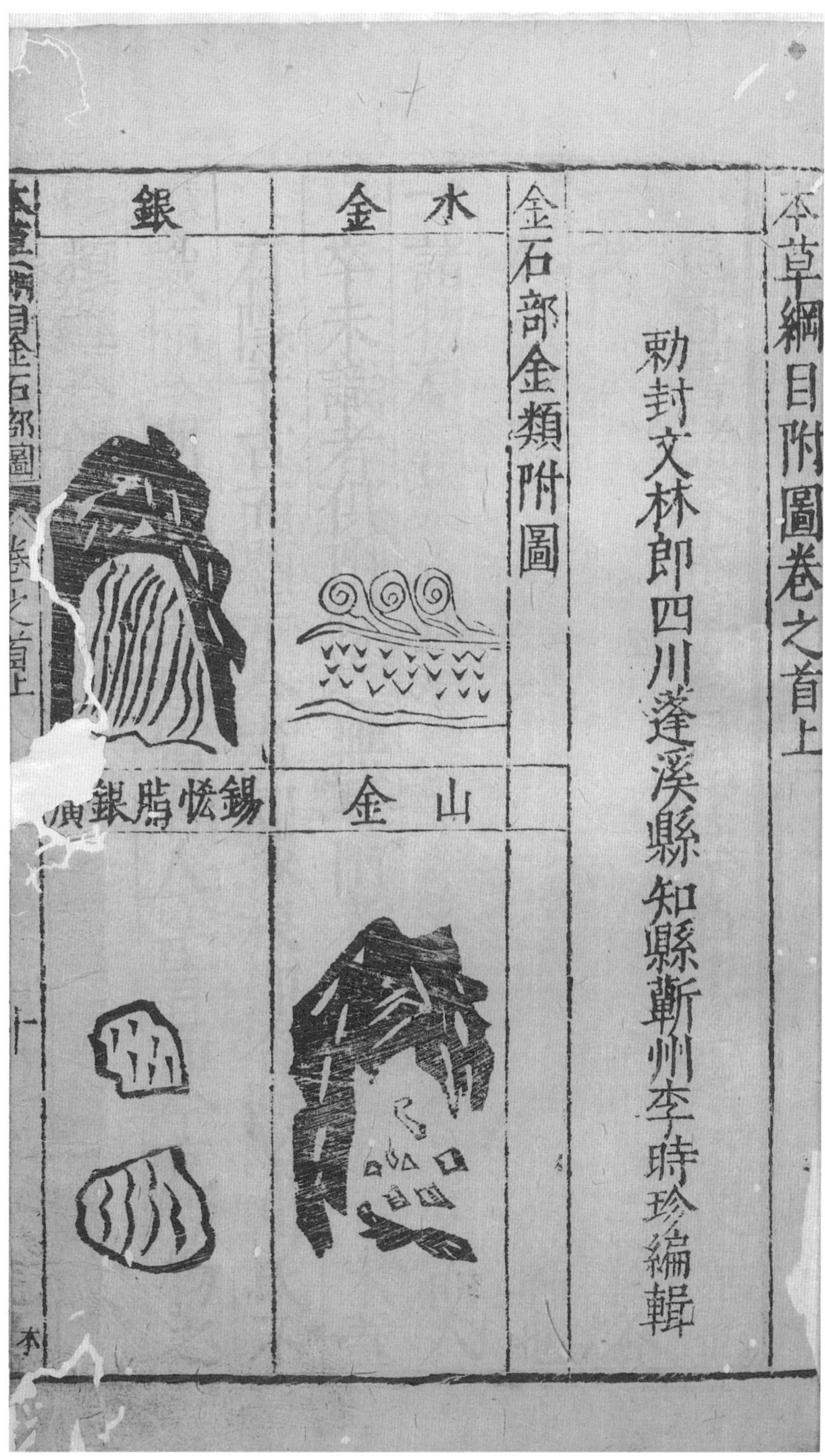
本草綱目附圖卷之首上
勅封文林郎四川蓬溪縣知縣蘄州李時珍編輯
金石部金類附圖
水金
山金
銀
錫恡脂銀
本草綱目金石部圖 卷之首上

赤水玄珠三十卷醫旨緒餘二卷醫案四卷 AC149 Zcl 2977

〔明〕孫一奎撰

清康熙間刻本　二十八册

半葉9行19字，小字雙行字同，白口，四周單邊，單白魚尾，半框高19.5釐米，寬13釐米。版心中鎸卷次，下鎸葉碼。

卷端題“赤水玄珠，明新安休陽生生子東宿孫一奎著輯，友人楚銅壁山人桂峰黄廉、古歙抱拙子鍾山程弘賓、和宇方中聲校閲，門人婺邑汪甘節吉甫、潘士梧惟美、查道立仲修、休寧程銓惟衡、徐景奇士偉、余煌明德、子泰來中孺、朋來濟孺校梓”。内封題“赤水元珠”。卷首依次有明羅浮道人題《赤水玄珠序》；明徐顯卿撰《赤水玄珠序》；明萬曆二十四年（1596）《赤水玄珠序》，署“萬曆丙申長至日南京吏科給事中前休寧令豫章祝世禄書於梧竹居”；明汪道昆撰《孫生赤水玄珠序》；明沈演撰《赤水玄珠序》；明臧懋循撰《赤水玄珠序》；凡例；孫東宿先生小像，明徐顯卿《題詞》，明汪文璧《題詞》；目録。

赤水玄珠第一卷

明新安休陽生生子東宿孫一奎著輯

友人楚銅壁山人桂峰黄　廉

古歙抱拙子鍾山程弘賓

和宇方中聲校閲

門人婺邑汪甘節吉甫

潘士梧惟美

查道立仲脩

休寧程　銓惟衡

醫學源流論二卷

〔清〕徐大椿撰

清乾隆二十二年(1757)吴江半松齋刻本　二册

半葉9行22字, 白口, 左右雙邊, 單黑魚尾, 半框高16.7釐米, 寬12.5釐米。版心上鎸書名, 中鎸卷次, 下鎸葉碼。

卷端題"醫學源流論, 吴江徐靈胎洄溪著, 男爔鼎和校"。内封題"吴江徐靈胎著, 醫論, 半松齋藏板"。卷首依次有清乾隆二十二年《自叙》, 署"乾隆丁丑秋七月洄溪徐大椿書於吴山之半松書屋"; 目録。

鈐有"馬鑒之印""禹門"印。

醫學源流論卷上

吳江徐靈胎洄溪著　　　男　爔畀和校

○元氣存亡論

養生者之言曰。天下之人皆可以無死。斯言妄也。何則人生自免乳哺以後。始而孩。既而長。既而壯。日勝一日。何以四十以後。飲食奉養如昔。而日且就衰。或者曰嗜慾戕之也。則絶嗜慾可以無死乎。或者曰勞動賊之也。則戒勞動可以無死乎。或者曰思慮擾之也。則屏思慮可以無死乎。果能絶嗜慾戒勞動減思慮。免于疾病夭札則有之。其老

野客叢書三十卷附野老紀聞一卷 AC149 Zcl 1636

〔宋〕王楙撰

明萬曆間刻本　六册

半葉9行20字, 白口, 四周單邊, 單黑魚尾, 半框高21.4釐米, 寬14.4釐米。版心上鎸書名, 中鎸卷次, 下鎸葉碼。

卷端題“野客叢書, 宋長洲王楙”。卷首依次有目録;《宋王先生壙銘》; 宋嘉泰二年(1202)《野客叢書小序》, 署“嘉泰二年十月初五日楙再書於儀真郡齋之平易堂”; 附録。

鈐有“青木晋曾藏之”印。

野客叢書卷第一

宋長洲王　楙

漢再受命之兆

元城先生夏至日與門人論陰陽消長之理以謂物禁太盛者衰之始也門人因曰漢宣帝甘露三年呼韓邪單于稽侯㹪來朝此漢極盛時也是年王政君得幸於皇太子生帝驁於甲觀畫室爲世適皇孫此新室代漢之兆此正夏至生一陰之時先生曰然漢再受命已兆朕於景帝生長沙定王發

丹鉛總録二十七卷

〔明〕楊慎撰　〔明〕汪駿聲校訂

明萬曆間刻本　十册

半葉10行20字，白口，左右雙邊，單黑魚尾，半框高20.5釐米，寬13.8釐米。版心上鎸書名，中鎸卷次及葉碼。

卷端題"丹鉛總録，成都楊慎用修著集，新安汪駿聲無聲校訂"。卷首依次有明萬曆十六年（1588）《丹鉛總録序》，署"萬曆戊子鶉火中左司馬汪道昆撰，門人劉一然書"；明嘉靖二十一年（1542）《丹鉛録叙》，署"嘉靖壬寅閏夏五金伏之初楊慎叙"；目録。

鈐有"西播岡氏家藏圖書""芙蓉館藏書印""千里""桂窗"印。

丹鉛總錄卷之一

成都楊　慎用脩著集
新安汪駿聲無聲校訂

天文類

密雲不雨

易曰密雲不雨自我西郊天地之氣東北陽也西南陰也雲起東北陽倡陰必和故有雨雲起西南陰倡陽不和故無雨俗諺云雲往東一場空雲往西馬濺泥雲往南水潭潭雲往北好曬麥是其驗也風雹亦然或問東爲陽方西爲陰方是矣南本陽而屬陰北

知新録三十二卷

〔清〕王棠彙訂　〔清〕黄晟校刊

清康熙五十六年（1717）燕在閣刻本　十六册

半葉10行21字，白口，四周單邊，單黑魚尾，半框高18.6釐米，寬13.6釐米，有圖。版心上鎸書名，中鎸卷次，下鎸葉碼。

卷端題"知新録，豐山王棠勿翦氏彙訂，潭濱黄晟曉峰氏校刊"。内封題"豐山王勿翦著，知新録，燕在閣藏板"。卷首依次有清康熙五十六年《自序》，署"康熙丁酉夏五豐山王棠勿翦氏撰"；凡例；目録。

鈐有"真州吴氏有福讀書堂藏書""黄梅華屋所藏""彭城張蘇門藏書""蘇門""蘇門所藏"印。

知新錄

豐山王　棠勿翦氏彙訂

潭濱黄　晟曉峯氏校刋

卷一

河圖象數

天一地二天三地四天五地六天七地八天九地十天數五地數五五位相得而各有合天數二十有五地數三十共五十有五此所以成變化而行鬼神也

義門讀書記五十八卷

〔清〕何焯撰

清乾隆三十四年（1769）刻本　十二册

半葉14行22字，黑口，左右雙邊，單黑魚尾，半框高14.7釐米，寬12.2釐米。版心鎸書名、篇目、卷次及葉碼。

卷端題“義門讀書記，長洲何焯屺瞻”。内封題“何義門先生讀書記”。卷首依次有清乾隆十六年（1751）《序》，署“乾隆十六年歲在辛未六月朔受學從子堂謹序”；清乾隆三十四年《序》，署“乾隆三十四年己丑長至後一日小門生蔣元益謹序”；凡例；行狀；總目。卷末依次有清乾隆三十四年《跋》，署“乾隆三十四年己丑六月姪孫忠相謹志”；清何雲龍撰《跋》。

鈐有“喬孫手藏”“奇文共欣賞”“南洋大學圖書館藏書”印。

義門讀書記 河東集

第一卷 濟美堂本

長洲何焯屺瞻

獻平淮夷雅表一首 表與韓相當

平淮夷雅二篇 柳雅不如韓碑

晉陽武第一 故在繆襲王粲間惟退之有周漢意也

貞符 以德爲符其論偉矣然亦本末不該柳子持論往往皆據一面如封建則直舍本而齊末者所以不逮韓子

乃始陳大電大虹元鳥巨跡白狼白魚流火之烏 元鳥巨跡著于雅頌不得而并議之也

謂之封禪 柳子獨排封禪斷以六藝爲考信

莽述承效 英華作莽述成効是王莽祖述漢家之成効不謂公孫述也註引公孫述非

鄉爲義廩 義倉事柳子書之貞符

淮南鴻烈解二十一卷 1140.2 0000

〔漢〕高誘注　〔明〕茅一桂訂

明萬曆八年（1580）茅一桂刻本　六册

半葉9行19字，小字雙行字同，白口，左右雙邊，單黑魚尾，半框高20釐米，寬12.9釐米。版心上鐫書名，中鐫篇名及葉碼，下鐫刻工。

卷端題“淮南鴻烈解，漢河東高誘注，明西吴温博茅一桂訂”。卷首依次有漢高誘撰《淮南鴻烈解叙》；明萬曆八年《重校淮南鴻烈解引》，署“萬曆庚辰年夏四月日歸安茅一桂仲父識”；《淮南鴻烈總評》；總目。

鈐有“曾在趙元方家”“朱氏味經書屋珍藏書畫之印”“元方心賞”“無悔齋”“無悔齋校讀記”印。

淮南鴻烈解卷第一

漢河東高誘注　明西吳溫博茅一桂訂

原道訓原本也本道根眞包裹天地以歷萬物故曰原道因以題篇

夫道者覆天載地廓四方柝托八極廓張也柝開也八極八方之極高不可際深不可測際至也包裹天地稟授無形萬物之未形者皆生於道故曰稟授無形也源流泉浡沖而徐盈混混汩骨汩濁而徐清浡涌也沖虛也源泉始出虛徐流不止能漸盈滿以喻於道亦然也故植之而塞于天地橫之而彌于四海施之無窮而無所朝夕植立塞滿彌絡施用也用之無窮竭無所朝夕盛衰舒之幎

長洲章莒寫鄒邦彥刻

世説新語補二十卷附釋名一卷

〔南朝宋〕劉義慶撰　〔明〕何良俊增　〔明〕王世貞删定　〔明〕王世懋批釋　〔明〕張文柱校注

明萬曆十三年（1585）刻本　十册

半葉9行18字，小字雙行字同，白口，左右雙邊，單白魚尾，半框高19釐米，寬13.2釐米。版心上鎸“世説補”，中鎸卷次及葉碼，卷端葉下鎸“昆山唐周刻”，天頭鎸有評文。

卷端題“世説新語補，宋劉義慶撰，梁劉孝標注，宋劉辰翁批，明何良俊增，王世貞删定，王世懋批釋，張文柱校注”。卷首依次有明嘉靖三十五年（1556）《世説新語補序》，署“嘉靖丙辰季夏瑯琊王世貞撰”；明萬曆八年（1580）《世説新語序》，署“萬曆庚辰秋吴郡王世懋書”，後有《再序》，署“是歲乙酉初春世懋再識”；《世説新語舊序二首》；《世説舊題一首舊跋二首》；凡例；目録。卷末有明萬曆十三年《題世説新語補後》，署“是歲乙酉春三月既望瑯琊王泰亨識”。

鈐有“水竹居高氏珍藏”“高世倬”“雲溪”“校書堂三山氏珍藏”“印廬珍藏”印。

世說新語補卷第一

宋　劉義慶　撰

梁　劉孝標　注

宋　劉辰翁　批

明　何良俊　增

王世貞　删定

王世懋　批釋

張文柱　校注

德行上

世說補　卷一　一　崑山唐周刻

賓退録十卷 AC149 Zcl 1099

〔宋〕趙與旹撰

清乾隆間刻本　五册

半葉10行18字，小字雙行字同，黑口，左右雙邊，單黑魚尾，半框高17.4釐米，寬13釐米。版心上鎸刻字字數，中鎸書名及卷次，下鎸葉碼。

卷端題“賓退録，大梁趙與旹”。卷首有宋趙與旹撰《序》。卷末有宋趙與旹撰《跋》。

鈐有“魏塘金氏偶園珍藏”印。

賓退録卷第一

大梁 趙 與旹

王建以宫詞著名然好事者多以他人之詩雜之今世所傳百篇不皆建作也余觀詩不多所知者如新鷹初放兔初肥白日君王在内稀薄暮千門臨欲鎖紅粧飛騎向前歸黄金捍撥紫檀槽弦索初張調更高盡理昨來新上曲内官簾外送櫻桃張籍宫詞二首也淚盡羅巾夢不成夜深前殿按歌聲紅顔未老恩先斷斜倚熏籠坐到明白樂天後宫詞也

西溪叢語二卷　

〔宋〕姚寬撰

明萬曆間刻本　一册

半葉9行20字，白口，四周單邊，單黑魚尾，半框高20.7釐米，寬14.2釐米。版心上鎸書名，中鎸卷次，下鎸葉碼。

卷端題“西溪叢語，宋剡川姚寬”。

鈐有“季明”“馬鑒之印”印。

西溪叢語卷上

宋剡川姚寬

周易遯卦肥遯無不利肥字古作巷與古蜚字相似即今之飛字後世遂改爲肥字九師道訓云遁而能飛吉孰大焉張平子思玄賦云欲飛遁以保名註引易上九飛遯無不利謂去而遷也曹子建七啓云飛遯離俗程氏易傳引漸上九鴻漸于陸爲鴻漸于逵以小狐汔濟汔當爲訖豈未辨證此耶

論語云觚不觚觚哉觚哉太平御覽引此注云孔子

能改齋漫録十八卷

〔宋〕吴曾撰

清乾隆間武英殿聚珍本　八册

半葉9行21字，白口，四周雙邊，單黑魚尾，半框高19釐米，寬12.8釐米。版心上鐫書名，中鐫卷次，下鐫葉碼。

卷端題“能改齋漫録，宋吴曾撰”。卷首依次有清乾隆三十九年（1774）《御製武英殿聚珍版十韻》（有《序》），署“乾隆甲午仲夏”；《提要》，題“武英殿聚珍版”；宋紹興二十七年（1157）《後序》，署“紹興二十七年十月一日男復謹序”；目録。

鈐“鄞馬鑒季明藏”印。

能改齋漫錄卷一

宋 吳 曾 撰

事始

樓羅

黃朝英緗素雜記論樓羅云酉陽雜俎云樓羅因天寶中進士有東西棚各有聲勢稍傖者多會于酒樓食畢羅故有此語予讀梁元帝風人辭云城頭網雀樓羅人著則知樓羅之言起已多時又蘇鶚演義云樓羅幹了之稱也俗云騾之六者曰樓騾騾羅聲相近非也又云

輟畊録三十卷　　AC149 Zcl 4165

〔元〕陶宗儀撰

清順治間廣文堂翻刻毛氏汲古閣本　八册

半葉10行21字，白口，左右雙邊，無魚尾，半框高20釐米，寬13.1釐米。版心上鎸書名，中鎸卷次及葉碼。

卷端題“輟畊録，南村陶宗儀”。内封題“南村陶宗儀訂，輟畊録，廣文堂藏板”。卷首依次有元至正二十六年（1366）《輟畊録叙》，署“至正丙午夏六月江陰孫作大雅序”；目録。卷末有明末清初毛晋《題跋》。

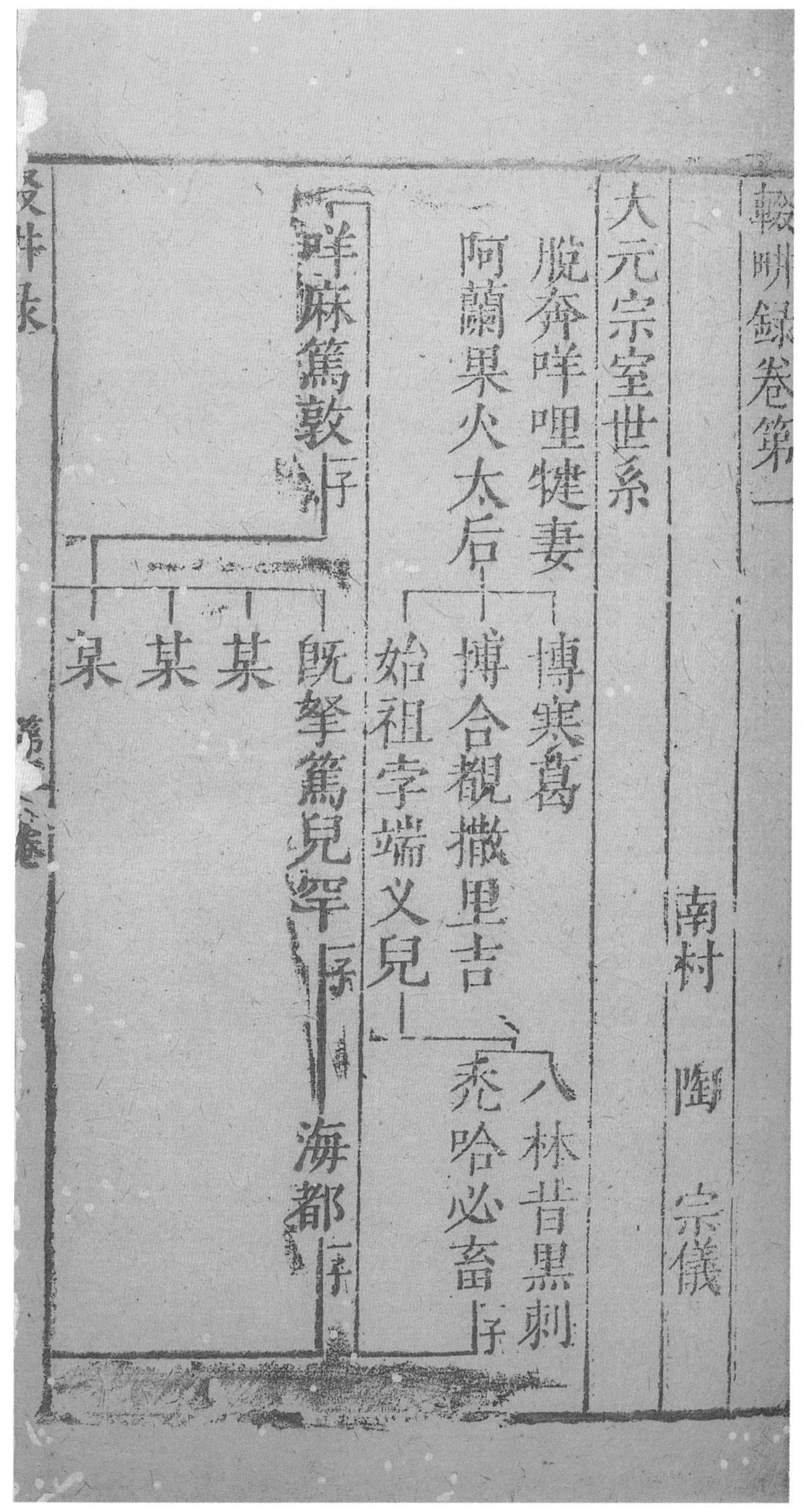
輟畊錄卷第一
南村 陶 宗儀
大元宗室世系
朧奔咩哩犍妻
阿蘭果火太后
博寒葛
搏合覩撒里吉
始祖孛端叉兒
八林昔黑刺
秃哈必畜
咩麻篤敦
既拏篤兒罕
海都
某
某
某
子

瑯嬛記三卷

〔元〕伊世珍輯

明崇禎間毛氏汲古閣刻本　三册

半葉8行19字，白口，左右雙邊，無魚尾，半框高18.8釐米，寬13.6釐米。版心上鎸書名，中鎸卷次，下鎸葉碼及“汲古閣”。

卷端題“瑯嬛記，元伊世珍席夫輯”。卷末有明末清初毛晋撰《跋》。

鈐有“南洋大學圖書館藏書”印。

瑯嬛記卷上

元　伊世珍　席夫　輯

張茂先博學强記嘗爲建安從事游于洞宫遇一人于塗問華曰君讀書幾何華曰華之未讀者則二十年内書蓋有之也若二十年外則華固已盡讀之矣其人論議超然華頗内服相與驩甚因共至一處大石中忽然有門引華入數步則别是天地宫室嵯峩引入一室中陳書滿架其人曰此歷

七修類稿五十一卷續稿七卷

〔明〕郎瑛撰

清乾隆四十年(1775)耕煙草堂刻本　十六册

半葉9行20字,小字雙行字同,黑口,左右雙邊,無魚尾,半框高13.3釐米,寬9.8釐米。版心鎸書名、卷次、分類名及葉碼。

卷端題"七修類稿,明仁和郎瑛仁寶著述"。内封題"仁和郎仁寶著,七修類稿,耕煙草堂開雕"。卷首依次有清乾隆四十年《重刊七修類稿序》,署"乾隆四十年歲次乙未仲冬三日錢塘後學周棨謹識";明陳仕賢撰《七修類稿原序》;目録。《七修續稿》卷端依次有明陳善撰《七修續稿原序》;目録。

鈐有"南洋大學圖書館藏書""天將清白賦精神"印。

七修類藁卷一

明仁和郎瑛仁寶著述

天地類

經星牛女

容齋隨筆辯鬼宿度河篇曰經星終古不動殊不思天是動物經星即其體也蔡傳曰繞地左旋一日一週而過一度夜視可知矣但不似緯星週天各有年數牽牛織女七夕渡河之說始於淮南子烏鵲塡河而渡織女續齊諧誌云七月牽牛嫁織女詩人後遂

菜根譚不分卷 9153 4340

〔明〕洪應明撰

清乾隆三十三年(1768)潭柘山岫雲寺來琳重刻本　一册

半葉10行20字,四周雙邊,無魚尾,半框高20.1釐米,寬14.9釐米。版心中鎸書名,下鎸葉碼。

卷端題"菜根譚,洪應明著"。卷首依次有清乾隆二十二年(1757)《重刊菜根譚序》,署"乾隆二十二年中元節後三日三山病夫通理謹識";"音釋"。

鈐有"許紹南印"印。

菜根譚

洪應明著

修省

欲做精金美玉的人品定從烈火中煆來思立掀天揭地的事功須向薄冰上履過

一念錯便覺百行皆非防之當如渡海浮囊勿容一針之罅漏萬善全始得一生無愧修之當如凌雲寶樹須假衆木以撑持

忙處事爲常向閒中先檢點過舉自稀動時念想預從靜裡密操持非心自息

聞見瓣香録十卷 AC149 Zcl 1838

〔清〕秦武域纂

清乾隆五十八年（1793）笑竹書屋刻本　六册

半葉9行19字，小字雙行字同，白口，左右雙邊，單黑魚尾，半框高17.3釐米，寬12.4釐米。版心中鎸“瓣香録”及卷次，下鎸葉碼。

卷端題“聞見瓣香録，晋曲沃秦武域于鎬甫纂”。内封題“聞見瓣香録，笑竹書屋藏版”。卷首依次有清乾隆五十八年《序》，署“時乾隆癸丑五月端陽日湘潭年世愚弟張九鐔拜撰”；清乾隆四十八年（1783）《自叙》，署“乾隆昭陽單閼歲南吕月曲沃秦武域紫峰書於笑竹書屋”；目録。卷末有清乾隆五十八年《後序》，署“乾隆五十有八年歲次癸丑七月之望曲沃裴振拜手跋”。

鈐有“馬鑒之印”印。

聞見瓣香錄甲卷

晉曲沃秦武域子鎬甫纂

青海碑

敦煌太守裴岑碑漢順帝永和二年立高四尺闊一尺二寸在西域巴爾庫爾即巴里坤雍正十三年岳大將軍鍾琪移置其地關帝廟中越人倪長褱於乾隆十七年八月初七日雙鉤以歸後歸於山陰二樹山人童鈺余於乾隆二十七年五月從山人處乞得用嚮搨法鉤存其辭句雜漢永和二年

蒿菴閒話二卷

〔清〕張爾岐撰

清乾隆四十年（1775）李文藻潮陽縣衙刻本　一册

半葉11行22字，黑口，左右雙邊，單黑魚尾，半框高17.5釐米，寬14.7釐米。版心鎸書名、卷次及葉碼。

卷端題“蒿菴閒話”。内封題“乾隆乙未鋟，蒿菴閒話，潮陽縣衙存版”。卷末有清乾隆四十年《跋》，署“乾隆四十年十一月二十一日益都李文藻書於潮郡”。

蒿菴閒話卷第一

予既廢舉子業猶時循覽經傳每於義理節目外爲說家所略者偶有弋獲如咀嚼蹠肪間得少味不必肥胾大臠也至聽人譚所聞見亦時有切予懷者並劄記之如是者二十年巾笥漸滿今夏較錄成帙將以貽好事者爲譚助以其於經學則無關大義於世務亦不切得失故命之閒話焉庚戌五月濟陽張爾岐題

漢書藝文志云易經十二篇顏師古曰上下經及十翼故十二篇其十翼之目爲彖上彖下象上象下繫辭上繫辭下文言說卦序卦雜卦初無傳字蓋當時既以翼名書不須復加傳字也其所謂彖本指卦下之辭所謂象本指兩

鈍吟老人雜録十卷 9155 4547

〔清〕馮班撰

清乾隆四年(1739)刻本　二册

半葉14行21字，黑口，左右雙邊，單黑魚尾，半框高14.6釐米，寬12.5釐米。版心鎸書名、卷次及葉碼。

卷端題“鈍吟老人雜録，上黨馮班定遠”。卷首依次有總目；清乾隆四年《跋》，署“己未仲春上澣猶子武再拜謹記”。卷末有清康熙四十五年(1706)《鈍吟集序》，署“康熙丙戌秋分日益都私淑門人趙執信謹序”。

鈐有“頤志齋藏書記”“許紹南印”“霜月蟲音齋藏書”印。

鈍吟老人雜錄卷第一

家戒上

上黨馮班定遠

讀李習之荅朱載言書云其理是而詞章不能工者太公家教也今此書不傳習之所謂不工者我不能與之覆較顧嘗思之矣謂之家教是父兄以教其子弟者也不應雕飾文詞其理是矣則於聖人之所謂修身齊家入以事父兄出以事長上者必有當焉矣是天下之良書也惜哉我不及見不得採取以善我身教我子弟可勝歎耶我無行少年不自愛不堪爲子弟之法式然自八九歲讀古聖賢之書至今六十餘年所知不少更歷事故往往有所悟家有四子每思以所知示之少年性快老人諄諄之言非所樂聞不至頭觸屏風而睡亦已足矣無如之何筆之於書或冀有時一讀未必無益也

厚德録四卷

〔宋〕李元綱撰

明萬曆間刻本　一册

半葉9行20字，小字雙行字同，白口，四周單邊，單白魚尾，半框高20.9釐米，寬13.9釐米。版心上鎸書名，中鎸卷次，下鎸葉碼。

卷端題“厚德録，宋李元綱”。

厚德錄卷之第一

宋 李元綱

錢若水爲同州推官知州性褊急數以胸臆決事不當若水固爭不能得輒曰當陪奉贖銅爾已而果爲朝廷及上司所駁州官皆以贖論知州愧謝已而復然前後如此數矣有富家小女奴逃亡不知所之女奴父母訟於州州命錄事參軍鞫之錄事嘗貸於富民不獲乃劾富民父子數人共殺女奴

清異録四卷 9297 3570

〔宋〕陶穀撰　〔明〕沈循閲

明萬曆間刻本　二册

半葉9行20字，白口，左右雙邊，單白魚尾，半框高19.6釐米，寬14.2釐米。版心上鎸書名，中鎸卷次，下鎸葉碼。

卷端題"清異録，宋陶穀撰，明沈循閲"。

鈐有"馬鑒之印"印。

清異錄卷一

宋　陶穀撰　明沈　循閲

天文

龍潤

李煜在國時自作祈雨文曰尚乖龍潤之祥

跋扈將軍

隋煬帝泛舟忽陰風頗緊歎曰此風可謂跋扈將軍

奇水

雨無雲而降非龍而作號爲奇水

清異錄　卷一　一

紫桃軒雜綴三卷又綴二卷 AC149 Zcl 2157

〔明〕李日華撰

明末刻本　二册

半葉8行19字，白口，四周單邊，單黑魚尾，半框高20.4釐米，寬13.5釐米。版心上鐫書名，中鐫卷次，下鐫葉碼及刻字字數。

卷端題"紫桃軒雜綴，檇李李日華君實甫著"。

鈐有"玉笥山樓藏書印""高學濂鉨"印。

按：叢書《李竹嬾先生説部全書》之一種。

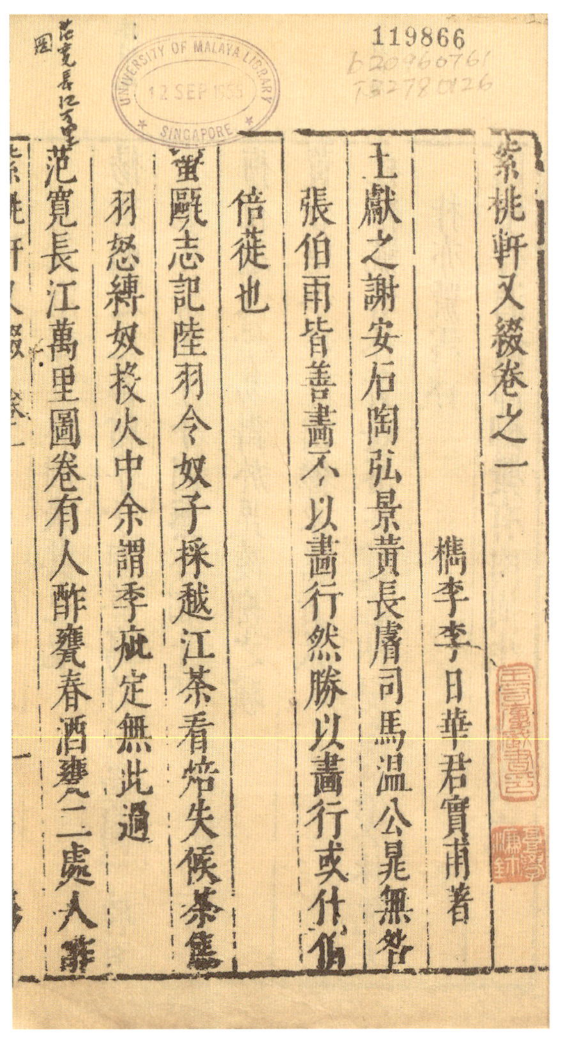

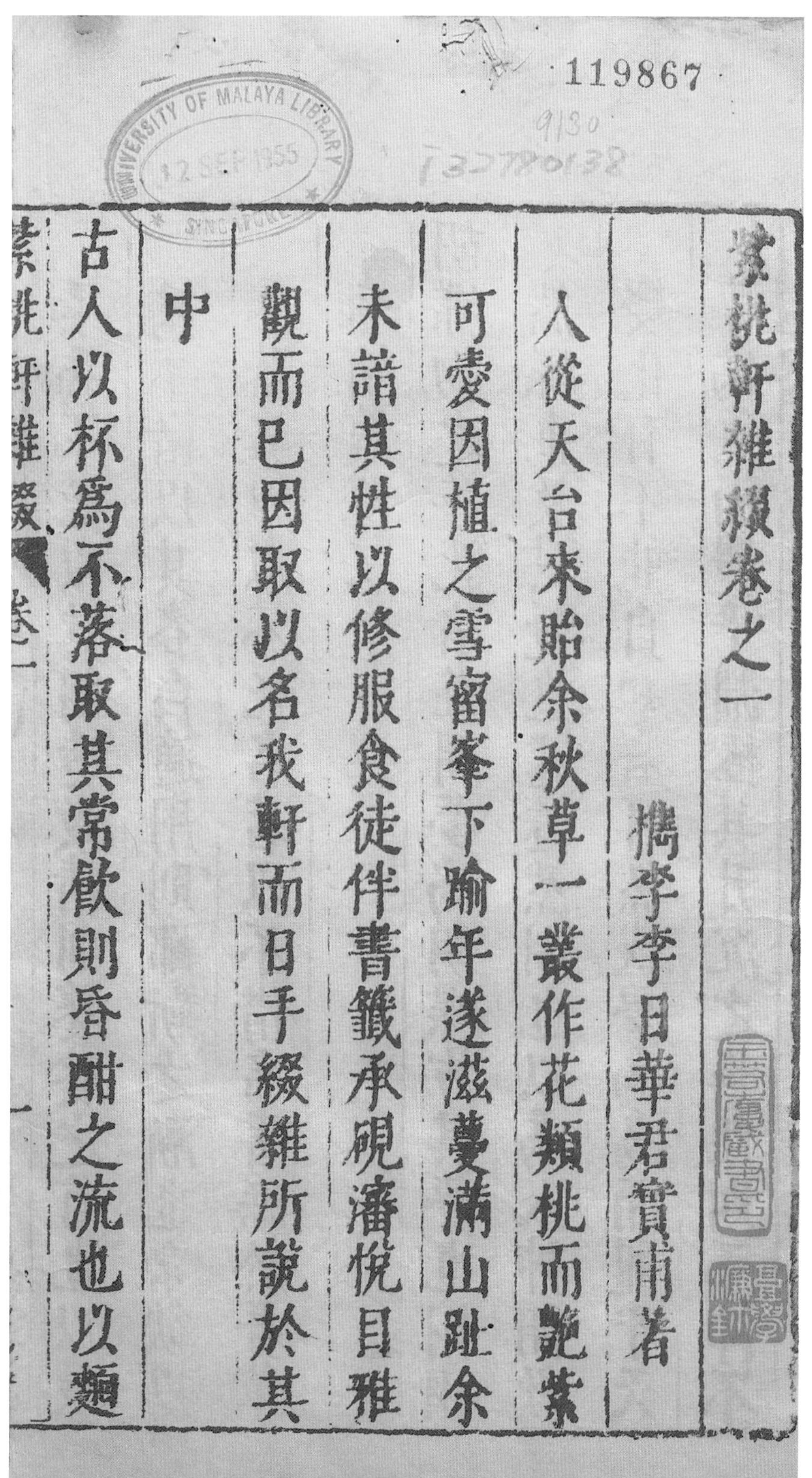

紫桃軒雜綴卷之一

携李李日華君實甫著

入從天台來貽余秋草一叢作花類桃而艷紫可愛因植之雪窗峯下踰年遂滋蔓滿山趾余未諳其性以修服食徒伴書籤承硯瀋悅目雅觀而已因取以名我軒而日手綴雜所說於其中

古人以杯爲不落取其常飲則昏酣之流也以麵

紫桃軒雜綴　卷之一　一

六研齋筆記四卷二筆四卷三筆四卷

〔明〕李日華撰

明崇禎間刻本　四册

半葉8行19字，白口，四周單邊，無魚尾，半框高20.2釐米，寬13釐米。版心上鎸書名，中鎸卷次，下鎸葉碼。

《六研齋二筆》卷端題“六研齋二筆，古秀竹嬾李日華著”。卷首有明崇禎三年（1630）《六研齋二筆序》，署“崇禎庚午長至日梓末陳懋仁頓首謹識”。卷末題“孫男新枝、琪枝、�枝仝較”。

《六研齋三筆》卷端題“六研齋三筆，古秀竹嬾李日華著”。卷首有明末清初王起隆撰《題辭》。卷末題“孫男新枝、琪枝、昻枝仝較”。

鈐有“玉笥山樓藏書印”“高學濂鎝”印。

叢書《李竹嬾先生説部全書》之一種。

按：館藏缺《六研齋筆記》四卷。

六研齋二筆卷一

古秀竹嬾李日華著

江陵松滋枝江村射鹿者以洵河烏脛骨作管以鹿心上脂膜作簧吹作鹿聲有大號小號呦呦之異或作麀鹿聲則麌鹿畢集葢爲牝聲所誘人得彀矢注之也南中多鹿每一牡管牝百頭至春羸瘦遊牝多也及夏則唯食菖蒲一味却肥角將解其茸極痛獵人逢之伏不能動直就

新鐫諸子拔萃八卷

121 291

〔明〕李雲翔評選　〔明〕唐捷元參閲

明天啓七年（1627）秣陵余大茂刻朱墨套印本　八册

半葉9行18字，小字雙行字同，白口，四周單邊，單黑魚尾，無界行，半框高20.2釐米，寬14.5釐米。版心上鐫“諸子拔萃”，中鐫卷次及篇名，下鐫葉碼，天頭鐫朱墨評文。

卷端題“新鐫諸子拔萃，明邗江李雲翔爲霖甫評選，秣陵社友唐捷元垣之甫參閲，余大茂思泉甫較梓”。内封題“江上李爲霖評選，諸子拔萃，合諸名家首評，秣陵余思泉、張賓宇梓行”。卷首依次有明天啓七年《諸子拔萃序》，署“天啓七年歲次丁卯孟夏朔越十三日己酉欽差總督糧儲南京户部右侍郎兼都察院右僉都御史通家友生于仕廉頓首拜撰”；明李雲翔撰《拔萃序》；諸名公參選諸子姓氏；參閲師友姓氏；凡例；目録。

鈐有“南洋大學圖書館藏書”印。

鄭東郭曰人之所言者[illegible]者道然道至精至粹無臭無声却以言與思求之者

新鐫諸子拔萃卷之一

明　邦江　李雲翔　爲霖甫　評選

秣陵　社友　唐捷元　垣之甫　參閱

余大茂　思泉甫　較梓

原道類

一字篇　關尹子

關尹子曰非有道不可言不可言即道非有道不可思不可思即道天物怒流人事錯錯然若若乎回也戞戞乎鬬也勿勿乎猶切切也似而非也

雙槐歲抄十卷 2720.72 9193

〔明〕黄瑜撰

清康熙間刻本　四册

半葉10行20字，白口，四周雙邊，單黑魚尾，半框高18.7釐米，寬13.5釐米。版心上鎸書名，中鎸卷次，下鎸葉碼。

卷端題“雙槐歲抄”。卷首依次有明嘉靖二十八年（1549）《雙槐歲抄叙》，署“嘉靖二十八年己酉秋八月望賜進士出身通議大夫資治尹刑部右侍郎致仕前都察院右副都御史奉敕總督漕運巡撫山東南畿大庾劉節書”；明弘治八年（1495）《雙槐歲抄序》，署“大明弘治乙卯仲春穀旦七十迂叟前琴堂傲吏香山黄瑜廷美甫謹書”；明黄衷撰《雙槐歲抄序》；明謝廷舉撰《明故文林郎知長樂縣事雙槐黄公行狀》；目録，末有《跋》，署“嘉靖癸卯秋八月既望奉直大夫春坊右諭德兼翰林院修撰嗣孫佐頓首百拜謹書”。

鈐有“馬鑒”印。

雙槐歲抄卷第一

聖瑞火德

太祖高皇帝功德福祚超越邃古貞應之符有開必
先自堯舜以來未有若是之盛也初
皇考仁祖淳皇帝居濠州之鍾離東鄉
皇妣淳皇后陳氏嘗夢黃冠饋藥一丸燁燁有光吞
之既覺口尚異香遂娠焉及誕有紅光燭天照映
千里觀者異之駭聲如雷天曆元年戊辰九月十
有八日丁丑日昳時也河上取水澡浴忽有紅羅
浮來遂取衣之故所居名紅羅幛鄉有二郎神廟

昨非菴日纂二十卷二集二十卷 AC149 Zcl 18

〔明〕鄭瑄撰

明崇禎間刻本　十二册

半葉8行18字，白口，四周單邊，單白魚尾，半框高20.4釐米，寬14.2釐米。版心上鎸書名，中鎸篇名及葉碼。

卷端題“昨非菴日纂”。卷首依次有明俞思恂撰《昨非菴日纂序》；明顧錫疇撰《昨非菴日纂序》；明許豸撰《昨非菴日纂序》；明陳繼儒撰《昨非菴日纂序》；明鄭瑄撰《昨非菴日纂自序》；凡例；目次。《昨非菴日纂二集》卷首依次有明崇禎八年（1635）《題詞》，署“乙亥季夏友人芝岳何如寵題”；明馬鳴起撰《昨非菴日纂二集序》；明顧錫疇撰《序言》；明崇禎八年《叙》，署“乙亥六月朔吴瞟友弟侯峒曾題於白下之撫松堂”；明徐石麟撰《日纂引言》。

昨非菴日纂宦澤卷之一

每見史冊内顛連窗下幾煩筆劃事權在握可任入井頻呼思到漢唐間晩季桅上如切溺焚痛毒親嘗得謂嘘枯非我古之仁人一事定太平一念生白骨一語奏膚功不得謂異人任也纂宦澤第一

昨非菴居士鄭瑄識

史弼爲平原相詔舉鉤黨諸郡承旨株至數百

物理小識十二卷

〔清〕方以智撰　〔清〕于藻重訂

清康熙三年(1664)刻本　四册

半葉9行22字，小字雙行字同，白口，左右雙邊，單黑魚尾，半框高19.7釐米，寬12.8釐米。版心上鎸書名，中鎸卷次，下鎸葉碼。

卷端題“物理小識，宓山愚者智集，宛平于藻慧男父重訂”。内封題“物理小識”。卷首依次有清康熙三年《序》，署“康熙甲辰宛平于藻題於廬陵署中之春音堂”；清方以智撰《物理小識自序》；清方中通撰《物理小識編録緣起》；目録；《物理小識總論》。

物理小識卷之一

宓山愚者智集　宛平于藻慧男父重訂

天類

象數理氣徵幾論○為物不二之至理隱不可見質皆氣也徵其端幾不離象數彼掃器言道離費窮隱者偏權也日月星辰天縣象數如此官肢經絡天之表人身也如此圖書卦策聖人之冒準約幾如此無非物也無非心也猶二之乎自黃帝明運氣唐虞在璣衡孔子學易以扐閏衍天地之五曆數律度是所首重儒者多半弗問故秩序變

昆耶室驅暑閒抄不分卷

題〔清〕硯雲主人輯

清乾隆四十三年（1778）硯雲書屋刻本　三册

半葉9行20字，黑口，左右雙邊，無魚尾，半框高12.8釐米，寬9.8釐米。版心中鎸子集書名及葉碼，下鎸"硯雲書屋"。

卷端題"小易"。内封題"昆耶室驅暑閒抄"。卷首有清乾隆四十三年《昆耶室驅暑閒抄題辭》，署"乾隆歲次著雍閹茂中元前一日硯雲主人寓昆陵天寧寺之昆耶室"。

鈐有"馬鑒之印"印。

按：此書一名《塵談拾雅》，題劉節卿輯，清藏修書屋刻，版式同此。版本源流待考。

小易

忍卦　　　　邰桂子 下卦
四同

忍亨初難終吉利君子貞不利小丈夫

彖曰忍剛發乎內柔制乎外故亨初若甚難乃終有吉惟君子爲能動心忍性不利小丈夫其中淺也

象曰忍在心上忍君子含容成德

初六小不忍則亂大謀

象曰小不克忍成大亂也

九二必有忍其乃有濟

課士直解七卷

〔清〕陳宏謀撰

清乾隆三十五年（1770）培遠堂刻本　四册

半葉10行20字，白口，四周雙邊，單黑魚尾，半框高17.3釐米，寬12.9釐米。版心上鐫書名，中鐫卷次及篇名，下鐫葉碼及“培遠堂”。

卷端題“課士直解，桂林陳宏謀榕門著，姪鍾理、鍾瑶、鍾琛、男鍾珂、孫蘭森編校”。内封題“乾隆庚寅年鐫，桂林陳榕門著，課士直解，培遠堂藏版”。卷首依次有清乾隆三十五年《序》，署“乾隆庚寅小春月昆山後學葛正笏敬序”；目録。

鈐有“陳慶保”“哲如陳慶保藏書”印。

課士直解卷一

桂林陳宏謀榕門著

姪鍾[illegible]　男鍾珂

孫蘭森編校

學而時習之　全章

論語首記此章。此章首標學字。以天下無人不當務學。學字關係世道人材。顧世之學者。往往視學爲苦難而厭之。非見異而思遷。則浮慕而涉獵。不知聖門之學。平易切實。有從入工夫。有心得之趣。有及物之效。又有足乎已無待於外之境也。三節句法皆用不亦乎字唱起。使人深思而自得。即引人循次而漸進

異聞總録四卷

明萬曆間刻本　一册

半葉9行20字，白口，四周單邊，單黑魚尾，半框高20.7釐米，寬14.2釐米。版心上鎸書名，中鎸卷次，下鎸葉碼。

卷端題"異聞總録，宋闕名"。

異聞總錄卷之一

宋　闕名

大觀中京師醫官耿愚買一侍婢麗而黠踰年矣嘗立於門外小兒過焉認以爲母眷戀不忍去婢亦拊憐之兒歸告其父曰吾母乃在某家時其母死旣祥矣父未以爲信試往殯所視之似爲盜所發不見屍還家携兒謁耿氏之隣密訪婢姓氏眞厥妻也卽佯爲販鬻者徘徊道上伺其出而見之妻呼使前與叙别意繼以泣語人曰此爲吾夫小者

筠廊偶筆二卷二筆二卷 AC149 Zra 61

〔清〕宋犖撰

清雍正間刻本　二册

半葉10行19字，白口，四周單邊，雙黑魚尾，半框高18.3釐米，寬13.6釐米。版心上鎸書名，中鎸卷次，下鎸葉碼。

卷端題"筠廊偶筆，商丘宋犖牧仲"。内封題"筠廊偶筆"。卷首依次有清陳維崧撰《序》；清宋炘撰《序》。

鈐有"曾藏洞庭葛香士家""伏翁""櫪園舊物""今我草堂""佗城舊學"印。

按：《筠廊偶筆》後附《怪石贊》一卷、清張仁熙撰《雪堂墨品》一卷、《漫堂墨品》一卷。

鈎廊偶筆卷上

商丘宋犖牧仲

吾宋城南有幸山堂宋高宗南渡駐蹕之所明崇禎中沈氏濬池得片石如墨玉有鐫字數行乃淳化帖九卷第一版王獻之書也此石失去始末曹士冕法帖譜系載之頗詳其爲襄州原刻無疑董文敏嘗欲以百金購之主人益大珍惜別刻一石以應求者明末寇變並瘞兩石蔬圃中後覓不可得數年前余見此石原搨一紙於友人處精光炯炯果異他本

鈎廊偶筆　卷上　一

山海經廣注十八卷 2522 9133

〔清〕吴任臣注

清康熙六年(1667)刻本　四册

半葉9行22字,小字雙行字同,白口,左右雙邊,無魚尾,半框高19.8釐米,寬13.6釐米。版心上鎸書名,中鎸卷次及葉碼。

卷端題“山海經廣注,仁和吴任臣注”。卷首依次有清康熙六年柴紹炳撰《山海經廣注序》,署“康熙歲次丁未秋九月”;清康熙五年(1666)王嗣槐撰《山海經廣注序》,署“康熙五年仲冬朔旦”;《讀山海經語》;目録;引用書目;《山海經雜述》。

鈐有“吴兔牀書籍印”“應寶父”“天尺樓”印。

山海經廣注卷之一

仁和吳任臣注

南山經

南山經之首曰䧿山任臣案今本作鵲三才圖會有鵲山之神即此山也又濟南汝寧太原順德皆有鵲山搜神記仲子隱于鵲山蓋濟南鵲山通鑑李世民與竇建德戰西薄汜水南屬鵲山汝寧鵲山也非此其首曰招搖之山任臣案王崇慶釋義云既曰鵲山又曰山相並也任昉述異記其首曰招搖之山是一山而二名或兩曰招搖山亦名鵲山臨于西海之上郭曰在蜀伏山山南之西頭濱西海也多桂郭曰桂葉似枇杷長二尺餘廣數寸味辛白花叢生山峯冬夏常青間無雜木呂氏春秋曰招搖之桂任臣案王會解自深桂注自深南蠻也楚辭嘉南州之炎德兮麗桂樹之冬榮山海經圖贊曰桂生南裔拔萃

管窺輯要八十卷

〔清〕黄鼎纂定

清順治十年（1653）刻本　三十二册

半葉9行19字，白口，四周單邊，單黑魚尾，半框高20.4釐米，寬14.2釐米。版心上鎸書名，中鎸卷次，下鎸葉碼。

卷端題“管窺輯要，六安黄鼎玉耳父纂定，男九命簡臣、侄九錫公位、九疇倫叙、九如眉介、侄孫珮琢成、珂先鳴、桐城方兆及子詒仝閲”。内封題“内院范憲斗先生鑒定，黄玉耳先生手編，天文大成輯要，是集綜核群書，蒐羅經史，既集其大成，復輯其精要，凡星辰雲氣之吉凶、家國軍民之休咎，無不較咨列眉驗如響應，誠文苑之驪珠、名山之鴻寶也，識者鑒諸”。卷首依次有清順治九年（1652）《序》，署“順治壬辰初夏古六黄鼎玉耳題”；清順治十年《序》，署“順治癸巳年仲夏月通家友生范文程頓首書”；《纂例》，末署“順治壬辰歲秋男九思百拜謹識”；總目；“集用書目”。

管窺輯要卷之一

六安黄　鼎玉耳父纂定

男九命簡臣

侄九錫公位

九疇倫叙

九如眉介

侄孫珮琢成

珂先鳴

桐城方兆及子詒仝閲

楊子太玄别訓四卷首一卷 231.6 888

〔清〕劉斯組撰

清乾隆十年(1745)刻本　五册

半葉9行20字,白口,左右雙邊,單黑魚尾,無界行,半框高19.6釐米,寬13.3釐米。版心上鎸書名,中鎸卷次,下鎸葉碼。

卷端題“楊子太玄别訓,西昌劉斯組斗田氏著,男元佶記州、元侑敬三、壻賈仁緒媲庭、王文浚衛川、張潢開平仝較字”。

卷首依次有清乾隆十年《序》,署“乾隆乙丑歲孟冬月甲寅日西昌劉斯組書於西瀧官舍”;《揚雄傳》;宋元豐五年(1082)司馬光撰《揚子太玄舊書》,署“元豐五年六月丁丑序”。

楊子太玄別訓卷之一

西昌劉斯組斗田氏著

男 元佶記州

元侑敬三

賈仁緒𦐄[illegible]仝較字

壻王文浚衛[illegible]

張 潢開平

自中至增第一

一方一州。一天玄陽家。象中孚卦。

一部一家。中。一水下下。

[illegible]氣潛萌於黃宮信無不在乎中

陰陽五要奇書五種附二種 1743 5561

〔明〕江之棟輯

清乾隆五十五年（1790）姑蘇胥門外樂真堂重刻本　八册

半葉10行22字，小字雙行字同，白口，左右雙邊，單黑魚尾，半框高20.2釐米，寬13.7釐米，有圖。版心上鎸書名，中鎸卷次及篇名，下鎸葉碼及“樂真堂”。

内封題“乾隆庚戌年重刊，一集郭氏元經晋郭璞先生著，二集璇璣經晋趙載先生著，三集陽明按索明陳復心老人著，陰陽五要奇書，四集佐元直指明劉伯温先生著，五集三白寶海元幕講禪師著，附八宅明鏡、救貧竈卦，板藏姑蘇胥門外樂真堂”。

卷首依次有明崇禎五年（1632）《叢書集要序》，署“崇禎五年秋七月史氏吴孔嘉書於來雲軒”；晋趙載撰《郭氏陰陽元經序》；凡例；目録。

《郭氏元經》卷端題“元經，晋郭璞景純著，門人趙載注，明後學汪之棟孟隆父輯，汪元標承景父校，吴公遂季常父閲，古吴顧鶴庭吾廬重梓”，内封題“乾隆庚戌年鎸，郭氏元經，樂真堂藏板”。

《璇璣經》卷端題“璇璣經集注，晋趙載著，姑蘇顧滄籌吾廬旁注，雁宕鮑松巖校，吴門鄭鼎和閲”。

《陽明按索》卷端題“陳復心老人編，孫陳漢卿補注，胥江釣叟顧吾廬旁注，三吴鄭鼎和閲，雁宕逸客鮑松巖校”，内封題“乾隆庚戌年鎸，陽明按索，樂真堂藏板”。卷首依次有元至大元年（1308）《陽明按索圖序》，署“至大改元著雍涒之歲菊月上章書”；目録；凡例。卷末有明洪武八年（1375）《陽明按索後跋》，署“洪武乙卯春花朝之吉陳漢卿書”。

《佐元直指圖解》卷端題“佐元直指圖解，劉伯温先生著，姑蘇顧滄籌吾廬校，三吴鄭鼎和閲，雁宕鮑松巖對”，内封題“乾隆庚戌年鎸，佐元直指，樂真堂藏板”。卷首依次有明汪元標撰《佐玄直指圖解序》；目録；《佐元直指賦》。

《三白寶海》内封題“乾隆庚戌年鎸，三白寶海，樂真堂藏板”。卷首依次有明李日華撰《三白寶海》；目録。

《八宅明鏡》内封題“乾隆庚戌年鎸，八宅明鏡，樂真堂藏板”，卷首依次有清乾隆五十五年《序》，署“乾隆五十五年歲次庚戌仲春花朝胥江釣叟顧吾廬序”；目録；凡例。

子目：

郭氏元經十卷　〔晉〕郭璞撰　〔晉〕趙載注

璇璣經一卷　〔晉〕趙載撰

陽明按索五卷　〔明〕陳復心編　〔明〕陳漢卿補注

佐元直指圖解九卷首一卷　〔明〕劉基撰

三白寶海三卷　題〔元〕幕講禪師撰

附八宅明鏡二卷　題〔清〕箬冠道人撰

按：館藏缺《救貧竈卦》。

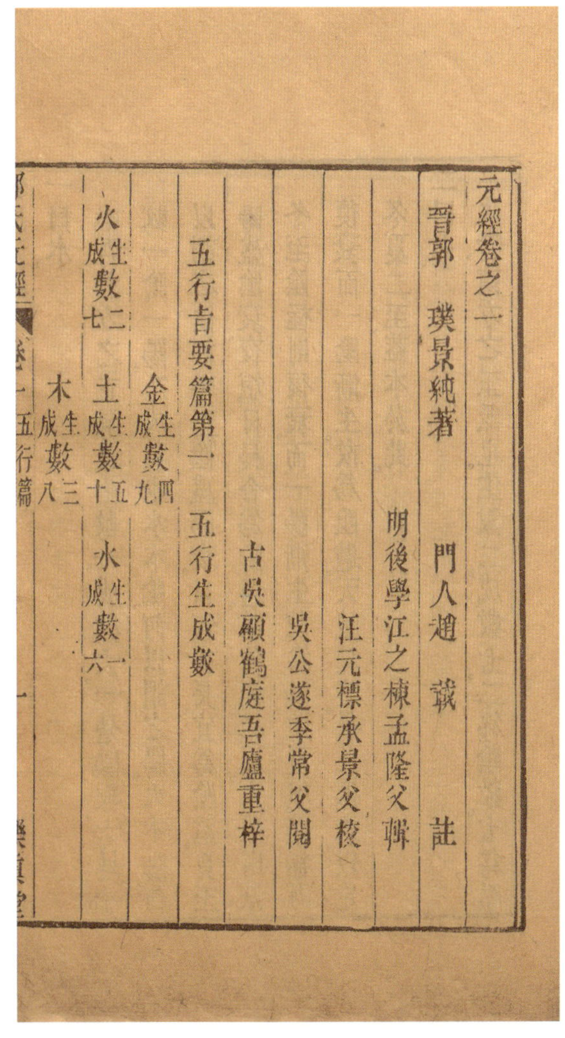

元經卷之一

晉郭　璞景純著　　門人趙　載　註

明後學江之棟孟隆父撰

汪元標承景父校

吳公遂季常父閲

古吳顧鶴庭吾盧重梓

五行吉要篇第一　五行生成數

金生四成數九

火生二成數七　土生五成數十　水生一成數六

木生三成數八

郭氏元經　卷一　五行篇　一

地理三字經三卷 1747 4794

〔清〕程思樂撰

清乾隆六十年(1795)同文堂刻本　二册

半葉4行7字,小字雙行13字,白口,四周雙邊,單黑魚尾,半框高17.4釐米,寬11.8釐米。版心上鎸書名,中鎸卷次,下鎸葉碼,首頁下鎸有"同文堂板"。

卷端題"地理三字經,漢江程思樂前川著"。卷首有清乾隆六十年《序》,署"乾隆六十年乙卯秋日程思樂識"。

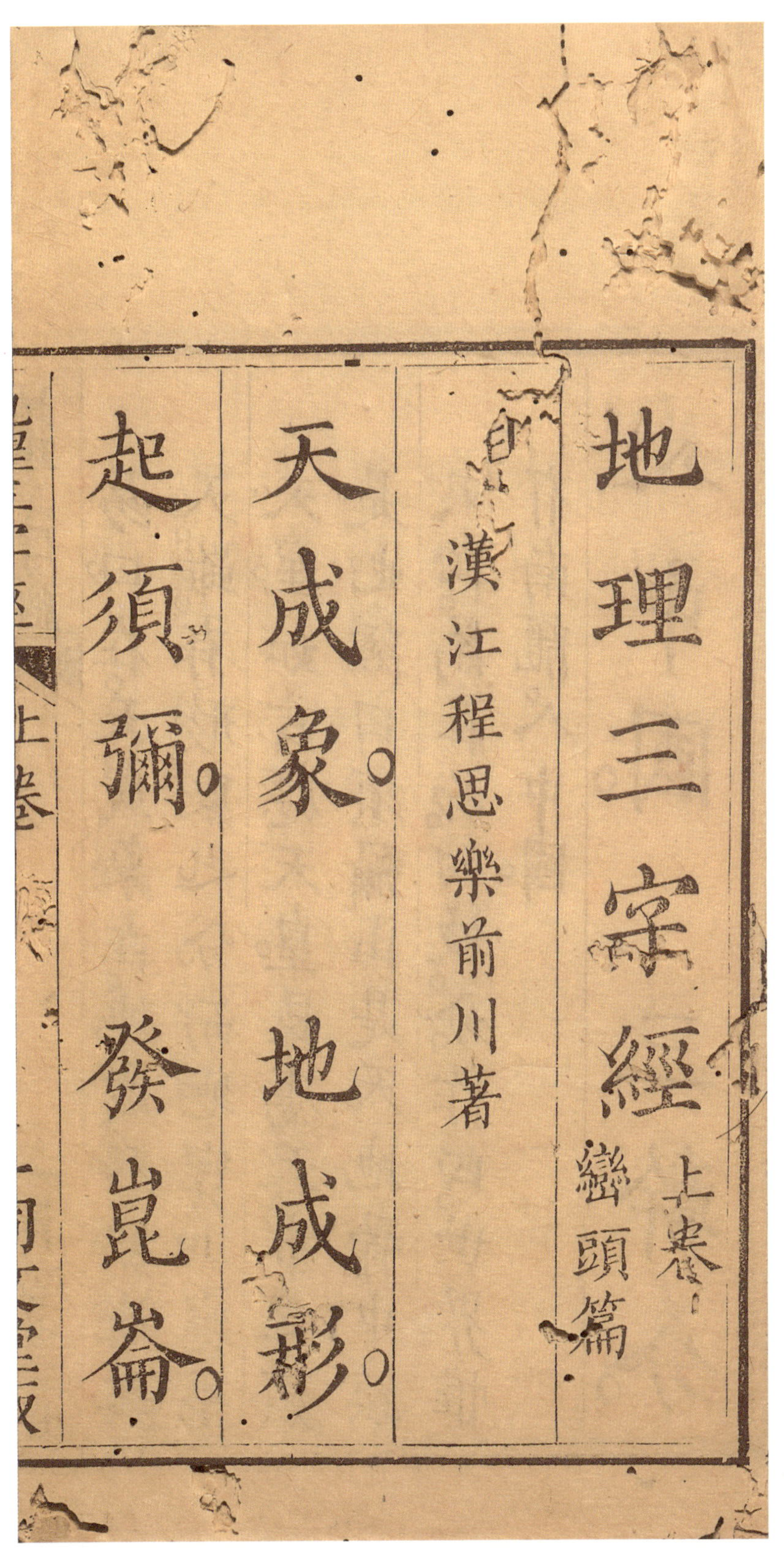
地理三字經上卷 巒頭篇
漢江程思樂前川著
天成象。地成形。
起須彌。發崑崙。
地理三字經 上卷 三槐堂板

江邨銷夏録三卷 AC149 Zra 52

〔清〕高士奇輯

清康熙三十二年（1693）朗潤堂刻本　三册

半葉9行18字，小字雙行字同，黑口，左右雙邊，雙黑魚尾，半框高18.2釐米，寬14.4釐米。版心鐫書名、卷次及葉碼。

卷端題“江邨銷夏録，竹窗高士奇輯”。内封題“江邨銷夏録，朗潤堂藏”。卷首依次有清宋犖撰《序》；清康熙三十二年《序》，署“康熙癸酉夏六月江邨高士奇識”；清朱彝尊撰《序》；凡例。

江邨銷夏錄卷一

竹窓 高士奇 輯

晉右軍王羲之袁生帖 紙本高八寸濶三寸計三行

得袁二謝書具爲慰袁生暫至都已還未此生至到之懷吾所盡也 音釋本法書要錄

右草書計二十六字宋宣和御府收藏月白簽御標晉王羲之袁生帖七字泥金楷書晉字微有剝損黃絹隔水右邊鈐印長方雙龍璽二方御書瓢印一方本帖之右圓雙龍璽一方宣和連章一方帖左政和宣和二璽鈐印長方雙龍璽二方政和連章一方後有內府圖書之印未有眞賞瓢章華夏藏印蓋錫山華氏故物摹入眞賞

墨池編二十卷

〔宋〕朱長文纂

清雍正十一年(1733)就閒堂刻本　八册

半葉11行21字,黑口,左右雙邊,雙黑魚尾,半框高16.5釐米,寬11.8釐米。版心鎸書名、卷次及葉碼。

卷端題“墨池編,吴郡朱長文伯原纂次”。内封題“家藏正本,墨池編,就閒堂雕板”。卷首依次有清雍正十一年《序》,署“雍正癸丑孟冬琅邪後學王澍謹識並書”;宋治平三年(1066)《序》,署“治平三年丙午冬十月初五日吴郡朱長文伯原序”;目録。卷末有清康熙五十三年(1714)《後跋》,署“康熙甲午嘉平朔長洲朱之勵謹識”。

鈐有“□□(審葛)時雍”“小谷氏圖書”印。

墨池編卷第一

字學

吴郡　朱長文伯原　纂次

說文序　　許慎

古者庖犧氏之王天下也仰則觀象於天俯則觀法於地視鳥獸之文與地之宜近取諸身遠取諸物於是始作易八卦以垂憲象及神農氏結繩爲治而統其事庶業其繁飾僞萌生黄帝之史蒼頡見鳥獸蹏迒之跡知分理之可相别異也初造書契百工以乂萬品以察蓋取諸夬夬揚於王庭言文者宣教明化於王者朝廷君子所以施祿及下居德則忌也蒼頡之初作書蓋依類

墨池編二十卷

〔宋〕朱長文纂

清乾隆間就閒堂刻本　六册

半葉11行21字，黑口，左右雙邊，雙黑魚尾，半框高16.4釐米，寬11.7釐米。版心鎸書名、卷次及葉碼。

卷端題“墨池編，吴郡朱長文伯原纂次”。内封題“家藏正本，墨池編，就閒堂雕板”。卷首依次有清雍正十一年（1733）《序》，署“雍正癸丑孟冬琅邪後學王澍謹識並書”；宋治平三年（1066）《序》，署“治平三年丙午冬十月初五日吴郡朱長文伯原序”；目録。卷末有清康熙五十三年（1714）《後跋》，署“康熙甲午嘉平朔長洲朱之勵謹識”。

鈐有“進呈御覽”“北平謝氏藏書印”“緣硯齋”“東漢傳經之家”“珊嶠”“謝寶尌印”“適安草堂之章”“書崕”“半覺人”“玉蝀園珍賞”“珍藏”“石氏”印。

按：此爲進呈御覽本。墨筆題識“道光丁未夏六蘇完瓜爾佳氏藏於緑硯山房，書崖”。末鈐“適安草堂之章”印。

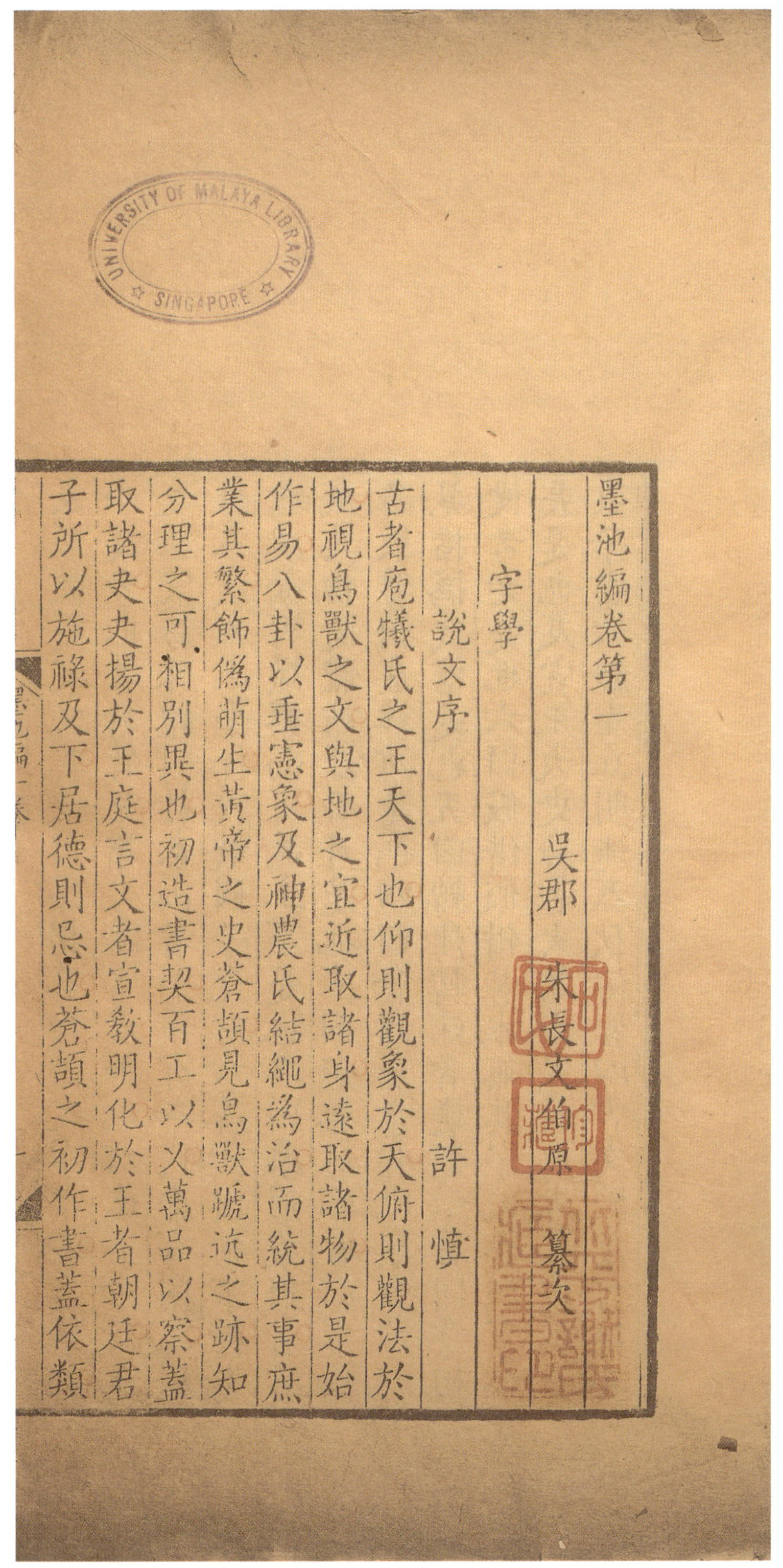

墨池編卷第一

字學

吳郡 朱長文伯原 纂次

說文序 許慎

古者庖犧氏之王天下也仰則觀象於天俯則觀法於地視鳥獸之文與地之宜近取諸身遠取諸物於是始作易八卦以垂憲象及神農氏結繩為治而統其事庶業其繁飾偽萌生黃帝之史蒼頡見鳥獸蹏迒之跡知分理之可相別異也初造書契百工以乂萬品以察蓋取諸夬夬揚於王庭言文者宣教明化於王者朝廷君子所以施祿及下居德則忌也蒼頡之初作書蓋依類

漢溪書法通解八卷

〔清〕戈守智纂　〔清〕陸培參　〔清〕陸聲鐘編次

清乾隆十五年（1750）霽雲閣刻本　四册

半葉9行21字，小字雙行字同，白口，四周單邊，單白魚尾，半框高16.2釐米，寬12.1釐米，有圖。版心上鎸書名及“霽雲閣珍藏”，中鎸卷次、篇名及葉碼。

卷端題“述古，漢溪戈守智達夫纂著，恬浦陸培南香仝參，受業陸聲鐘大乾編次”。卷首依次有清乾隆十五年《序》，署“乾隆庚午正月錢唐金志章江聲氏叙”；清厲鶚撰《序》；清梁詩正撰《序》；清梁啓心撰《序》；目次。

鈐有“貯書還望子孫賢”“苟能通其意常謂不學可”“宜子孫印”“一片冰心在玉壺”“增溪梁氏之印”印。

述古卷第一

漢溪戈守智達夫纂著

恬浦陸　培南香仝叅

受業陸聲鐘大乾編次

述古篇

余既纂集斯編草行真楷法無不備然自兩粟以来古法寖遠其間因世更易迄於今茲凡百有餘種轉相祖述不可以淺也故為述古篇以誌之

伊羲皇之初造維倉帝之受圖文明日闢靈兆應符

漢溪書法通解　卷一　述古篇　一

國朝畫徵録三卷續録二卷 788.944 311

〔清〕張庚撰

清乾隆四年(1739)刻本　四册

半葉10行21字，黑口，四周單邊，單黑魚尾，半框高18.7釐米，寬13.4釐米。版心中鐫書名、卷次及葉碼。

卷端題“國朝畫徵録，秀水張庚浦山著，睢州蔣泰無妄、湯之昱南溪同校梓”。内封題“國朝畫徵録”。卷首依次有清雍正十三年(1735)《自序》，署“雍正十三年歲次乙卯八月中浣白苧村桑者張庚題於鄂渚試院之山樓”；清乾隆四年《自序》，署“乾隆四年歲次己未五月望日庚識於蔣氏之雲期書屋”；清乾隆四年《叙》，署“乾隆四年歲在屠維協洽且月睢陽濯錦池邊跛者蔣泰叙於雲期書屋”。

鈐有“南洋大學圖書館藏書”“修直藏書”“西谿藏書”“浮雲軒”印。

國朝畫徵錄

秀水張庚浦山著

睢州蔣泰左宜
湯之昱南溪同校梓

卷上

八大山人 朱重容附

八大山人有仙才，隱於書畫，題跋多奇致，不甚解。書法有晉唐風格。畫擅山水花鳥竹木，筆情縱恣，不泥成法，而蒼勁圓晬，時有逸氣，所謂拙規矩於方圓、鄙精研於彩繪者也。襟懷浩落，慷慨嘯歌，世目以狂。及遂知已十

宣和畫譜二十卷

〔明〕毛晉訂

明崇禎間虞山毛氏汲古閣刻本　八册

半葉8行19字，白口，左右雙邊，無魚尾，半框高19.1釐米，寬13.6釐米。版心上鎸書名，中鎸卷次及葉碼，下鎸“汲古閣”。

卷端題“宣和畫譜”。卷首依次有明末清初毛晉撰《宣和畫譜叙目》；目録。

鈐有“月在天心”“□氏藏書”印。

宣和畫譜卷第一

道釋敘論

志於道據於德依於仁游於藝藝也者雖志道之士所不能忘然特游之而已畫亦藝也進乎妙則不知藝之爲道道之爲藝此梓慶之削鐻輪扁之斵輪筍人亦有所取焉於是畫道釋像與夫儒冠之風儀使人瞻之仰之其有造形而悟者豈曰小補之哉故道釋門因以三教附焉自晉宋以來還

佩文齋書畫譜一百卷

〔清〕孫岳頒等纂輯

清康熙四十七年(1708)静永堂刻本　六十四册

半葉11行21字,白口,左右雙邊,單黑魚尾,半框高16.9釐米,寬11.6釐米。版心鐫"書畫譜"、卷次、章節名及葉碼。

内封題"賜板通行,欽定佩文齋書畫譜,静永堂藏"。卷首依次有清康熙四十七年《御製佩文齋書畫譜序》,署"康熙四十七年二月";總目;佩文齋書畫譜纂輯書籍;參纂人名録;凡例。

鈐有"神田信醇""夕陽紅半樓""香巖""神田家藏""神田醇印"印。

佩文齋書畫譜卷第一

論書一 書體上

伏羲書

古者伏羲氏之王天下也始畫八卦造書契以代結繩之政由是文籍生焉 孔安國尚書序

倉頡書

倉頡之初作書蓋依類象形故謂之文其後形聲相益即謂之字字者言孳乳而浸多也著於竹帛謂之書書者如也以迄五帝三王之世改易殊體封於泰山者七十有二代靡有同焉 許慎說文序

周六書

琴史六卷

〔宋〕朱長文纂

清康熙雍正間就閒堂刻本　一册

半葉11行21字，黑口，左右雙邊，雙黑魚尾，半框高16.6釐米，寬11.7釐米。版心鎸書名、卷次及葉碼。

卷端題“琴史，吴郡朱長文伯原纂次”。内封題“家藏正本，琴史，就閒堂雕板”。卷首有宋元豐七年（1084）《序》，署“元豐七年正月吴郡朱長文伯原序”。卷末有宋紹定六年（1233）《跋》，署“紹定癸巳立秋日姪孫正大謹書”。

鈐有“進呈御覽”“僊坪珍藏”印。

琴史卷第一

吴郡　朱長文伯原　纂次

帝堯　帝舜　大禹

成湯　太王　王季

文王　武王　成王

周公　孔子　許由

夷齊　箕子　微子

伯奇　介之推　史魚

顔子　子張　子夏

閔子　子路　曾子

原思　宓子賤

松風閣琴譜二卷附抒懷操一卷

〔清〕程雄撰

清康熙間文粹堂刻本　二册

半葉6行12字，黑口，四周單邊，無魚尾，半框高17釐米，寬13.5釐米。版心鎸“松風閣”及葉碼。

卷端題“松風閣，三山莊臻鳳蝶菴原譜，燕山程雄穎庵訂正”。内封題“宫夢仁先生鑒定，燕山程穎菴訂正，松風閣琴譜，文粹堂藏板”。卷首依次有清宫夢仁撰《松風閣序》；目録；《松風閣指法》。《抒懷操》卷首依次有清程雄撰《抒懷操自序》；清魏禧撰《抒懷操序》。卷末有清鄭蘭谷撰《跋》；清李曉撰《跋》。

鈐有“快哉”“會心處不必在遠”印。

松風閣指法

三山莊臻鳳蝶菴原譜

燕山程顥菴訂正

右手

尸 劈也大指向外爲尸

乇 托也大指向內爲乇

文房肆考圖説八卷

〔清〕唐秉鈞纂

清乾隆四十三年(1778)竹暎山莊刻本　八册

半葉9行20字，黑口，左右雙邊，單黑魚尾，半框高18釐米，寬12.6釐米，有圖。版心鎸“文房肆考”、卷次、篇名及葉碼。

卷端題“文房肆考圖説，古婁姊丈馮孝壽愚亭同參，上海表兄康愷飲和參繪圖，家先生桐園公閲，練水唐秉鈞衡銓纂，冢宰地山曹大人鑒定，弟秉鉞、甥馮以炳仝校”。内封題“沈雲椒先生鑒定，練水唐衡銓著，文房肆考圖説，是書原板，竹暎山莊雕”。卷首依次有清乾隆四十三年《序》，署“戊戌之秋余奉”；清乾隆四十三年《序》，署“乾隆四十三年嘉平月雲枓沈初書於官署之友清軒”；清乾隆四十一年(1776)《序》，署“乾隆丙申春正月少山汪炤書於過學齋”；發凡，末署“乾隆乙未仲秋下澣八日癸卯嘉定唐秉鈞衡銓氏識於竹暎山莊之書府”；總目，題“練水唐秉鈞衡銓氏著”。

鈐有“木樨香館范氏藏書”“石湖詩孫”“仕隱”“月槎珍藏”“居在廉讓之間”印。

文房肆攷圖説

古婁姊丈馮孝壽愚亭同參

上海表兄康愷飲和參繪圖

練水唐秉鈞衡銓纂

家先生桐園公閱　弟秉鉞

冢宰地山曹大人鑒定　甥馮以炳仝校

第一卷

像圖彙攷

二如亭群芳譜二十八卷首一卷

〔明〕王象晋纂輯

明崇禎間刻本　二十八册

半葉8行18字，小字雙行字同，白口，左右雙邊，單黑魚尾，半框高22釐米，寬14.6釐米。三截版，中鎸正文，上下鎸評注，版心上鎸“群芳譜”，中鎸卷次及篇名，下鎸葉碼。

卷端題“二如亭群芳譜，濟南王象晋藎臣甫纂輯，松江陳繼儒仲醇甫、虞山毛鳳苞子晋甫、寧波姚元台子雲甫仝較，濟南男王與胤、孫王士和詮次”。内封題“二如亭群芳譜，吴興鄭鏡甫”。卷首依次有明王象晋撰《二如亭群芳譜叙》；明毛鳳苞撰《小序》；明天啓元年（1621）《群芳譜跋語》，署“天啓辛酉花朝好生居士再題於涉趣園”；明張溥撰《群芳譜序》；明申用楙撰《群芳譜序》；明崇禎二年（1629）《群芳譜序》，署“崇禎二年春仲年家弟朱國盛頓首拜撰”；明崇禎七年（1634）《群芳譜序》，署“崇禎甲戌秋日延陵夏樹芳頓首撰拜書”；明陳繼儒撰《群芳譜序》；明方岳貢撰《群芳譜引》；明徐日曦撰《群芳譜引》；義例；明王象晋題《往哲芳踪小序》；《往哲芳踪》；《天譜小序》；天譜首簡；總目。

二如亭群芳譜天部卷之一

濟南　王象晉藎臣甫　纂輯

松江　陳繼儒仲醇甫

虞山　毛鳳苞子晉甫　仝較

寧波　姚元台子雲甫

濟南　男王與胤　孫王士和　詮次

天譜一

天

積陽之精群物之祖也周環無端其形渾然

佩文齋廣群芳譜一百卷

〔清〕劉灝等編纂

清康熙四十七年(1708)刻本　六十四册

半葉11行21字,白口,左右雙邊,雙黑魚尾,半框高16.7釐米,寬11.6釐米。版心上鎸"廣群芳譜",中鎸章節名、卷次、篇名及葉碼。

卷端題"佩文齋廣群芳譜"。卷首依次有清康熙四十七年《御製佩文齋廣群芳譜序》,署"康熙四十七年五月初十日";凡例;《佩文齋廣群芳譜刊成進呈表》,署"康熙四十七年六月初一日原任掌河南道事河南道監察御史加七級臣劉灝謹上表";編校官名録;總目。卷末附明王象晋《原叙》。

鈐有"棟(東木)""震甲之章"印。

佩文齋廣羣芳譜卷第一

天時譜

春

增〔禮記鄉飲酒義〕東方者春春之爲言蠢也產萬物者聖也〔注〕蠢動生之貌也聖之爲言生也〔疏〕東方產育萬物故爲春爲聖　〔爾雅〕春爲青陽〔注〕氣青而溫陽　春爲發生　〔公羊傳〕春者何歲之始也〔注〕春者天地開闢之端養生之首　〔管子〕東方曰歲星其時曰春其氣曰風風生木　〔梁元帝纂要〕春曰陽春青春芳春三春九春風曰陽風春風暄風柔風惠風景曰媚景時曰良時嘉時芳時辰曰良辰嘉辰芳辰節曰華節芳節嘉節良

楞伽阿跋多羅寶經四卷

〔南朝宋〕釋求那跋陀羅譯　〔宋〕釋正受集注

明嘉靖二十六年（1547）揚州上方寺粟庵禪院刻本　四册

半葉10行16字，小字雙行字同，白口，左右雙邊，單白魚尾，無界行，半框高18.5釐米，寬15.2釐米，有圖。版心中鎸“楞伽寶經”及卷次，下鎸葉碼及刻工。

卷端題“楞伽阿跋多羅寶經，宋天竺三藏求那跋陀羅譯，大宋胥臺沙門釋正受集注”。卷首依次有明嘉靖二十六年盛儀撰《重刻楞伽阿跋多羅寶經集注序》，署“嘉靖丁未歲季秋閏九月朔旦”；宋蔣之奇撰《楞伽經序》；宋元豐八年（1085）蘇軾撰《書楞伽經後》，署“元豐八年九月九日”；宋慶元二年（1196）沈瀛撰《集注楞伽阿跋多羅寶經序》，署“慶元二年重午日序”；宋釋正受撰《閣筆記》；明洪武四年（1371）《楞伽阿跋多羅寶經集注題辭》，署“洪武四年夏五月國子司業金華宋濂序”。卷末題“經始於嘉靖丁未夏六月一日成於十一月廿有四日板留揚州上方寺粟庵禪院”；有明嘉靖二十六年《題記》，署“嘉靖丁未冬佛成道日粟菴大霳謹題”。

楞伽阿跋多羅寶經卷第一

宋天竺三藏求那跋陀羅譯

大宋眘臺沙門釋正受集註

楞伽者此云不可往阿云無跋多羅云上寶貫重義經貫攝義是名無不可往無上寶經謂自覺聖究竟之境非邪智可造故曰不可往隨眾色摩尼之珠非世寶可比故曰無上謂不可往處有此無上寶也不可往是喻無上寶亦喻也此經蓋以單譬立題華嚴論云世尊於南海摩羅耶山之頂楞伽城中說法其山高五百由旬下瞰大海無路可上其城乃眾寶所成光映日月無門可入得神通者堪能升往表心地法門無修無證者方能升也下瞰大海表心海本自澄淨因境風所轉識浪隨動惟心空境寂則此識浪無復起矣識浪既息物無不

妙法蓮華經七卷

〔宋〕釋戒環解

明嘉靖四十一年（1562）陳龍山經房刻本　八册

半葉11行21字，黑口，四周單邊，單黑魚尾，無界行，半框高19.6釐米，寬13.3釐米。版心鎸“妙解”、卷次及葉碼。

卷端題“妙法蓮華經，温陵開元蓮寺比丘戒環解”。牌記題“大明嘉靖壬戌仲夏比丘圓昆排定，南陽子維國鹵梓行”。

卷首依次有元釋祥邁注《妙法蓮華經弘傳序》；宋靖康二年（1127）釋及南撰《妙法蓮華經要解序》，署“靖康丁未暮春中澣日謹序”；《法華經弘傳序科文》。卷末有明釋道成撰《序》。

鈐有“南洋大學圖書館藏書”印。

陳龍山經房印行

妙法蓮華經卷第一

温陵開元蓮寺比丘　戒環　解

開釋科五　初通釋經題　恭學門人　刋

實相妙法巧喻蓮華內則直指乎一心外則該通乎萬境方華即果處染常淨此蓮之實相也生佛本有淪變靡殊此心之實相也其狀虛假其精甚真此境之實相也心境萬類通謂之法精粗一致凡聖同源即諸世諦觸事而真言詞不可示分別不能解故以妙稱也六趣之所迷淪蓋迷此也諸佛之所修證蓋證此也洎夫廣演言教無數方便蓋爲此也但以衆生垢重根器未純先說三乘假名引導故[illegible]

妙解一

御製揀魔辨異録八卷 1919 3825

〔清〕世宗胤禛撰

清雍正十一年（1733）内府刻本　四册

半葉10行20字，小字雙行字同，白口，四周單邊，單黑魚尾，無界行，半框高17.7釐米，寬13釐米。版心上鎸“揀魔辨異録”，中鎸卷次，下鎸葉碼。

卷端題“御製揀魔辨異録”。卷首有清雍正十一年《上諭》，署“雍正十一年四月初八日”。

御製揀魔辨異錄卷一

魔忍曰、佛不云乎、吾有正法眼藏、涅槃妙心、實相無相、微妙法門、付囑摩訶大迦葉、夫涅槃妙心、卽吾人本具之廣大心體也、正法眼藏、卽雙明雙暗、同死同生之金剛眼也、心卽眼、眼卽心、實相而無相者也、如國之印璽然、無前際、無後際、無中際、一印而文理備焉、

若欲徵心。則雖竪窮三際。橫亘十方。猶徵不盡。豈未讀楞嚴七處徵心耶。可惜世尊於百萬人天中。拈出一花。不在內。不在外。不在中間。直指人心。見性成佛。却被魔忍吾人本具之廣大心體一句鈍置煞了也。盡大地是一隻眼。乃以正法眼藏。爲雙明雙暗同死同生之金剛眼。豈止認奴作郎。明暗生死。如何又是

集部

楚辭十七卷 AC149 Zcl 248

〔漢〕王逸叙次　〔明〕陳深批點

明萬曆二十八年(1600)凌毓枬刻朱墨套印本　四册

半葉8行18字,白口,四周單邊,無魚尾,無界行,半框高21.5釐米,寬14.7釐米。版心上鎸書名,中鎸卷次,下鎸葉碼,天頭鎸有評文。

卷端題"楚辭,王逸叙次,陳深批點"。卷首依次有明萬曆二十八年《楚騷附録》,署"萬曆庚子九月既王穉登書";明王世貞撰《跋》;"王逸楚詞十七卷";目録;南朝梁劉勰撰《辨騷》。

鈐有"樂城秀三紀氏藏書之印""菊陰書屋""許紹南印"印。

蘇轍曰吾讀楚辭以為除書

李奎曰楚聲氣悲

劉鳳曰詞賦之有屈子猶觀遊之有蓬閬從遊之有溟海也

賈島曰騷者愁也始乎屈原為君昏暗時寵乎讒佞之臣含忠抱素進於逆耳之諫君暗不納放之湘南遂為離騷經以香草比君子以美人喻其君乃變風而入其騷刺之貴正其風而歸於化也

楚辭卷之一

王逸叙次　陳深批點

離騷經第一

離騷經者。屈原之所作也。屈原與楚同姓。仕於懷王。為三閭大夫。三閭之職。掌王族三姓。曰昭屈景。屈原序其譜屬。率其賢良以厲國士。入則與王圖議政事。決定嫌疑。出則監察羣下。應對諸侯。謀行職修。王甚珍之。同列大夫上官靳尚。妬害其能。共譖

楚辭新注七卷

〔清〕屈復集注

清乾隆三年（1738）居易堂刻本　四册

半葉9行20字，小字雙行19字，白口，四周雙邊，單黑魚尾，無界行，半框高21釐米，寬14.7釐米。版心上鎸"楚辭"，中鎸卷次及篇名，下鎸葉碼。

卷端題"楚辭，蒲城屈復新集注，宗姪汝州啓賢編，曾孫來泰録，受業同邑王垣校"。内封題"乾隆戊午年鎸，蒲城屈復評注，楚辭新注，居易堂藏板"。卷首依次有清屈復撰《自序》；凡例；目録。《附楚懷襄二王在位事蹟考》；《屈原列傳》；唐沈亞之撰《屈原列傳》。

楚辭卷一

汝州宗姪啟賢編
蒲城屈復新集註　曾孫來泰録
受業同邑王垣校

離騷經第一

史記：離騷，猶離憂也。王逸曰：離，別也。騷，愁也。經，徑也。言已放逐離別，中心愁思，猶依道徑，以諷諫君也。班固曰：離，猶遭也。騷，憂也。明已遭憂作辭也。應劭曰：離，遭也。騷，憂也。顏師古曰：離，遭也。

陶靖節集十卷

〔晋〕陶潜撰　〔明〕何孟春注

明正德十六年（1521）緜眇閣刻本　四册

半葉8行20字，小字雙行字同，白口，四周單邊，單白魚尾，半框高21.8釐米，寬14.2釐米。版心中鎸書名、卷次及葉碼，下鎸“緜眇閣”。

卷端題“陶靖節集，郴何孟春注附”。卷首依次有明正德十六年《題陶靖節集》，署“正德辛巳夏仲後學莆見素林俊書於雲莊青野”；目録，末有《跋》，署“正德戊寅陽月吉日燕泉何孟春子元父記”。卷末有明正德十三年（1518）《跋》，署“正德戊寅良月望日郴燕泉何孟春謹識”。

鈐有“王方穀印”“渡邊千春遺愛書”“觀自在齋藏書之印”“金粟”“吾誰与玩此芳草”“善耆長壽”印。

陶靖節集卷之一

郴　何孟春注附

詩四言

劉後村曰四言自曹氏父子王仲宣陸士衡後惟陶公最高停雲榮木等篇殆突過建安矣又曰四言尤難以三百五篇在前故也

停雲停凝而不散之意高元之曰以停雲名篇乃周詩六義二曰賦四曰興之遺義也

停雲思親友也罇湛新醪湛讀曰沉園列初榮願言不從歎息彌襟

靄靄停雲濛濛時雨八表同昏平路伊阻靜寄東軒

陶靖節集卷之一　一　孫少岡

杜工部分類詩十卷附賦一卷 AC149 Zra 18

〔唐〕杜甫撰　〔明〕李齊芳等分類

明萬曆二年（1574）刻本　十二册

半葉9行18字，白口，四周單邊，單黑魚尾，半框高18.5釐米，寬12釐米。版心鐫“杜詩”、卷次及葉碼。

卷端題“杜工部分類詩，廣陵李齊芳、姪茂年、茂材分類，同里潘應詔、舒度、馮春同閲”。卷首依次有明萬曆二年《杜工部分類詩序》，署“萬曆二年秋孟初吉廣陵壖村李齊芳書於集雅軒”；明萬曆二年《序二》，署“萬曆甲戌秋中望日廣陵潘應詔啓明甫識”；目録。卷末依次有明舒度撰《刻杜詩後叙》；明李茂年撰《跋》；明李茂材撰《跋》。

鈐有“粹芬閣”“内翰金壇蔣超藏書印”“秀水王相”“王氏信芳閣藏書印”印。

杜工部分類詩卷之一

廣陵李齊芳　姪茂年茂材分類

同里潘應詔　舒度　馮春同閲

紀行上

古詩四十首

○北征

皇帝二載秋閏八月初吉杜子將北征蒼茫問家室維時遭艱虞朝野少暇日顧慚恩恩被詔許歸蓬蓽拜辭詣闕下怵惕久未出雖乏諫諍

文文山先生集杜詩不分卷

〔唐〕杜甫撰　〔宋〕文天祥集　〔明〕文震孟、單恂訂

明崇禎十年(1637)净名齋刻本　二册

半葉9行20字，小字雙行字同，白口，四周單邊，單白魚尾，半框高19.6釐米，寬14.2釐米。版心上鎸"集杜詩"，下鎸葉碼及"净名齋"。

卷端題"文文山先生集杜詩，宋信國公文天祥集，明後裔文震孟、門人單恂訂"。卷首依次有明崇禎十年《序》，署"崇禎丁丑臘月之望葺城單恂題於佛現巢"；元至元十七年(1280)《文文山先生集杜詩自序》，署"歲上章執徐月祝犂單閼日上章協洽文天祥履善甫叙"；後有《補序》，署"壬午正月元日文天祥書"。

鈐有"昭令氏"印。

文文山先生集杜詩

宋　信國公文天祥集　明　後裔文震孟訂

門人單　恂

社稷第一

三百年宗廟社稷爲賈似道一人所破壞哀哉

南極連銅柱送李晉肅入蜀　煌煌太宗業北征

始謀誰其間苦熱呈陽中丞　風雨秋一葉故李光弼司徒

理宗度宗第二

先帝弓劒遠送譚二判官　永懷侍芳茵送汝南郡王進

朱文公校昌黎先生文集四十卷

〔唐〕韓愈撰　〔宋〕朱熹考異　〔宋〕王伯大音釋

元福建建陽麻沙本　四册

半葉13行23字，小字雙行字同，黑口，四周雙邊，雙黑魚尾，半框高19.8釐米，寬12.5釐米。版心中鎸“昌文”及卷次，下鎸葉碼。

卷端題“朱文公校昌黎先生文集，晦庵朱先生考異，留畊王先生音釋”。内封有馮康侯題識“朱文公校昌黎先生集，元刊麻沙本都四册兼葭樓舊藏，康侯”。

鈐有“宋學誠印”“其存”“雲山”“汪希文印”“蒹葭樓”“元本”“曾在依雲樓”印。

按：館藏存卷一至卷十。

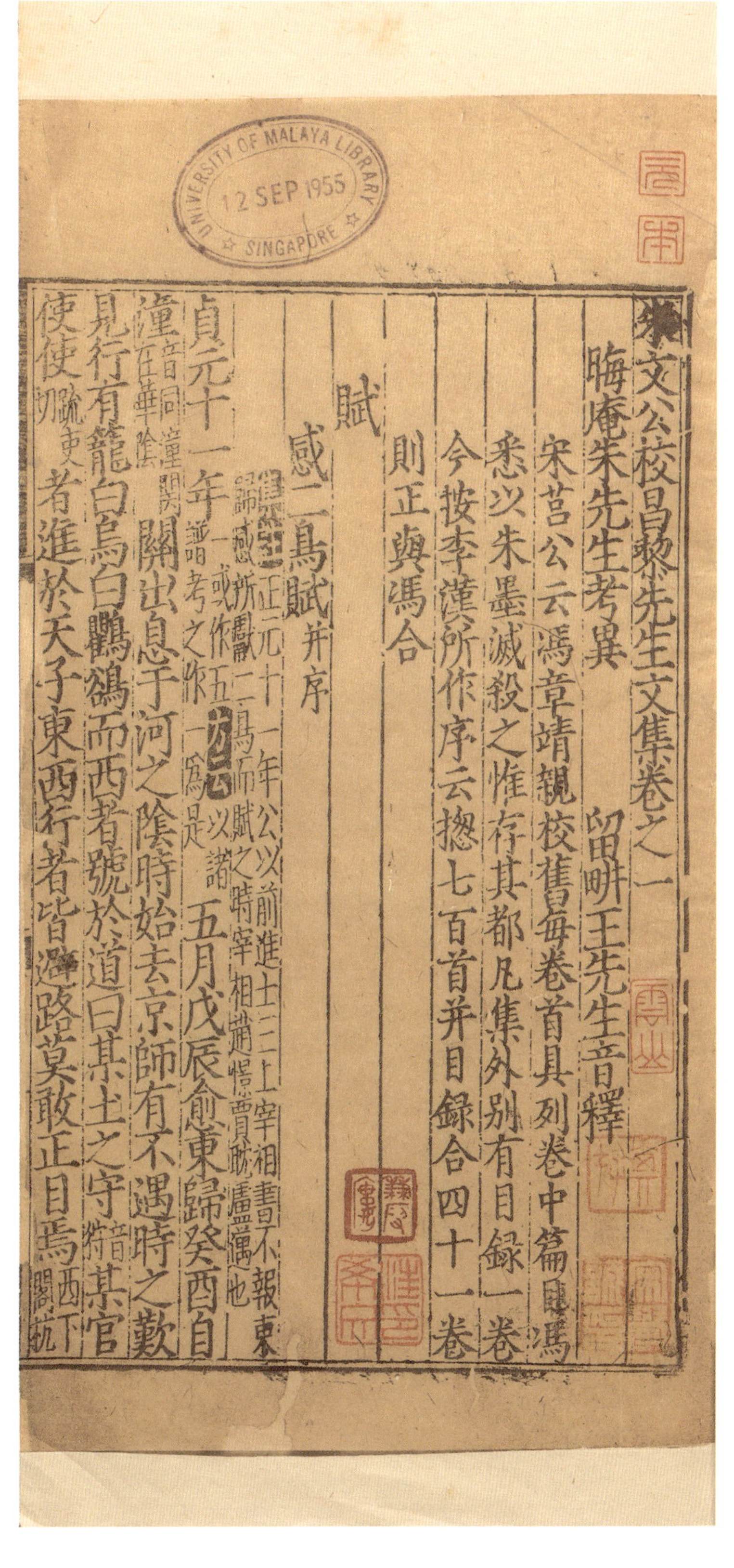

朱文公校昌黎先生文集卷之一
晦庵朱先生考異　留畊王先生音釋
宋莒公云馮章靖親校舊每卷首具列卷中篇目馮悉以朱墨滅殺之惟存其都凡集外別有目録一卷今按李漢所作序云揔七百首并目録合四十一卷則正與馮合
賦
感二鳥賦并序
貞元十一年五月戊辰愈東歸癸酉自潼關出息于河之陰時始去京師有不遇時之歎見行有籠白烏白鸜鵒而西者號於道曰某土之守某官使使者進於天子東西行者皆避路莫敢正目焉

韓文四十卷外集十卷附韓文集傳一卷韓文遺集一卷

〔唐〕韓愈撰　〔唐〕李漢編　〔明〕莫如士重校

明嘉靖三十五年(1556)寧國郡重刻本　六册

半葉11行22字,白口,左右雙邊,雙白魚尾,半框高18.5釐米,寬13釐米。版心上鎸書名,中鎸卷次,下鎸葉碼。

卷端題“韓文,明巡按直隸監察御史新會莫如士重校”。卷首依次有明嘉靖三十五年《寧國郡重刻韓柳文序》,署“嘉靖丙辰仲冬望後二日賜進士兩京國子司業前翰林檢討同修國朝會典兼理誥敕盱江王材書”;明嘉靖十六年(1537)游居敬撰《刻韓柳文序》,署“嘉靖丁酉秋八月”;目録,題“門人李漢編”。

鈐有“周一騆印”“深柳堂”“周一騆”“周一騆印”“六均”印。

按:目録缺卷三十九至卷四十。

韓文卷之一

明巡按直隸監察御史新會莫如士重校

賦

感二鳥賦

貞元十一年五月戊辰愈東歸癸酉自潼關出息于河之陰時始去京師有不遇時之歎見行有籠白烏白鸜鵒而西者號於道曰某土之守(音狩)某官使使(去聲)者進於天子東西行者皆避路莫敢正目焉因竊自悲幸生天下無事時承先人之遺業不識干戈耒耜攻守耕穫之勤讀書著文自七歲至今凡二十二年其行已不敢有愧於道其閒居思念前古當今之故亦僅志其一二大者焉選舉於有司

柳文四十三卷别集二卷外集二卷附録一卷 AC149 Zcl 4163

〔唐〕柳宗元撰　〔明〕莫如士重校

明嘉靖間刻本　六册

半葉11行22字,白口,左右雙邊,雙白魚尾,半框高18釐米,寬13.3釐米。版心上鐫書名,中鐫卷次,下鐫葉碼。

卷端題“柳文,明巡按直隸監察御史新會莫如士重校”。卷首依次有唐劉禹錫撰《柳文序》;目録。卷末墨筆題“甲申十二月倭寇由湘侵贛西半月而陷遂川又旬日贛州淪陷藏書幸先期運至會昌設遲一來復則及於難矣今夜展此如晤故人深自慶幸除夕維勤識”。

鈐有“六均”“周一騆”“周一騆印”印。

柳文卷之一

明巡按直隷監察御史新會莫如士重校

唐雅

獻平淮夷雅表

臣宗元言臣負罪竄伏違尚書牋奏十有四年聖恩寛宥命守遐壤懐印曳綬有社有人臣宗元誠感誠荷頓首頓首伏惟睿聖文武皇帝陛下天造神斷克清大憝金鼓一動萬方畢臣太平之功中興之德推校千古無所與（陟仲切）讓因伏自忖度有方剛之力不得備戎行致死命況今已無事思報國恩獨惟文章伏見周宣王時稱中興其道彰大于後罕及然徵於詩大小雅其選徒出狩則車攻吉日

新刊權文公文集十卷 AC149 Zcl 258

〔唐〕權德輿撰

明末清初影抄明嘉靖二十年(1541)劉大謨本　二册

半葉9行18字，小字雙行字同，白口，無魚尾，無界行。版心處抄有“權文公文集”、卷次及葉碼。

卷端題“新刊權文公文集”。卷首依次有明嘉靖二十年《新刊權文公文集序》，署“嘉靖二十年歲在辛丑夏五月吉旦東臯劉大謨書”；明楊嗣復撰《權文公文集序》；目録。卷末有明嘉靖二十年《刻權文公集後序》，署“嘉靖辛丑秋七月朔日後學清江敖英謹序”。卷末頁題“此即錢遵王敏求記中所開載之一種也偶得之於虎邱山唐書賈錢蒼珮家時爲雍正五年丁未中秋前一日”，鈐“非昔居士”“宋蔚如收藏印”“曾在舊山樓印”。另一頁題識“唐權德輿集嘗於百家集刻重見之此係宋賓王舊藏嘗聞道光間有人將詩文集全剜無”，鈐“庸”印。

另鈐有“賓父目存”“長洲顧沅湘舟收藏經籍金石書畫之印”“汪希文印”“雲山”“趙宗建印”“放慵樓”“子晋”“賓父私鉩”“雲翁”“隋盦觀”“衣雲詞客”“韓氏”“非昔居士”印。

新刊權文公文集卷第一

賦詩

傷馴鳥賦

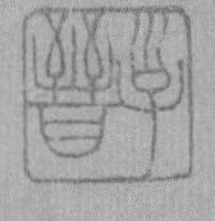

紛兩族之多端兮同翾飛而類殊有鸜鵒之微禽亦播質於洪鑪因稚子之嬉遊得中園之墜雛恣飲啄以馴擾來目前與座隅尔乃捿以籠檻鎩其羽翼留軒所以為娛俾遐翥之無力乍踉蹌而將舉顧離褷而復息雖主人之見容終使喪天和於自得或親賓至止徽軫徐觸每聞

元憲集三十六卷

〔宋〕宋庠撰

清乾隆四十六年(1781)武英殿聚珍本　八册

半葉9行21字,白口,四周雙邊,單黑魚尾,半框高19.3釐米,寬12.7釐米。版心上鎸書名,中鎸卷次,下鎸葉碼及"繆晋校"。

卷端題"元憲集,宋宋庠撰"。卷首有清乾隆三十九年(1774)《御製題武英殿聚珍版十韻》,署"乾隆甲午仲夏";《御製題元憲景文集並各書其卷首》;宋嘉定二年(1209)《原序》,署"嘉定二祼三月上澣郡文學陳之强序";目録,題"武英殿聚珍版",末署"乾隆四十六年七月恭校上總纂官内閣學士臣紀昀,光禄寺卿臣陸錫熊,纂修官司經局洗馬臣劉權之"。

元憲集卷一

宋　宋庠　撰

賦

乾元節賦

炎歷四世天子坐法宫憲宗軌深根寧極遠聽高視其仁如天其道如砥亹亹穆穆爲綱爲紀方且秋駕軫慮宵衣致治摽甲臥鼓張旃厚饁至和薰而桀驁革鴻澤淪而翾蠢暨龜龍宅沼牛羊避葦民遠于罪畫衣冠而知禁吏久其職保子孫而爲氏禮無未補之闕樂有旣

忠肅集二十卷

〔宋〕劉摯撰

清乾隆間武英殿聚珍本　八册

半葉9行21字，白口，四周雙邊，單黑魚尾，半框高18.8釐米，寬12.7釐米。版心上鎸書名，中鎸卷次，下鎸葉碼及“吴舒帷校”。

卷端題“忠肅集，宋劉摯撰”。卷首依次有清乾隆三十九年（1774）《御製題武英殿聚珍版十韻有序》，署“乾隆甲午仲夏”；《御製題劉摯忠肅集六韻》；宋宣和四年（1122）《原序》，署“八月一日承議郎提舉南京鴻慶宫賜紫金魚袋劉安世序”；目録，題“武英殿聚珍版”，末有清乾隆四十六年（1781）《跋》，署“乾隆四十六年十月恭校上總纂官内閣學士臣紀昀、光禄寺卿臣陸錫熊、纂修官司經局洗馬臣黄軒”。

忠肅集卷一

宋 劉摯 撰

制敕

元祐三年御試進士制策

朕肇膺駿命，涉道寡昧，懼無以奉承太母之慈訓而彰先帝之休德，夙夜以思，樂得天下之忠言嘉謀，庶以濟兹。今子大夫羣至在廷，朕甚嘉之。蓋聞天之災祥以類而至，古之善言天者，能推斯變以應斯事，若合符節。粤自去冬大雨雪，至于春二月不止，人大失職，廣糴東飢

楊文節公文集四十二卷首一卷附録一卷

〔宋〕楊萬里撰

清乾隆六十年(1795)帶經軒刻本　二十册

半葉10行24字,白口,四周單邊,單黑魚尾,半框高19.5釐米,寬13.5釐米。版心上鎸"誠齋文集",中鎸文類名及卷次,下鎸葉碼。

卷端題"楊文節公文集,宋吉水楊萬里廷秀甫撰,長陽後學彭淑秋潭甫校訂,安成後學王堂開岷軒甫仝校"。内封題"乾隆五十九年新鎸,宋吉水楊文節公著,誠齋文集,帶經軒藏板"。卷首依次有宋劉煒叔《楊文節公全集原叙》;清乾隆六十年《楊文節公文集序》,署"賜同進士出身湖廣道監察御史欽派軍機處行走前通政使司副使提督湖南學政庚子廣西正考官翰林院檢討充國史館纂修滇錢澧頓首拜撰乾隆六十年五月穀旦";《重修楊文節公文集名録》;《史傳》;《歷官告詞》;御製賜楊誠齋文,敕祭文;請謚狀,謚議,覆議;像贊;探梅圖跋;題詩;總目。卷末有清乾隆六十年《跋》,署"乾隆六十年歲次乙卯六月之吉二十世孫振鱗謹識"。

鈐有"齊安林氏逸聖收藏金石書畫之記""苾蘅館藏"印。

楊文節公文集卷之一

宋吉水楊萬里廷秀甫譔

長陽後學彭　淑秋潭甫校訂

安成後學王堂開岷軒甫仝校

奏疏

上壽皇乞留張栻黜韓玉疏

臣聞人主無職事進君子退小人此人主之職事也昔者舜之功亦多矣而傳獨以舉十六族去四凶爲舜之大功魯平公非不賢也而後世乃以信臧倉疑孟子爲平公之恨人主之職事豈復有大於進退賢否者乎恭惟皇帝陛下以治功之不振爲大憂以國勢之不強爲大恥比年以來選置宰相更易百官凡

東坡先生編年詩五十卷

〔宋〕蘇軾撰　〔清〕查慎行補注　〔清〕查開校刊

清乾隆二十六年（1761）香雨齋刻本　二十册

半葉10行21字，小字雙行30字，白口，左右雙邊，單黑魚尾，半框高18.1釐米，寬14.1釐米。版心中鎸"蘇詩補注"及卷次，下鎸葉碼及"香雨齋"。

卷端題"東坡先生編年詩，後學查慎行補注，姪男開校刊"。内封題"乾隆辛巳小春鎸，初白庵蘇詩補注，香雨齋藏板"。卷首依次有宋乾道九年（1173）《宋孝宗御製蘇文忠公集序》，署"乾道九年閏正月望選德殿書賜蘇嶠"；清康熙四十一年（1702）《編年詩例略》，署"康熙壬午仲春初白庵主人查慎行識"；《東坡先生年表》；目録；蘇詩補注采輯書目。卷末有清乾隆二十六年《後跋》，署"乾隆辛巳歲孟冬朔日姪男開敬跋"。

東坡先生編年詩卷一

後學查慎行補註　姪男開校刊

古今體詩四十二首仁宗嘉祐四年已亥冬侍老蘇公自蜀至荆州作

慎按南行集叙略云已亥之歲侍行適楚舟中無事凡與耳目所接者雜然有觸於中而發於咏歎蓋家君之作與弟轍之文皆在凡一百篇謂之南行集十二月十八日江陵驛書又按子由詩云初來寄荆渚魚雁賤宜客楚人重歲時爆竹聲磔磔新春始涉五田凍未生麥相攜歷唐許花柳漸芽圻蓋已亥十

蘇詩補註卷一　一　得樹齋

龜山先生集四十二卷 1217 0000

〔宋〕楊時撰

明萬曆十九年(1591)刻本　六册

半葉10行20字,白口,左右雙邊,單黑魚尾,半框高21.6釐米,寬15釐米。版心上鎸"龜山全書",中鎸卷次及文體名,下鎸葉碼。

卷端題"龜山先生集,明後學嘉興岳元聲之初甫、徐必達德夫甫、陳繼儒眉公甫、岳和聲之律甫訂閲"。卷首依次有明萬曆十九年《龜山先生全集後叙》,署"明萬曆十九年歲在辛卯閏三月朔日";目録。

鈐有"李寅高印"印。

龜山先生集卷之一

明後學嘉興岳元聲之初甫

徐必達德夫甫

陳繼儒眉公甫

岳和聲之律甫訂閲

上書

上淵聖皇帝

臣以凡庸之才叨被誤恩擢寘諫垣仍侍經幄絲毫未有所補而廹以桑榆晩暮衰病日侵不足以任職引年之請屢瀆天聽伏蒙陛下眷憐未忍擯棄授以

宋濂溪周元公先生集十卷附周元公世系遺芳集五卷　1202 0000

〔宋〕周敦頤撰

清康熙三十年（1691）刻本　八册

半葉10行19字，白口，四周單邊，單白魚尾，半框高21.1釐米，寬14.3釐米，有圖。版心上鎸書名，中鎸卷次，下鎸葉碼。

《宋濂溪周元公先生集》卷端題"宋濂溪周元公先生集"。卷首依次有明嘉靖十四年（1535）《濂溪集叙》，署"嘉靖十四年乙未孟秋後學漳浦王會識"；明嘉靖十四年《刻濂溪集跋》，署"嘉靖十四年乙酉孟秋蓮峰山人王汝憲識"；明萬曆三年（1575）《刻濂溪周元公集叙》，署"萬曆三年歲次乙亥春王正月上元湖廣永州府知府前進士侍經筵官兵科右給事中東郡丁懋儒撰"；明吕藿撰《宋濂溪周元公先生集序》；清康熙三十年《重輯先世遺集序》，署"康熙辛未孟夏吴郡裔孫府庠生辛卯副榜周沈珂同男吴縣增廣生之翰謹識"；目録，題"裔孫周沈珂同男之翰重輯"。

《周元公世系遺芳集》卷端題"周元公世系遺芳集，裔孫周沈珂同男之翰重輯"。卷首依次有明徐可行撰《周元公世系遺芳集彙序》；明萬曆四十四年（1616）《周氏彙輯先世遺編叙》，署"萬曆丙辰仲冬吉旦賜進士第禮部祠祭清吏司主事琅邪周京撰"；目録，題"裔孫周沈珂同男之翰重輯"。

卷末有清康熙三十年《重輯先世遺芳集叙》，署"康熙辛未夏五月吴郡裔孫之翰謹識"；明萬曆二年（1574）《刻宋濂溪周元公先生集跋》，署"萬曆二年甲戌春三月本府署道州事推官崔植撰"。

宋濂溪周元公先生集卷之二
故里圖
濂溪家祠
亭纓濯
周元公集 卷之二

南豐先生元豐類稿五十三卷

〔宋〕曾鞏撰　〔清〕顧崧齡校

清康熙五十六年(1717)長洲顧氏重刻本　十二册

半葉10行21字,白口,四周雙邊,雙黑魚尾,半框高18.8釐米,寬13.7釐米。版心中鎸"南豐文集"及卷次,下鎸葉碼。

卷端題"南豐先生元豐類稿"。内封題"長洲顧東巖重刊,曾南豐全集,遵宋本校定,增附集外文二卷"。卷首依次有宋元豐八年(1085)《南豐先生文集序》,署"宋元豐八年季春三月朔日中書舍人王震序";元大德八年(1304)《元豐類稿後序》,署"大德甲辰良月東平丁思敬拜手書於卷尾";明正統十二年(1447)《重刊元豐類稿序》,署"時正統十二年歲舍丁卯夏五月辛亥賜進士翰林修撰樂安姜洪序";明正統十二年《重刊元豐類稿跋》,署"正統十二年七月七日毘陵後學趙琬識";明正統十二年"賦詩",署"時正統丁卯夏六月望日文林郎知宜興縣事樂安鄒旦謹識";明成化六年(1470)《元豐類稿序》,署"成化六年庚寅歲冬十月望日賜進士及第奉訓大夫左春坊左諭德經筵官兼修國史後學豫章王一夔序";明成化八年(1472)《重刻元豐類稿跋》,署"時成化壬辰六月";明嘉靖二十三年(1544)《南豐先生文集後序》,署"嘉靖甲辰仲春前參議仁和後學陳克昌識";明隆慶五年(1571)《南豐先生文集序》,署"隆慶五年辛未秋八月南豐後學邵濂謹序";明萬曆二十五年(1597)《重刻曾南豐先生文集序》,署"萬曆丁酉歲季夏月穀旦賜進士出身知南豐縣事桐汭甯瑞鯉撰";明萬曆二十五年《重刻南豐先生文集序》,署"大明萬曆丁酉歲季夏月上浣之吉賜進士嘉議大夫廣東提刑按察司按察使前欽差撫苗兩奉敕提督學政知直隸太平府事户禮二科左右給事中使朝鮮國賜一品服侍經筵官題準纂修世宗實録翰林院庶吉士乾乾道人南豐里東後學見竹王璽撰";宋趙師聖撰《曾南豐先生文集序》;清康熙五十六年《跋》,署"康熙五十六年丁酉夏四月日長洲後學顧崧齡謹跋";《宋史本傳》;總目,末署"長洲顧崧齡東巖校蒐"。

南豐先生元豐類藁卷第一

古詩三十八首

冬望

霜餘荆吳倚天山鐵色萬仞光鎼開麻姑㝡秀插東極一峯挺立高嵬嵬我生智出豪俊下遠跡久此安蒿萊譬如驊騮踏天路六轡豈議收駑駘巔崖初冬未冰雪蘚花入履思莫裁長松夾樹蓋十里蒼顔毅氣不可迴浮雲柳絮誰汝礙欲往自尼誠愚哉南窗聖賢有遺文滿簡字字傾琪瑰旁搜遠探得戶牖入見奥作何雄魁日令我意失枯槁水之灌養源源來千年大說沒荒宂

雪山集十六卷

〔宋〕王質撰

清乾隆四十四年(1779)武英殿聚珍本　四册

半葉9行21字,小字雙行字同,白口,四周雙邊,單黑魚尾,半框高19.1釐米,寬12.6釐米。版心上鐫書名,中鐫卷次及葉碼,下鐫校者名。

卷端題“雪山集,宋王質撰”。卷首依次有清乾隆三十九年(1774)《御製題武英殿聚珍版十韻》,署“乾隆甲午仲夏”;目録,題“武英殿聚珍版”。末有清乾隆四十四年《跋》,署“乾隆四十四年四月恭校上,總纂官内閣學士臣紀昀、侍讀學士臣陸錫熊、纂修官司經局洗馬臣黄軒”;宋慶元四年(1198)《雪山集原序》,署“慶元四年冬十月二十日敷淺原王阮南卿序”。

鈐有“東武鐂氏味經書屋藏書印”“燕庭藏書”“劉”印。

雪山集卷一

宋　王質　撰

奏議

論和戰守疏

【案】此疏是孝宗隆興二年質爲太學正所上宋史本傳載之字句間有不同今附注本文下

陛下即位以來慨然起乘時有爲之志而陳康伯葉義問汪澈在廷陛下皆不以爲才于是先逐義問次逐澈獨徘徊于康伯不遽黜逐而意終鄙之【案】宋史作獨徘徊康伯難于進退陛下意終鄙之遂決意用史浩而浩亦不稱陛下意于是決

倪雲林先生詩集六卷附録一卷

〔元〕倪瓚撰

明萬曆間倪珵重刻本　四册

半葉9行20字，白口，四周單邊，單黑魚尾，半框高18.9釐米，寬13釐米。版心鎸卷次及葉碼。

卷端題“倪雲林先生詩集，八世孫珵重刻，十三世孫大培增訂”。卷首依次有《重刻雲林倪先生詩序》，署“萬曆庚子五月一日邑人顧憲成序”；明高攀龍撰《重刻倪雲林先生詩集序》。

鈐有“曾在印廬”印。

倪雲林先生詩集卷之一

八世孫　理　重刻

十三世孫　大培增訂

四言

義興異夢篇

辛卯之歲寅月壬戌我寢未興户闔于室爰夢鬼物黷淡慘慄或禽而角或獸而𧧒夔足駿奔豕形人立往來離合飛搏跳擲紛攘千態怪技百出予兹泊然抱冲守一廓如太虛雲斂無迹晨雞既鳴冠櫛斯畢

陵陽先生集二十四卷

5367 9241

〔元〕牟巘撰　〔元〕牟應復編

清初抄本　十二册

半葉10行20字，無版心，無界行。

卷端題“陵陽先生集，牟巘獻之，男應復編”。卷首依次有元至順二年（1331）《陵陽先生文集序》，署“至順二年八月朔從仕郎前翰林國史院編修官程端學序”；目録。卷末有元至順二年《跋》，署“至順辛未八月朔旦男承事即浙東道宣慰使司都元帥府都事應復百拜謹識”。

鈐有“瑞軒”“虞山沈氏希任齋劫餘”“潤生”印。

陵陽先生集卷第一

牟巘獻之男應復編

古詩五言

東野平陵圖

鞅掌不可耐壯士縛申夘驅驢古平陵水木樂幽茂
苦吟到斜日危坐頗持釣俗情見擺落鵝雁極衆口
西曽弟恐之適滿百乃報吾終不以此而易彼廾斗
小栽鶴料桼官事竟未了斯人坐詩窮答在虧天巧
有如發其冪為謔豈不暴理宜得嬾憎楞腹鎮雷吼
區〻尤李氏此頗天意不

睡庵稿二十五卷 AC149 Zra 76

〔明〕湯賓尹撰

明萬曆三十九年(1611)山笑堂刻本　十六册

半葉9行19字,白口,四周單邊,單白魚尾,半框高20.8釐米,寬15.6釐米。版心上鎸書名及文體名,中鎸卷次及葉碼,下鎸刻工。

卷端題"睡庵稿,宣城湯賓尹嘉賓著"。内封題"鎸湯太史睡庵文集,山笑堂藏板"。卷首依次有明萬曆三十年(1602)《湯嘉賓睡庵集序》,署"萬曆壬寅二月九日友弟梅守箕撰,新都羅彝序書";明萬曆三十九年《睡庵文集序》,署"萬曆歲辛亥秋一日清遠道人臨川湯顯祖書於玉茗堂";目録。

鈐有"静蟫秋室珍藏""笑竹""秦氏之書"印。

按:外封書簽題:四庫館奏準全燬書甲申得於贛州。

睡庵稿卷之一

宣城湯賓尹嘉賓著

王西華先生半山藏稿序

貴富壽考文章功業之類物之美者人爭取之矣夫美物必有神焉司之物忌完取忌多天之數也人之情也孤庸之子憤其獨力爭之旦暮之間於數者偶取一焉而沈頓歲年劉刻筋知精已耗矣遑及其餘故欲嘗易足而取於天者嘗寡開敏賢智之士饒姿才廣方略其意氣無所不之造物之

睡庵稿　序　卷之一　一

翠屏集四卷 AC149 Zcl 1702

〔明〕張以寧撰

明成化十六年（1480）張淮刻明清遞修本　四册

半葉11行22字，黑口，四周雙邊，三黑魚尾，半框高20釐米，寬14.8釐米。版心中鐫書名及卷次，下鐫葉碼。

卷端題“翠屏詩集，前國子博士門人淮南石光霽編次，德慶州儒學訓導嗣孫張淮續編，德慶州儒學學正後學莆田黄紀訂定，德慶州判官後學閩泉莊楷校正”。卷首依次有明洪武三年（1370）《張先生翠屏集序》，署“洪武三年秋七月一日友弟翰林學士金華宋濂謹序”；明洪武二十七年（1394）《翠屏張先生文集序》，署“洪武甲戌六月戊寅翰林學士劉三吾書”；《翠屏張先生文集序》；明洪武二十二年（1389）《翠屏張先生詩集序》，署“洪武己巳二月望日後學長沙陳南賓序”；洪武三年《誥命》；明洪武三年《太祖皇帝御賜詩序》，署“洪武三年四月賜張以寧”；目録。

翠屏詩集卷之一

前國子博士門人淮南石光霽編次

德慶州儒學訓導嗣孫張淮續編

德慶州儒學學正後學莆田黄紀訂定

德慶州判官後學閩泉莊楷校正

四言古詩

題松石圖

繄松之蒼，繄石之剛，曷以比德，維士之良。有蒼者松，有剛者石，繄士之良，維以比德。

題松隱圖

蒼蒼蘚石，謖謖雲松，空山無人，月明在節。我思武夷三十六峯，之子之邁，携琴曷從。

汪子中詮六卷 1060 1493

〔明〕汪應蛟撰

清乾隆間敬思堂板重刻本　六册

半葉9行20字，小字雙行字同，白口，四周單邊，單黑魚尾，半框高17.2釐米，寬12.4釐米。版心上鎸"中詮"，中鎸卷次，下鎸葉碼。

卷端題"汪子中詮，萬曆丁亥戊子集辛丑秋已刻於恒山公署"。内封題"萬曆戊午年鎸，新安汪登原手著，中詮，敬思堂藏板"。卷首依次有明畢懋康撰《中詮序》；明萬曆四十六年（1618）《中詮自序》，署"萬曆戊午夏四月丁酉新安汪應蛟書"；明陳鼎撰《東林列傳》；諭祭文；像。

鈐有"圖昞堂易氏藏書印""陳慶保"印。

汪子中詮卷一　萬曆丁亥戊子集辛丑秋己刻於恒山公署

人心心也道心性也操舍存亡無定在不亦危乎民彝帝則不能加損毫末不亦微乎中也者精微之極也精而擇之孰持衡是一而守之孰握樞是故盡其心之知者所以知性存其心所以養性

仁義禮智性也心之德也發揮於萬物而後性體見焉以物則言秉彝者眞知性命之情矣性藏用物顯仁性其帝乎心其宫闕乎物則萬方臣庶乎性通於物而格物即所以知性其猶帝臨萬方乎萬

鶴鳴集二十卷 AC149 Zcl 41

〔明〕劉伯燮撰 〔明〕劉廖編次

明萬曆十四年(1586)鄭懋洵刻本 十册

半葉9行18字,白口,四周雙邊,單黑魚尾,半框高18.6釐米,寬13.8釐米。版心上鎸書名,中鎸卷次及葉碼,下鎸刻工。

卷端題"鶴鳴集,明楚人劉伯燮撰,男廖編次"。卷首依次有明萬曆十年(1582)《鶴鳴集序》,署"萬曆壬午夏四月望彰德府臨漳縣署儒學教諭事舉人晋安末學鄭懋洵稽首謹序";目録。

鈐有"殷用梅印"印。

鶴鳴集卷之一

明楚人劉伯燮譔　男𢒰編次

疏

乞恩旌表母節疏

爲懇乞

天恩旌表貞節事伏覩

大明令内一款凡民間寡婦三十以前夫亡守志五十以後不改節者旌表門閭欽此臣原籍湖廣德安府孝感縣人父廷相自少失

翰林羅圭峰先生文集十八卷 AC149 Zcl 4157

〔明〕羅玘撰 〔明〕鍾文俊編次

明中期刻本 十六册

半葉10行18字，白口，四周單邊，單黑魚尾，半框高20.4釐米，寬14.3釐米。版心中鎸"圭峰文集"、卷次及葉碼。

卷端題"翰林羅圭峰先生文集，吏部員外郎門生閩汀鍾文俊編次"。卷首有目録。

按：目録部分爲手抄補配。

翰林羅圭峯先生文集卷之第一

吏部員外郎門生閩汀鍾文俊編次

序

太子太保兵部尚書馬公榮壽詩序

初鈞之東南隅望氣者以為有異氣焉鈞令太子太保兵部尚書馬公之鄉也公以宣德丙午生生而有異質識者遂以其兆歸公公之為童也日卧凡兒百十于地下識者又無不曰是異人也相與保抱之屬望之後二十有一年公果起賢科登進士

烏鼠山人小集十六卷

〔明〕胡纘宗撰

明嘉靖間刻本　十册

半葉11行20字，白口，四周單邊，單黑魚尾，半框高17.2釐米，寬13.5釐米。版心鎸中子集名及卷次，下鎸葉碼。

卷端題"烏鼠山人小集，國子生吴郡馬驥校，國子生江陰徐中孚校，國子生門人長洲歸仁編"。卷首依次有明嘉靖十六年（1537）王慎中撰《烏鼠山人小集序》，署"皇明嘉靖丁酉秋八月辛未日"；明嘉靖七年（1528）《烏鼠山人小集序》，署"嘉靖戊子春三月吴郡伍餘福序"；明顧夢圭撰《烏鼠山人小集序》；明嘉靖十五年（1536）《可泉集序》，署"嘉靖丙申夏四月庚寅相臺崔銑序"；明嘉靖十八年（1539）《胡可泉集序》，署"嘉靖己亥秋七月既望嵩渚山人李濂拜書"；明嘉靖十五年《胡蘇州集序》，署"皇明嘉靖十五年歲在丙申孟春既望姑蘇門人袁袠謹序"；明嘉靖三年（1524）《可泉辛巳集序》，署"嘉靖甲申冬十月四日無錫邵寶序"；目録。

鈐有"陳青選印""□□英經眼印"印。

崑山人小集卷之一

國子生吳郡馬䎃校

國子生江陰徐學校

國子生門人長洲歸仁編

樂府

勦逆賊贈楊參將銳參將曾書是字於旗上故以爲題

勦逆賊逆賊胡爲來主將胸中有甲兵戰賊賊衂虁賊賊蹶江邉布魚鳥城頭振星月四海早知名九重先奏捷叶勦逆賊君王撫劒勞將軍存張巡生余闕

一字曲贈張太僕文錦

靳兩城先生集二十卷

〔明〕靳學顔撰

明萬曆十七年(1589)刻本　八册

半葉9行18字，白口，四周雙邊，雙黑魚尾，半框高20.1釐米，寬13.9釐米。版心上鎸書名，中鎸卷次及葉碼。

卷端題“靳兩城先生集，東魯靳學顔著”。卷首依次有明萬曆十三年(1585)《刻靳兩城先生集序》，署“萬曆歲次乙酉秋九月朔旦賜進士奉政大夫湖廣提督學校僉事舊治上海王圻頓首識”；明萬曆十七年《兩城先生全集序》，署“萬曆己丑春三月同郡後學于若瀛序”；目録。

蘄兩城先生集卷之一

東魯蘄學顔著

崇志賦

陟墳素之嵩丘兮覿先民之所營性何加於潛見兮道何移於凋榮或萬駟以策駿兮或一裘而拾穗或夔屈以亂媚兮或龍游而鳳嵗彼至人之獨往兮委天形之外心載營魄而抱一兮恒谷虛而淵沉覽萬物之細大兮翔方外之寥廓遵景曜其若脱兮背槁梧而向虛磴披予襟

新刻張太岳先生文集四十七卷

〔明〕張居正撰　〔明〕雷思霈、馬啓圖校

明萬曆四十年（1612）唐國達刻本　十二册

半葉10行20字，白口，四周單邊，單黑魚尾，半框高21.3釐米，寬14.5釐米。版心上鎸“張太岳文集”，中鎸卷次，下鎸葉碼。

卷端題“新刻張太岳先生詩集，江陵叔大張居正著，後學雷思霈、馬啓圖校，繡谷唐國達梓”。内封題“江陵張文忠公文集”。卷首依次有明萬曆四十年《張太岳集序》，署“萬曆壬子歲重九日賜同進士出身柱國光禄大夫少保兼太子太保禮部尚書文淵閣大學士知制誥同知經筵前翰林院庶吉士門生沈鯉頓首拜撰”；明萬曆四十年《書太岳先生文集後》，署“萬曆壬子中秋梁宋間散人寧陵門生吕坤頓首拜言”；凡例；目録。卷末依次有明馬啓圖撰《張文忠公詩跋》；明萬曆三十八年（1610）《太師張文忠公集跋》，署“庚戌天中谷旦南郡後學高以儉跋”。

新刻張太岳先生詩集卷之一

江陵　叔大張居正　著

後學　雷思霈
　　　馬啟圖　校

繡谷唐國達　梓

五言古

恭述　祖德詩

赫赫我　太祖應運開鴻基仗劍起濠梁羣雄摧若遺威德加四海混沌分兩儀勳華信巍煥典則仍貽垂　成祖靖内難桓桓東征師奠鼎卜燕朔犁庭掃

賜閒堂集四十卷

〔明〕申文定撰　〔明〕申用懋、申用嘉校

明萬曆四十四年（1616）刻本　二十册

半葉9行18字，白口，左右雙邊，單黑魚尾，半框高20.6釐米，寬14.8釐米。版心上鎸書名，中鎸卷次及葉碼，下鎸文體名。

卷端題"賜閒堂集"。内封題"賜閒堂集，吴門申文定公著，本衙藏板"。卷首依次有明李維楨撰《申文定公賜閒堂集叙》；明萬曆四十四年《申文定公賜閒堂集序》，署"萬曆丙辰夏五門人瑯琊焦竑著，同邑晚學陸廣明書"；明萬曆四十四年《文定申先生賜閒堂集序》，署"萬曆歲在柔兆之執徐七月望門生馮時可撰於清畫堂，通家子陸士仁書"；明葉向高撰《申文定公集序》；明萬曆四十四年《文定申老師賜閒堂集序》，署"萬曆丙辰歲臘月吉旦吉水門人鄒元標爾瞻甫頓首拜撰，後學文謙光謹書"；目録，題"男用懋、用嘉校"。

鈐有"黄梅花屋所藏"印。

賜閒堂集卷之一

應制賦 詩

瑞蓮賦有序

惟

聖皇御曆十有四年道化滂流和氣翔洽于時

崇 慈寧之新搆備尊養之上儀大孝潛孚

靈貺昭答乃有嘉蓮獻異重臺發祥 萬乘

臨觀六宫燕喜信熙時之上瑞馨德之貞符

爰付丹青用埀琬琰命臣等賦之臣謹拜手

弇州山人讀書後八卷

〔明〕王世貞撰　〔明〕王士騄校正

明末刻本　二册

半葉8行18字，白口，四周單邊，單白魚尾，半框高22釐米，寬15.1釐米。版心上鎸“讀書後”，中鎸卷次，下鎸葉碼。

卷端題“弇州山人讀書後，瑯琊王世貞元美撰，姪士騄校正，華亭陳繼儒仲醇定，長洲許恭訂”。卷首依次有明陳繼儒撰《新刻弇州讀書後序》；目録。卷末依次有明徐亮撰《跋語》；明王士騄撰《跋先世父弇州公讀書後》。

鈐有“南洋大學圖書館藏書”“山顔”印。

弇州山人讀書後

琅琊王世貞元美撰　姪士騄校正
華亭陳繼儒仲醇定　長洲許恭訂

讀莊子一

余讀莊子而歎曰嗟乎世固未有尊老子如莊子者也夫尊孔子者莫若孟子而孟子之尊孔子不過曰孔子聖之時又曰吾所願則學孔子而已其談仁義辨王伯探性善推不忍往往發

唐大家韓文公文抄十六卷

〔明〕茅坤批評

明崇禎四年(1631)茅闇刻八大家本　四册

半葉9行20字,白口,四周單邊,單白魚尾,半框高20.5釐米,寬14.2釐米。版心上鎸"韓文",中鎸卷次,下鎸葉碼。

卷端題"唐大家韓文公文抄,歸安鹿門茅坤批評"。内封題"韓文公文抄"。卷首依次有明茅坤撰《韓文公文鈔引》;目録。

鈐有"南洋大學圖書館藏書""三原學堂藏書"印。

唐大家韓文公文抄卷之一

歸安鹿門茅坤批評

表狀

進撰平淮西碑文表

不獨碑文冠當世而表亦壯

臣某言伏奉正月十四日勑牒以收復淮西羣臣請刻石紀功明示天下爲將來法式陛下推勞臣下允其志願使臣撰平淮西碑文者聞命震駭心識顛倒非其所任爲愧爲恐經涉旬月不敢措手竊惟自古

憑山閣增定留青全集二十四卷

〔清〕陳枚選輯　〔清〕李汾参訂

清康熙二十三年（1684）刻本　二十册

半葉9行20字，白口，四周單邊，單黑魚尾，半框高20.5釐米，寬13.3釐米。版心上鎸“留青全集”，中鎸卷次及文體，下鎸葉碼。

卷端題“憑山閣增定留青全集，武林陳枚簡侯選輯，錢塘李汾雍西参訂”。内封題“應酬第一書，武林陳簡侯精訂，憑山閣增定留青全集”。卷首依次有清康熙二十三年《留青全集序》，署“康熙上元甲子孟夏古杭陳枚謹識於憑山閣”；目録。

鈐有“季明”印。

憑山閣增定留青全集卷之一

武林陳　枚簡侯選輯

錢塘李　汾雍西叅訂

奏疏上冊

弭盜奏議　佟國器滙白

竊惟天下一切刑名惟人命强盜爲重然人命有証佐可據其事易明有傷痕可驗其跡易見盜賊則不然昏夜莫知誰何蹤跡杳無定在迨至拘攝到官不加嚴刑必不肯認然彼自爲之計與其摧殘肢體傷

玉溪生詩意八卷

〔清〕屈復撰

清乾隆四年（1739）刻本　四册

每半葉10行21字，小字雙行字同，白口，左右雙邊，單黑魚尾，半框高18.4釐米，寬14.5釐米。版心中鎸書名、卷次及詩體名，下鎸葉碼。

卷端題“玉溪生詩意，蒲城屈復悔翁著，襄平高士鑰景萊閲，臨潼張坦吉人參閲”。内封題“朱鶴齡注、屈復意，李義山詩箋注”。卷首依次有清乾隆四年《序》，署“乾隆四年歲次己未十有二月金粟老人屈復題於燕市之蒲城會館，揚州江恂書”；清順治十六年（1659）《原序》，署“順治己亥二月朔朱鶴齡書於猗蘭堂”；《舊唐書文苑傳》；《附録諸家詩評》；凡例；目録。

玉溪生詩意卷一　　五言古

蒲城屈　復悔翁著

襄平高士鑰景萊閲

臨潼張　坦吉人參閲

無題

近知名阿侯住處小江流腰細不勝舞眉長惟是愁黄金堪作屋何不作重樓

樂府十六生兒名阿侯後漢志元嘉中京都婦女作愁眉所謂愁眉者細而曲折古今注梁冀改驚翠爲愁眉

既有佳名又居佳境藝復絶妙乃但蒙金屋之寵而不得高樓之貴何也

無題

憺園文集三十六卷

〔清〕徐乾學撰

清康熙三十六年（1697）冠山堂刻本　二十册

半葉10行19字，白口，左右雙邊，單黑魚尾，半框高20釐米，寬14.2釐米。版心上鎸刻字字數，中鎸“憺園集”及卷數，下鎸葉碼及刻工。

卷端題“憺園文集”。内封題“昆山徐健庵先生編輯，憺園文集，冠山堂藏板”。卷首有清康熙三十六年《序》，署“康熙丁丑中春下澣商丘宋犖序”。

鈐有“汪希文印”“鋤經樓藏書印”“千印樓所藏書畫金石文字”印。

儋園文集卷第一

賦

温泉賦

古者詞賦之作所以鋪揚鴻業詠歌盛治然竊怪相如子雲之徒侈陳羽獵組織雖工於主德奚裨焉夫帝王之至德要道無逾於孝曾子曰孝者置之而塞乎天地施之而横乎四海大哉其言之也臣備員史館伏見我

皇上奉事

兩宫先意承志聽微察渺可與虞舜姬文比烈矣

有懷堂詩文集二十八卷詩稿六卷文稿二十二卷

〔清〕韓菼撰

清康熙四十二年(1703)興賢堂書鋪刻本　四册

半葉11行21字,白口,四周單邊,單黑魚尾,半框高18.7釐米,寬13.8釐米。版心上鎸書名,中鎸卷次,下鎸葉碼。

卷端題"有懷堂詩稿"。内封題"康熙四十二年鎸,有懷堂詩文集,本衙藏板"。牌記題"本坊精選新書足册好板書籍,倘有殘篇短缺,認明興賢堂書鋪唐少村無誤"。卷首依次有清康熙四十二年《自序》,署"康熙四十有二季冬十有一月丙辰日南至長洲韓菼自識於京邸之有懷堂";目録。《有懷堂文稿》卷首依次有清康熙四十二年《自序》,署"康熙四十有二季冬十有一月乙卯小至日長洲韓菼自識於京邸之有懷堂";目録。

鈐有"神物當有訶護""吴紱""方來""泊邨吴氏家藏""陽羨泊邨吴氏珍藏""泊邨""經庸""桂窗"印。

有懷堂詩藁卷一

躑躅集

詠史六首時將赴京兆試

孤鶴時僨喪病驥復悲鳴泬寥窮巷士挾策將遄征今雖太平時慷慨慕賈生羈旅一少年廷屈漢公卿箕箒嗟薄俗筐篋羞世營願言稽制作聖漢垂鴻名以兹長太息豈爲前席榮

李廣負才氣勇敢莫不聞彎弓挾大黄射鵰安足云奈何遭數奇望氣亦虛言生不逢沛公不得策高勳禁中却捎髀上有聖明君試問誰頗牧何似飛將軍

嘗慨袴下人楚漢兩不識屠沽少年兒見侮寧足責請

梅村集四十卷 AC149 Zcl 14

〔清〕吴偉業撰

清乾隆八年（1743）刻本　八册

半葉9行19字，黑口，左右雙邊，單黑魚尾，半框高18.2釐米，寬14.1釐米。版心中鎸書名、卷次、文體名及葉碼。

卷端題"梅村集，太倉吴偉業駿公著，後學許旭九日、顧湄伊人訂，男暻元朗、暄少融較"。卷首依次有朱印清乾隆六年（1741）御製《題吴梅村集詩》一首；清乾隆八年《序》，署"乾隆八年歲在癸亥八月十日生員臣吴枋恭記"；清順治十七年（1660）《序》，署"順治庚子十月朔虞山蒙叟錢謙益再拜謹序"；目録。

鈐有"魯軒""師竹齋藏""洪魯軒圖書記"印。

梅村集卷第一

太倉吳偉業駿公著

後學 許 旭九日 訂
顧 湄伊人
男 暻元朗 較
暄少融

五言古詩一

贈蒼雪

我聞昆明水天花散無數躡足凌高峰了了見佛土法師滇海來榰杖渡湘浦藤鞋負貝葉葉葉青蓮吐法航下匡廬講室臨玄圃忽聞金焦鐘過江

梅村集 一 五言古詩

榕村詩選八卷首一卷 AC149 Zcl 843

〔清〕李光地編選

清雍正八年(1730)方覲杭州臬署刻本　四册

半葉9行19字,小字雙行27字,白口,左右雙邊,單黑魚尾,半框高17.8釐米,寬12.8釐米。版心上鎸書名,中鎸卷次,下鎸葉碼。

卷端題"榕村詩選"。卷首依次有清雍正八年《序》,署"雍正八年庚戌正月江都受業方覲序於杭州臬署";《詩選義例》;目録。卷末有清唐紹祖撰《後序》。各卷卷末均有篆文牌記題"石川方氏藏版雍正己酉十月刊於杭州臬署"

鈐有"煙霞閣""印廬珍藏金石書畫章"印。

榕村詩選卷之一

漢

蘇武

古詩四首

骨月緣枝葉結交亦有因四海皆兄弟誰爲行路人況我連枝樹與子同一身昔爲鴛與鴦今爲參與辰昔者常相近邈若胡與秦惟念當乖離恩情日以新鹿鳴思野草可以喻嘉賓我有一尊酒欲以贈遠人願子留斟酌叙此平生親

御製詩初集四十四卷二集九十卷

〔清〕高宗弘曆撰

清乾隆間武英殿刻本　四十八册

半葉9行17字，小字雙行字同，白口，左右雙邊，單黑魚尾，半框高17.1釐米，寬12.1釐米。版心上鎸書名，中鎸卷次及葉碼。

《御製詩初集》卷端題“御製詩初集”。内封題“御製詩初集”。卷首依次有清乾隆十四年（1749）《初集詩小序》，署“時乾隆己巳夏六月望日”；清乾隆十四年蔣溥《奏請刻御製詩摺》；清尹繼善等《奏請廣刊御製詩文集一摺》；監刻官名録；總目。卷末依次有清張廷玉等《跋》；清蔣溥撰《跋》；清沈德潛撰《跋》。

《御製詩二集》卷端題“御製詩二集”。内封題“御製詩二集”。卷首依次有清蔣溥《奏刻聖製二集摺》；清尹繼善等《奏請廣刊御製詩文集一摺》；總目。卷末有清沈德潛撰《跋》。

御製詩初集卷之一

古今體六十一首 丙辰丁巳戊午

讀貞觀政要

懿德嘉言在簡編憂勤想見廿三年燭情已自同懸鏡從諫端知勝轉圜房杜有容能讓直魏王無事不繩愆高山景仰心何限字字香生翰墨筵

題王諤豐年農慶圖

金飈蕭蕭楓索落高空爽氣橫寥廓如雲多

御製文初集三十卷 AC149 Zcl 888

〔清〕高宗弘曆撰

清乾隆二十九年(1764)武英殿刻本　八册

半葉9行17字,白口,左右雙邊,單黑魚尾,半框高17.1釐米,寬12.1釐米。版心上鎸書名,中鎸卷次、文體名及葉碼。

卷端題“御製文初集”。内封題“御製文初集”。卷首依次有清乾隆二十九年《御製文初集序》,署“乾隆甲申嘉平御製”;清乾隆二十八年(1763)于敏中《奏請編刻御製文摺》;凡例;清尹繼善等《奏請廣刊御製詩文集摺》;監刻官名録;目録。卷末有清劉統勳等《跋》。

御製文初集卷之一

經筵御論

道之以德齊之以禮有恥且格

政刑者德禮之先聲德禮者政刑之大本舍德禮而求政刑必成雜霸之治即政刑而寓德禮乃見純王之心一而二二而一者也若云德禮之外別有所謂政刑則非聖人垂教之本意矣

咨十有二牧曰食哉惟時

經義齋集十八卷

〔清〕熊賜履撰

清康熙二十九年(1690)刻本　八册

半葉9行20字,白口,左右雙邊,單黑魚尾,半框高19.9釐米,寬14釐米。版心上鎸書名,中鎸卷次及文體名,下鎸葉碼。

卷端題"經義齋集,孝昌熊賜履著"。内封題"孝昌熊敬修著,經義齋集,本齋藏板"。卷首依次有清康熙二十九年《序》,署"康熙歲次庚午重陽日錫山晚學錢肅潤拜手謹題";清康熙二十九年《序》,署"康熙歲次庚午八月既望西澗受業劉然頓首具稿";目録。卷末依次有清康熙二十九年《跋》,署"康熙庚午中秋後六日錫山受業高菖生謹跋";清洪嘉植撰《讀經義齋集書後》。

鈐有"陳慶保""哲如陳慶保藏書"印。

經義齋集卷之一

孝昌熊賜履著

奏疏

應詔萬言疏

內弘文院侍讀臣熊賜履謹奏爲遵諭陳言仰祈睿鑒事臣荆楚鄙儒謭劣無似猥蒙先帝簡拔授以清班繼荷皇上殊恩累遷今職十載禁林兩朝知遇聖恩高厚踵頂莫捐中夜捫衷汗流浹背伏念臣雖至

賜書堂詩鈔八卷

〔清〕周長發撰

清乾隆間刻本　六册

半葉10行21字，白口，左右雙邊，單黑魚尾，半框高18.2釐米，寬13.6釐米。版心上鎸書名，中鎸卷次，下鎸葉碼。

卷端題"賜書堂詩鈔，會稽周長發蘭坡"。内封題"賜書堂詩鈔"。卷首依次有清乾隆八年（1743）《序》，署"乾隆癸亥三月望日年侍齊召南書"；清商盤撰《序》；清袁枚撰《西使集序》；清乾隆五年（1740）《序》，署"乾隆庚申春二月諸孫大樞拜手跋"；目録。

賜書堂詩鈔卷一

會稽　周長發　蘭坡

觀山居與謝九允文上舍作

淸齋耽遠眺，萬朶削芙蓉。之子澹忘歸，名山日過從。桃疑紅雨簇，徑借白雲封。靈運游屐多，相將踏數峯。

六陵懷古

園陵寂寂半荒苔，一樹冬青慘不開。羊月犬年空下淚，金燈玉匣總成灰。匡山風雨翻滄海，雪窖精魂哭夜臺。獨藉林唐諸義士，高原拾骼鬱崔嵬。

偕徐笠山家幾山兄游蘭亭

悦亭詩稿初集二卷

〔清〕李豫撰

清乾隆二十年（1755）刻本　二册

半葉9行18字，白口，左右雙邊，單黑魚尾，半框高18.1釐米，寬12.8釐米。版心中鎸書名及卷次，下鎸葉碼。

卷端題"悦亭詩稿初集，潤州李豫劭彌著"。卷首依次有清乾隆二十年《序》，署"乾隆乙亥夏五祗聳老人程崟"；清乾隆二十年《自序》，署"乾隆乙亥夏月八十二老人遂園占序"。

鈐有"印廬珍藏"印。

悅亭詩稿初集卷上

潤州李　豫勔彌著

庭梅

庭梅初放兩三枝正值東風送暖時瘦骨不因春後健暗香惟有月先知蕭疎意態能醫俗泠淡精神耐入詩莫怪當年林處士一生偏愛此冰姿

和友人夜雨對瓶梅之作

自愧題詩句欠工一枝誰遣寄江東疎疎帶雨

硯思集六卷 847.4 478

〔清〕田同之撰

清乾隆七年(1742)刻本　二册

半葉10行19字, 小字雙行字同, 黑口, 左右雙邊, 單黑魚尾, 半框高15.9釐米, 寬13.2釐米。版心中鐫書名、卷次及葉碼。

卷端題"硯思集, 濟南小山薑田同之"。内封題"硯思集"。卷首依次有清沈德潛撰《序》; 清張元撰《序》; 清王洪謀撰《序》; 清趙閬撰《序》; 清浦起龍撰《叙》; 清乾隆七年《序》, 署"乾隆壬戌冬十一月西圃老人小山薑田同之書"; 目録。

鈐有"南洋大學圖書館藏書"印。

硯思集卷一

濟南　小山薑田同之

五言古詩

古意

孤桐聳嶧陽垂垂百尺陰材質妙條理斵爲雍門琴哀樂有異情溯彼絃外音一彈且再鼓悠然感我心高山不可作流水空復湙箏琵競繁促兩兩各滯淫引領望高岡何來鳳凰吟

又

騏驥畏路岐千里豈猶猶鴻鵠慕霞飛四海何悠

銅鼓書堂遺稿三十二卷　

〔清〕查禮撰

清乾隆五十七年（1792）宛平查氏刻本　四册

半葉12行22字，白口，左右雙邊，單黑魚尾，半框高19.4釐米，寬14.2釐米。版心中鎸書名及卷次，下鎸葉碼。

卷端題“銅鼓書堂遺稿，宛平查禮恂叔”。内封題“銅鼓書堂遺稿”。卷首依次有清乾隆五十七年《銅鼓書堂遺稿序》，署“乾隆五十有七年四月既望梁溪顧光旭頓首書於松風閣中”；清乾隆三十五年（1770）《序》，署“乾隆庚寅日西陸仁和姻弟杭世駿拜手”；目録。卷末有清乾隆五十三年（1788）《後序》，署“乾隆五十三年十二月既望男淳謹識於鎮南關之公廨”。

鈐有“洞室李氏經眼書畫印”“南洋大學圖書館藏書”印。

銅鼓書堂遺稾卷一

宛平　查禮　恂叔

甲寅

春日郊遊

野馬田閒路悠悠遠世情荒原殘碣臥古墓朽株横農圃非家學巖阿負隱名佇看煙景召花事競春城

落盡殘梅處無鶯拂柳條溪陰氷未解徑滑雪初消飢鵲窺芳榼疲驢怯板橋一聲清磬響隔水寺非遥

亥市囂塵散芳津煙靄中帘斜村店靜岸闊夕陽空蘭茝安初服園廛得古風漁樵舒嘯傲誰許話窮通

登臨非有意來去更何期蟾影穿疎樹尨聲出短籬興闌歸覺晚境僻轉忘疲欲待桑麻長還將筆硯隨

閒青堂詩集十卷附録一卷 847.4 835

〔清〕朱倫瀚撰

清乾隆間刻本　六册

半葉10行22字，白口，左右雙邊，單黑魚尾，半框高19.1釐米，寬13.3釐米。版心上鎸書名，中鎸卷次，下鎸葉碼。

卷端題“閒青堂詩集，東海朱倫瀚涵齋”。内封題“閒青堂集”。卷首依次有清乾隆二十二年（1757）《序》，署“乾隆二十二年歲在丁丑春二月朔東海徐琰題”；清乾隆三十九年（1774）《序》，署“乾隆三十九年刑部郎中四庫全書纂修官桐城姚鼐序”；清乾隆四十三年（1778）《序》，署“乾隆戊戌三月鉛山蔣士銓撰”；朱倫齋先生像；目録。

鈐有“南洋大學圖書館藏書”“彭瑞毓圖書記”“復盦南氏”“寧武南氏珍藏”“李放曾觀”“義州李氏圖籍”印。

閒青堂詩集卷第一

東海　朱倫瀚　涵齋

丙子至癸未詩一百一十首

夜起步月

夜深眠不定泛泛若隨舟月白湖光淡風微樹影浮遠村

聞吠犬夾岸起驚鷗謾道愁難卻吟成興自幽

讀書迴龍寺

禪室遠人事心閒衆妙香莓苔榮古木蛺蝶近繩牀帆影

過窗疾藤陰入月涼幽棲習靜者得意每相忘

前題和友人韻

林蕙堂文集十二卷續刻六卷藝香詞鈔四卷亭皋詩鈔四卷 847.4 441

〔清〕吴綺撰 〔清〕吴琥繡重校

清乾隆間衷白堂刻本 十二册

半葉8行17字，白口，左右雙邊，單黑魚尾，無界行，半框高11.6釐米，寬8.5釐米。版心上鎸書名，中鎸卷次，下鎸葉碼。

《林蕙堂文集》卷端題"林蕙堂文集，延陵吴綺薗次著，宗後學琥繡永之重校"。内封題"乾隆甲午冬鎸，吴薗次先生著，林蕙堂全集，衷白堂藏板"。

《林蕙堂文集續刻》卷端題"林蕙堂文集續刻，延陵吴綺薗次著，宗後學琥繡永之重校"。内封題"乾隆丙申秋鎸，吴薗次著，林蕙堂文集續刻，衷白堂藏板"。

《藝香詞鈔》卷端題"藝香詞鈔，延陵吴綺薗次著，宗後學琥繡永之重校"。内封題"乾隆丙申秋鎸，吴薗次著，藝香詞鈔，衷白堂藏板"。

《亭皋詩鈔》卷端題"亭皋詩鈔，延陵吴綺薗次著，宗後學琥繡永之重校"。内封題"乾隆丙申秋鎸，吴薗次著，亭皋詩鈔，衷白堂藏板"。

卷首依次有清康熙四年（1665）《小序》，署"康熙歲次乙巳寒食日弟合肥龔鼎孳書於春帆齋"；《聽翁自傳》；清康熙二十三年（1684）《原序》，署"康熙歲次甲子中秋前二日愚弟興祚留郗拜撰"；《原序》；目録。《藝香詞鈔》卷首依次有清吴琥繡撰《序》；目録。

鈐有"南洋大學圖書館藏書"印。

綠蕙堂文集卷之一

延陵吳　綺薗次著

宗後學㻶鏞永之重校

廉山讀書賦

惟余生之寡偶。佇遐覽乎中區。承延陵之遺緒。紹左臺之令圖。既少孤兮偃蹇。值世難兮為儒。恥捷徑以窮步。矢貞固而弗渝。潄翰林之芳潤。入藝圃而勤劬。于是畋漁百代。懷抱

瓦缶集十二卷

〔清〕李宗渭撰

清乾隆十六年（1751）刻本　四册

半葉10行21字，白口，左右雙邊，雙黑魚尾，半框高16.6釐米，寬12.5釐米。版心鐫書名、卷次及葉碼。

卷端題“瓦缶集，嘉興李宗渭秦川”。卷首依次有清康熙四十六年（1707）《序》，署“康熙丁亥竹垞老人朱彝尊”；清康熙五十七年（1718）《序》，署“康熙戊戌冬仲嘉定樸村老人張雲章叙時年七十有一”；清金介復撰《序》；清康熙四十六年《序》，署“丁亥嘉平長沙陳鵬年”；清查慎行撰《序》；清乾隆十六年《序》，署“乾隆辛未中秋後二日子婿高衡百頓首識並書”；目録。

尨缶集卷一

樂府詩

嘉興 李宗渭 秦川

望遠曲

烏鳴于天魚潛于渚念子于邁不知其處冬日淒淒陰
陰其雨子無裳衣曷以行旅魚則有翼鳥則有羽念子
于邁使我心苦

對酒

據地作歌憂思苦多少壯不立老將奈何南山之麓中
田有屋厥草油油亂我心曲載管及筐言采其桑歲云

南雷詩曆五卷 1333 9700

〔清〕黄宗羲撰　〔清〕全祖望選定　〔清〕鄭大節較刻

清乾隆間刻本

半葉12行22字，小字雙行字同，黑口，左右雙邊，雙黑魚尾，無界行，半框高17.6釐米，寬13.9釐米。版心中鎸書名、卷次及葉碼。

卷端題"南雷詩曆，後學全祖望選定、鄭大節較刻"。

南雷詩歷卷一

後學 全祖望選定
鄭大節較刻

三月十九日聞杜鵑 以下舊稿

江村漠漠竹枝雨杜鵑上下聲音苦此鳥年年向寒食何獨今聞摧肺腑昔人云是古帝魂再拜不敢忘舊主前年三月十九日山岳崩頹哀下土雜花生樹鶯又飛逆首猶然遺膏斧燕山模糊吹蒿薤江表應怡臥鐘鼓太王畜意及聖昌與變通誠各追數金馬封事石渠書怨毒猶然在門戶靜聽嗚咽若有謂懦夫亦難安窶藪何不疾呼自廟堂徒令涕泣沾艸莽

將進酒

六臣注文選六十卷

〔南朝梁〕蕭統編　〔唐〕李善等注

明萬曆間梅墅石渠閣刻本　四十八册

半葉9行18字，小字雙行字同，白口，左右雙邊，單白魚尾，半框高20.2釐米，寬15.2釐米。版心中鎸“文選”、卷次及葉碼。

卷端題“六臣注文選，梁昭明太子蕭統撰，唐李善、吕延濟、劉良、張銑、李周翰、吕向注”。内封題“玉芝園較訂宋本，六臣文選，梅墅石渠閣梓”。卷首依次有梁蕭統撰《文選序》；唐開元六年（718）《進五臣集注文選表》，署“開元六年九月十日工部侍郎臣吕延祚上表”；唐顯慶二年（657）李善《上文選注表》，署“顯慶二年九月十七日文林郎守太子右内率府録事參軍崇賢館直學士臣李善上表”；目録，題“梁昭明太子蕭統撰，唐李善、吕延濟、劉良、張銑、李周翰、吕向注，句容蔣先庚重校”。

鈐有“石渠原版”“文選一書惟宋板六臣全注世重蘭亭至坊刻所行缺略遺散均非善本兹照新安家藏良稱全璧識者辨之”印。

六臣註文選卷第一

梁昭明太子蕭　統　撰

唐李善　呂延濟　劉良　張銑　李周翰　呂向　註

賦甲 善曰賦甲者舊題甲乙所以紀卷先後今卷既改故甲乙並除存其首題以明舊式

京都上

兩都賦序

善曰自光武至和帝都洛陽西京父老有怨班固恐帝去洛陽故上此詞以諫和帝大悅

班孟堅 善曰後漢書班固字孟堅北地人九歲能屬文長遂博貫載籍顯宗特除蘭臺令史遷爲郎乃上兩都賦大將軍竇憲出征匈奴以固爲

文選十二卷 AC149 Zra 20

〔南朝梁〕蕭統編 〔明〕張鳳翼纂注

明萬曆八年(1580)刻本 二十四册

半葉11行22字，小字雙行字同，白口，左右雙邊，單白魚尾，半框高19釐米，寬13釐米。版心中鎸書名及卷次，下鎸葉碼。

卷端題“文選，梁昭明太子蕭統選，明吴郡張鳳翼纂注”。卷首依次有明萬曆八年《文選纂注序》，署“萬曆庚辰秋長洲張鳳翼伯起書”；《文選序》，題“梁昭明太子蕭統撰，明吴郡張鳳翼纂注”；目録。

鈐有“千頃齋圖書記”“印廬珍藏”“曾釗之印”“羅氏六湖”印。

文選卷第一

梁昭明太子蕭統選　明吳郡張鳳翼纂註

賦　兩都賦序明帝修洛陽西土父老怨帝不都長安固作兩都賦以諷

班固固字孟堅北地人九歲能屬文長遂博貫載籍顯宗時除蘭臺令史遷爲郎大將軍竇憲出征匈奴以固爲中護軍

或曰賦者古詩之流也昔成康沒而頌聲寢王澤竭而詩

不作頌者以其成功告於神明作興也大漢初定日不暇給言不暇崇文化至於

武宣之世乃崇禮官考文章武帝宣帝始立禮官考校文章內設金馬石

渠之署外興樂府協律之事門傍有銅馬故謂之金馬門金馬門宦者署漢時有賢良

竝待詔於此石渠閣名主校秘書署司也樂府聚樂之所協律都尉武帝置之以考校律呂者以興廢繼

絕潤色鴻業是以衆庶說豫福應尤盛言能興起遺文以光讚大業也白

古文苑二十一卷

〔宋〕章樵注

明刻本　六册

半葉10行18字，小字雙行字同，黑口，四周雙邊，雙黑魚尾，半框高18.3釐米，寬12.7釐米。版心中鎸書名、卷次及葉碼。

卷端題“古文苑”。卷首依次有明成化十八年（1482）《古文苑叙》，署“是歲十二月立春癸未勾餘後學張琳書”；目録。

鈐有“啓峰所得善本”“葉卨父”“祕笈”“啓峰長壽”“卨父”“葉氏願學齋藏”“礪父經眼”印。

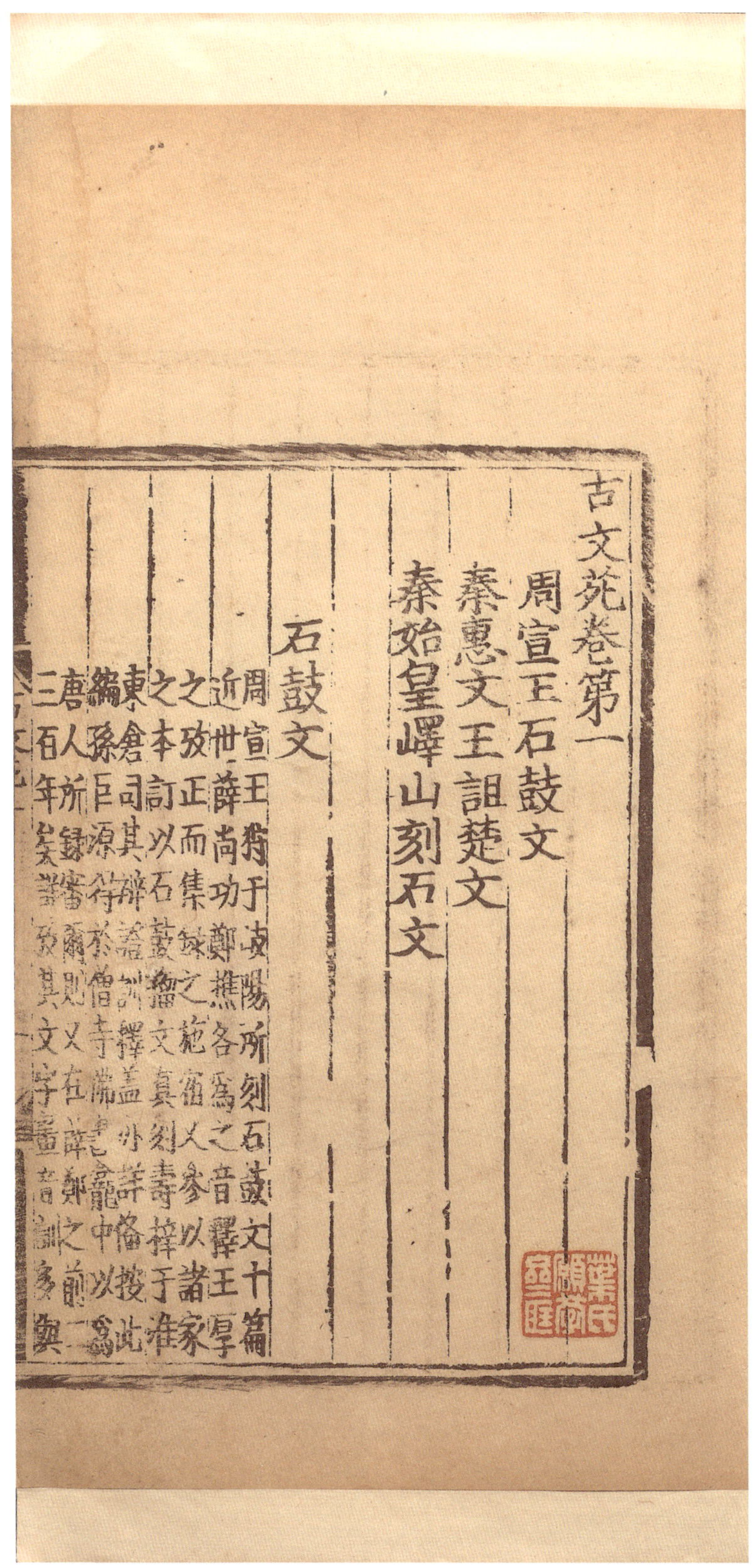

古文苑卷第一
周宣王石鼓文
秦惠文王詛楚文
秦始皇嶧山刻石文
石鼓文
周宣王獵于岐陽所刻石鼓文十篇
近世薛尚功鄭樵各爲之音釋王厚
之攷正而集録之施宿又參以諸家
之本訂以石鼓籀文眞刻壽梓于淮
東倉司其辨音訓釋蓋亦詳備援此
編孫巨源得於僧寺佛書龕中以爲
唐人所録審爾則又在薛鄭之前一
三百年矣嘗攷其文字畫音訓多與

御定歷代賦彙正集一百四十卷外集二十卷逸句二卷補遺二十二卷

〔清〕陳元龍編

清康熙四十五年(1706)刻本　四十八册

半葉11行21字，黑口，左右雙邊，單黑魚尾，半框高19.2釐米，寬14.4釐米。版心中鎸“歷代賦彙”、卷次、類目、篇名及葉碼。

卷端題“御定歷代賦彙，經筵日講官起居注詹事府詹事兼翰林院侍讀學士加三級臣陳元龍奉旨編輯”。卷首依次有清康熙四十五年《御製歷代賦彙序》，署“康熙四十五年三月二十日”；清康熙四十五年《御定歷代賦彙告成進呈表》，署“康熙四十五年九月十二日經筵日講官起居注詹事府詹事兼翰林院侍讀學士加三級臣陳元龍謹上表”；凡例；目録。

御定歷代賦彙卷第一

經筵日講官起居注詹事府詹事兼翰林院侍讀學士加三級臣陳元龍奉

旨編緝

天象

天地賦有序

晉　成公綏

賦者貴能分賦物理敷演無方天地之盛可以致思矣歷觀古人未之有賦豈獨以至麗無文難以辭贊不然何其闕哉遂爲天地賦

惟自然之初載兮道虛無而玄清太素紛以溷淆兮始有物而混成何一元之芒昧兮廓開闢而著形爾乃清濁剖分玄黃判離太極既殊是生兩儀星辰煥列日月

聽嚶堂選四六新書廣集八卷 AC149 Zcl 374

〔清〕黄始選評　〔清〕何棟輯

清康熙九年（1670）聽嚶堂刻本　十二册

半葉9行24字，小字雙行字同，白口，左右雙邊，無魚尾，無界行，半框高19.2釐米，寬12.2釐米。版心上鎸"四六新書廣集"，中鎸卷次及篇名，下鎸葉碼及"聽嚶堂"。

卷端題"聽嚶堂選四六新書廣集，吴郡黄始静御選評，同學何棟楚蓀仝輯"。卷首依次有清康熙九年黄始撰《廣集序》，署"康熙九載重陽日書於聽嚶堂"；書例；目次。

鈐有"哲如陳慶保藏書"印。

聽嬰堂選四六新書廣集卷之一

吳郡黃　始靜卿選評
同學何　棟楚蒸仝輯

賀親王壽啟　　宋　琬

椿景凝禧，鶴馭握大年之算；桐封欽運，鸞笙引介旨之觴。羨純嘏之方熙，情殷鳧藻；叟長語而未逮，望切龍門。歡逢中涓，肅陳下悃。殿下至孝格天，孤忠浴日，登壇類禡，繫社稷之安危；伏鉞驅馳，雪君親之俳恥。是以歡聯魚水，托心膂于九重；因而誓指河山，締姻盟于萬禩。西方弗靖，指麾仍借汾陽；四國是皇，征伐

排律咸英十二卷

〔清〕嚴永齡選釋　〔清〕翁鎮等校

清乾隆二十三年（1758）詒經堂刻本　六册

半葉9行21字，小字雙行字同，白口，四周單邊，單黑魚尾，半框高19.3釐米，寬12.1釐米。版心中鎸書名及卷次，下鎸葉碼及“詒經堂”。

卷端題“排律咸英，長樂嚴永齡仲修選釋，門人翁鎮官瑞、董孔潤昌瀍、陳雲章善錦校”。内封題“仁和陳東麓、錢塘范浣浦、閩縣游性門三先生鑒定，排律咸英，詒經堂藏板”。卷首依次有清乾隆二十三年《序》，署“乾隆二十有三年六月十五日長樂嚴永齡題於嵩山書院”；參訂同人姓氏；凡例；目録。

鈐有“無礙道人藏書”印。

排律咸英卷一

翁 鎮官瑞

長樂嚴永齡仲修選釋　門人董孔潤昌瀝校

陳雲章善錦

元宗皇帝

諱隆基，睿宗第三子，始封楚王，後爲臨淄郡王。景雲元年，進封平王，立爲皇太子。英武多能，開元之際，勵精政事，海內殷盛，旁求宏碩，講道藝文，貞觀之風，一朝復振。在位四十七年，謚曰明。

千秋節宴有序

○元宗以八月五日生，張說奏詔置千秋節。

令節肇開，情兼咸慶，幸題入韻，以示羣臣。

秦漢文鈔六卷

〔明〕閔邁德等輯　〔明〕楊融博批點

明萬曆四十八年（1620）吴興閔氏刻朱墨套印本　十二册

半葉9行19字，白口，四周單邊，無魚尾，無界行，半框高20.5釐米，寬14.7釐米。版心上鎸書名及卷次，中鎸篇名，下鎸葉碼，天頭鎸有評文。

卷端題“秦漢文鈔”。内封題“秦漢文鈔，清凉館主人署”。卷首依次有明萬曆四十八年《秦漢文鈔序》，署“萬曆上章涒灘之歲元旦日故鄣臧懋循撰”；《秦漢文鈔》批評姓字；目録。

騷人章法變換錯落不拘

秦漢文鈔卷一

秦

屈原卜居

屈原旣放三年不得復見竭志盡忠蔽障於讒心煩意亂不知所從乃往見太卜鄭詹尹曰余有所疑願因先生決之詹尹乃端策拂龜曰君將何以教之屈原曰吾寧悃悃款款朴以忠乎將送往勞來斯無窮乎寧誅鉏草茅以力耕乎將遊大人以成名乎寧正言不諱以危身乎將從俗富貴以媮

虛幻

兩漢鴻文二十卷

〔明〕顧錫疇評選

明末刻本　十册

半葉9行20字，白口，四周單邊，單白魚尾，半框高19.7釐米，寬14.5釐米。版心上鎸書名，中鎸卷次及章節名，下鎸葉碼。

卷端題“兩漢鴻文，太史顧瑞屏錫疇評選，門人徐漢臨開雍、男顧謜明鋆参訂”。内封題“顧太史瑞屏先生評閲，兩漢鴻文，本衙藏板”。卷首有目次。

鈐有“華園海福”“斯經置之”“三合莊藏書”印。

自古以天子能文章者漢而已其臣皆不如也

兩漢鴻文卷之一

太史顧瑞屏錫疇評選　門人徐漢臨開雍參訂

男　顧諟明　鋻

入關告諭　高帝

父老苦秦苛法久矣誹謗者族耦語者棄市吾與諸侯約先入關者王之吾當王關中與父老約法三章（十字括三章）耳殺人者死傷人及盜抵罪餘悉除去秦法吏民皆安堵如故凡吾所以來爲父兄除害非有所侵暴毋（封秦重寶財物還軍霸上）恐且吾所以軍霸上待諸侯至而定要束耳

漢魏詩乘二十卷附吴詩一卷

〔明〕梅鼎祚編校

明萬曆間刻本　十二册

半葉10行20字，小字雙行字同，白口，左右雙邊，單黑魚尾，半框高19.7釐米，寬14釐米。版心上鐫書名，中鐫章節名、卷次及葉碼，下鐫刻工及刻字字數。

卷端題"漢魏詩乘，宣城梅鼎祚禹金編校"。卷首依次有明萬曆十一年（1583）梅鼎祚撰《漢魏詩乘序》，署"萬曆癸未七月既望書於玄白堂"；明梅鼎祚輯《漢魏詩乘總録》；總目。

鈐有"印廬所藏精品"印。

漢魏詩乘卷第一

宣城梅鼎祚禹金編校

漢一 樂府

高帝 姓劉氏諱邦字季沛豐邑中陽里人初爲亭長起兵破秦滅楚平定天下由漢王即皇帝位國號曰漢十二年崩羣臣尊號曰高皇帝

竹林詩品云漢高祖武帝之作則星漢回天苞符出水自然成章又如上棟下宇易櫓營之制而締搆之蓋取諸大壯

大風歌 史記云十二年十月高祖已擊布軍會甄布走令別將追之高祖還歸過沛留置酒沛宮悉召故人父老子弟縱酒發沛中兒得百二十人教之歌酒酣高祖擊筑自爲歌詩令兒皆和習之高祖乃起舞忼慨傷懷泣數行下樂書云高祖過沛詩三侯之章令

唐宋四家詩選二十卷 AC149 Zcl 303

〔清〕余栢巖輯

清康熙間濂谿山房刻本　十二册

半葉11行21字，黑口，左右雙邊，雙黑魚尾，半框高17.2釐米，寬11.6釐米。版心中鎸書名、卷次及葉碼。

内封題"唐宋四家詩選，韓昌黎、白香山、蘇東坡、陸放翁，濂谿山房梓"。卷首依次有清王士禛撰《四家詩序》；《四家詩話十二則》；《韓詩目録》。

鈐有"周尚禧字恒嘉""西涇""無愷"印。

韓詩

樂府

元和聖德詩并序

臣愈頓首再拜言臣伏見皇帝陛下即位已來誅流奸臣朝廷清明無有欺弊外斬楊惠琳劉闢以取夏蜀東定青徐積年之叛海内怖駭不敢違越郊天告廟神靈懽喜風雨晦明無不從順太平之期適當今日臣蒙被恩澤日與羣臣序立紫宸殿陛下親望穆穆之光而其職業又在以經籍教導國子誠宜率先作詩歌以稱道盛德不可以辭語淺薄不足以自効爲解輒依古作四

唐宋八家詩五十二卷

〔清〕姚培謙輯訂

清雍正六年(1728)遂安堂刻本　十二册

半葉9行19字,小字雙行,字數不等,黑口,左右雙邊,單黑魚尾,半框高16.2釐米,寬12.2釐米。版心中鎸子集名、卷次、詩體名及葉碼。

卷端題"昌黎詩鈔,華亭姚培謙平山手訂,青浦王原西亭、長洲顧嗣立俠君參閲"。内封題"韓昌黎、柳河東、歐陽永叔、蘇老泉、蘇東坡、蘇欒城、曾南豐、王臨川,唐宋八家詩,沈歸愚先生鑒定,遂安堂藏板"。卷首依次有清雍正六年《唐宋八家詩序》,署"雍正六年龍集戊申秋七月下澣青浦八十三翁西亭氏王原撰";例言,末署"雍正五年秋七月既望華亭姚培謙平山識";《新唐書本傳》;《詩評》;昌黎詩鈔目録。

鈐有"幸陽""馬氏媚秋堂藏""馬賓父""半癡道人""韓雲山""家有定武蘭亭黄子久富春大嶺圖二妙跡""端谿何叔子瑗玉号蘧盦過眼經籍金石書畫印記""何瑗玉印"印。

昌黎詩鈔卷一

華亭姚培謙平山手訂

青浦王　原西亭
長洲顧嗣立俠君　參閲

五言古

南山詩凡百有二韵

吾聞京城南兹維羣山囿東西兩際海巨細難悉究山經及地志茫昧非受授團辭試提挈挂一念萬漏欲休諒不能粗叙所經覯嘗一作常昇崇丘望戢

御選宋金元明四朝詩

〔清〕張豫章等纂選

清康熙四十八年（1709）刻本　一百册

半葉11行21字，小字雙行31字，白口，左右雙邊，雙黑魚尾，半框高17.1釐米，寬11.7釐米。版心上鎸書名，中鎸卷次、選詩作者名及葉碼。

卷首依次有清康熙四十八年《御製四朝詩選序》，署“康熙四十八年五月”；纂選官人員；宋詩姓名爵里；目録。

子目：

宋詩七十八卷姓名爵里二卷

金詩二十四卷姓名爵里一卷首一卷

元詩八十卷姓名爵里二卷首一卷

明詩一百二十卷姓名爵里八卷

御選宋詩姓名爵里卷第一

帝系

太祖皇帝 姓趙氏諱匡胤涿郡人受周恭帝禪在位十七年謚曰啓運立極英武睿文神德聖功至明大孝皇帝廟號太祖

太宗皇帝 諱炅太祖之弟初封晉王開寶九年嗣位在位二十二年謚曰神功聖德文武皇帝廟號太宗有御製集一百二十卷

真宗皇帝 諱恒太宗第三子至道元年立爲皇太子三年嗣位在位二十五年謚曰膺符稽古神功讓德文明武定章聖元孝皇帝廟號真宗有御製集三百卷

仁宗皇帝 諱禎真宗第六子天禧二年立爲皇太子乾興元年嗣位在位四十五年謚曰體天法道極功全德神文聖武睿哲明孝皇帝廟號仁宗有御製集一百卷

神宗皇帝 諱頊英宗長子治平三年立爲皇太子四年嗣位在位十八年謚曰紹天法古運德建功英文烈武欽仁聖孝皇帝廟號神宗有御製集一百六十卷

徽宗皇帝 諱佶神宗第十一子紹聖初封端王元符三年嗣位在位二十五年謚曰體神合道駿烈遜功聖文仁德憲慈顯孝皇帝廟號徽宗

才調集補注十卷

〔後蜀〕韋縠輯　〔清〕宋邦綏補注　〔清〕殷元勳箋注　〔清〕馮舒、馮班評閱

清乾隆五十八年（1793）思補堂刻本　八册

半葉10行21字，小字雙行字同，白口，四周雙邊，單黑魚尾，半框高18.5釐米，13.7釐米。版心上鎸書名，中鎸卷次，下鎸葉碼。

卷端題"才調集補注，虞山馮默庵、馮鈍吟先生評閱，古吴殷元勳于上箋注，長洲宋邦綏況梅補注"。内封題"乾隆五十八年仲夏鎸，才調集補注，思補堂藏板"。卷首依次有後蜀韋縠撰《才調集叙》；清乾隆二十九年（1764）《序》，署"乾隆二十九年歲次甲申嘉平月長洲宋邦綏"；清乾隆五十八年《序》，署"乾隆五十八年癸丑仲夏男宋思仁謹識"；清乾隆三十九年（1774）《才調集序》，署"乾隆三十九年甲午仲春穀旦古蓼吴玉綸"；目録。每卷卷末題"男思仁校刊"

鈐有"柴邦彦圖書後歸阿波國文庫别藏於江户雀林莊之萬卷樓"印。

才調集補註卷一

虞山馮默庵鈍吟先生評閱　古吳殷元勳于上箋註

長洲宋邦綏況梅補註

古律雜歌詩一百首

鈍吟云家兄看詩多言起承轉合此教初學之法如此書正要脫盡此板法方見才調

白居易一十九首

唐書白居易字樂天其先太原人徙下邽居易敏悟絶人工文章貞元中擢進士拔萃補校書郎元和元年對策一等調盩厔尉召入翰林為學士遷左拾遺論執強梗歲滿當遷帝以其家貧聽自擇官居易請如姜公輔以學士兼戶曹參軍以便養詔可明年以母喪解還拜左贊善大夫俄有言居易浮華無行貶江州司馬久之徙忠州刺史入為司門員外郎以主客郎中知制誥穆宗好畋遊獻虞人箴以諷俄轉中書舍人為杭州刺史以太子左庶子分司東都復拜蘇州刺史病

才調集補註　卷一　一

唐文粹一百卷

〔宋〕姚鉉纂

明嘉靖八年（1529）晋府養德書院刻本　二十册

半葉13行21字，白口，四周單邊，無魚尾，半框高21釐米，寬14.8釐米。版心中鎸“文粹”、卷次及葉碼，下鎸刻工。

卷端題“唐文粹，吴興姚鉉纂”。卷首依次有明嘉靖八年《皇帝書復》，署“嘉靖八年歲在己丑七月吉旦晋王臣知烊稽首頓首謹書”；明嘉靖五年（1526）《重刊唐文粹序》，署“嘉靖五年丙戌仲秋朔旦晋藩志道堂書於敕賜養德書院”；宋姚鉉撰《文粹序》。卷末依次有宋寶元二年（1039）《文粹後序》，署“寶元二年嘉平月殿中侍御史吴興施昌言叙”；明嘉靖七年（1528）《刻唐文粹後序》，署“嘉靖七年龍集戊子夏六月上旬晋藩養德書院識”。

鈐有“曾在周叔弢處”印。

唐文粹卷第一

古賦總三首

吳興姚鉉纂

含元殿賦并序　李華

宫殿之賦論者以靈光為宗然諸侯之遺事盖務恢張飛動而已自玆以降代有辭傑播於聲頌則無聞焉夫先王建都營室必相地形詢卜筮考農隙工以子來虞人獻山林之榦太史占日月之吉雖班張左思角立前代未能備也而曩之文士賦長笛洞簫懐握之細則廣言山川之阻採伐之勤至于都邑宫室宏模廓度則略而不云其體病矣至若陰陽慘舒之變冝於壯麗棟宇繩墨之間鄰於政教豈前脩不遠將俟聖德而啓臣心

前唐十二家詩二十四卷

〔明〕許自昌校

明萬曆三十一年(1603)霏玉軒刻本　十六册

半葉9行19字,白口,左右雙邊,單黑魚尾,半框高22釐米,寬14.6釐米。版心上鎸子集名,中鎸卷次,下鎸葉碼。

卷端題"王勃集,長洲許自昌玄祐甫校"。卷首依次有明萬曆三十一年《叙》,署"萬曆癸卯孟夏長洲許自昌書";《前唐十二家爵里詳節》。

鈐有"東孫所藏""足廬珍藏書畫金石印""印廬珍藏金石書畫章""慕蓀""潘錫基印"印。

子目:

王勃集二卷

楊炯集二卷

盧照隣集二卷

駱賓王集二卷

陳子昂集二卷

杜審言集二卷

沈佺期集二卷

宋之問集二卷

孟浩然集二卷

王摩詰集二卷

高常侍集二卷

岑嘉州集二卷

王勃集卷上

長洲許自昌玄祐甫校

賦

春思賦 并序

咸亨二年余春秋二十有二旅寓巴蜀浮遊歲序殷憂明時坎壈聖代九隴縣令河東柳太易英達君子也僕從遊焉高談胷懷頗洩憤懑于時春也風光依然古人云風景未殊舉目有山河之異不其悲乎僕不才耿介之士也竊稟宇宙獨用之心

唐音戊籤二百一卷餘閏六十三卷餘諸國主詩一卷

〔明〕胡震亨編

清康熙二十六年（1687）海鹽胡氏南益堂刻本　四十八册

半葉10行19字，小字雙行字同，白口，左右雙邊，單黑魚尾，半框高20.2釐米，寬14.9釐米。版心上鎸“唐音統籤”，中鎸卷次，下鎸葉碼及“戊”。

卷端題“戊籤，唐音統籤”。卷首依次有清康熙二十六年《唐音戊籤序》，署“康熙丁卯仲冬之月賜同進士通議大夫通政使司通政使西泠楊鼐靖調氏拜題”；清康熙二十五年（1686）《序》，署“康熙丙寅歲蒲月孫成之曾孫頎仝盥手百拜識”；目録。

鈐有“何氏家藏”印。

唐音統籤卷五百五十三

戊籤一

杜牧字牧之京兆萬年人宰相佑之孫悰之從弟擢進士又舉制科（吳武陵以牧阿房宮賦薦主司崔郾因登第）沈傳師廉察江西宣州辟從事又爲牛僧孺淮南節度推官掌書記（摭言云牧在楊州爲狹斜遊無虚夕僧孺潜遣卒護之每夜皆有密報後出示牧戒其節情牧感泣）擢監察御史分司東都授宣州團練判官入朝歷膳部比部員外郎並兼史職出牧黃池睦三州復遷司勳吏部員外乞外爲湖州刺史徵拜考功郎中知制誥遷中書舍人卒牧自負才畧喜論兵事擬致位公輔以時無右援者怏怏不平

續唐三體詩八卷

〔清〕高士奇選

清康熙三十二年(1693)刻本　六册

半葉11行20字, 小字雙行30字, 黑口, 四周單邊, 雙黑魚尾, 半框高18.7釐米, 寬13.5釐米。版心中鎸書名、卷次及葉碼。

卷端題“續唐三體詩, 江邨高士奇竹窗選”。卷首依次有清康熙三十二年《序》, 署“康熙三十二年癸酉秋七月既望江邨高士奇序”; 總目。

續唐三體詩卷第一

江都 高士奇 竹窗 選

五言古體詩

王績

績字無功絳州人兄通大儒也績誕縱與李播呂才善大業末仕爲六合丞嗜酒不任事因解去居河渚間與仲長子光友以周易老子置床頭他書罕讀也著五斗先生傳醉鄉記無心子傳像知終日自誌其墓號東皋子

古意六首

幽人在何所紫巖有仙蹤月下橫寶琴此外將安欲

宋十五家詩選不分卷

〔清〕陳訏輯

清康熙三十二年（1693）陳氏師簡堂刻本　八册

半葉11行22字，小字雙行字同，黑口，左右雙邊，雙黑魚尾，半框高19.4釐米，寬14.1釐米。版心中鎸子目及葉碼。

卷端題“宋十五家詩選，東海陳訏輯”。卷首依次有清康熙三十二年《叙》，署“康熙癸酉上巳海昌陳訏言揚氏書於師簡堂”；“發凡”。

鈐有“曾藏汪閬源家”“補花氏藏書”“全城後裔”印。

宋十五家詩選

東海陳訏輯

梅堯臣

字聖俞宣州宣城人以蔭爲河南主簿留守錢惟演甚嗟賞之歐陽修與爲詩友自以爲不及歷德興令知建德襄城縣監湖州稅簽書忠武鎮安判監永豐倉大臣薦宜館閣召試賜進士出身爲國子監直講累遷尚書都官員外郎預修唐書書成未奏而卒詩有宛陵集

歐陽文忠公云聖俞生平苦於吟咏以閑遠古淡爲意故其構思極艱　又云知聖俞詩者莫如某然聖俞平生所自負者皆某所不好聖俞所卑下者皆某所稱賞知心賞音之難如是　龔嘯云去浮靡之習於昆體極弊之際存古淡之道於諸大家未起之先此所以爲梅都官詩也　許彦周云梅聖俞詩句之精鍊古體如朱絃疏越一唱三嘆讀者當以意求之　劉後邨云本朝詩惟宛陵爲開山祖師宛陵出而後桑濮之淫哇稍息風雅

元詩選初集六十八卷二集二十六卷三集十六卷 AC149 Zra 65

〔清〕顧嗣立輯

清康熙三十三至五十九年（1694—1720）秀野草堂刻本　四十册

半葉13行23字，小字雙行36字，白口，左右雙邊，雙黑魚尾，半框高18.7釐米，寬14.6釐米。版心中鎸書名、子集名及葉碼，下鎸“秀野草堂”。

卷端題“元詩選甲集，長洲顧嗣立俠君集”。内封題“長洲顧俠君選，元百家詩集，秀野草堂藏版”。卷首依次有清康熙三十二年（1693）《序》，署“康熙癸酉嘉平月商邱宋犖序”；凡例，末署“康熙甲戌首春長洲顧嗣立題於秀野草堂”；目録。

《元詩選二集》内封題“長洲顧俠君詮次，元詩選二集，秀野草堂藏板”。卷首依次有清康熙四十一年（1702）《序》，署“康熙壬午人日長洲顧嗣立書於秀野草堂”；目録，題“長洲顧嗣立俠君集”。

《元詩選三集》内封題“長洲顧俠君詮次，元詩選三集，秀野草堂藏板”。卷首依次有《元詩選三集總目録》；清康熙五十九年《序》，署“康熙五十九年歲次庚子秋八月長洲顧嗣立書於秀野草堂”。

按：《元詩選初集》中宋犖《序》爲墨筆手抄配補。《元詩選》初集至三集中《癸集》均未刊出。

元詩選甲集

長洲　顧嗣立　俠君　集

遺山先生元好問

好問字裕之太原秀容人七歲能詩有神童之目年十四從陵川郝天挺學六年而業成下太行渡大河爲箕山琴臺等詩禮部趙秉文見之以爲近代無此作也于是名震京師謂之元才子金宣宗興定三年登進士第不就選往來箕潁者數年除南陽令調内鄉歷尚書省掾左司都事員外郎天興初入翰林知制誥金亡不仕元世祖在藩邸聞其名將以館閣處之未用而卒年六十有八世稱遺山先生先生天才淸贍邃婉高古沈鬱太和力出意外巧縟而不見斧鑿新麗而絶去浮靡雜弄金碧糅飾丹素奇芬異彩動蕩心魄以五言爲雅正

元詩選六卷附補遺一卷

〔清〕顧奎光選輯　〔清〕陶瀚、陶玉禾參評

清乾隆間刻本　四册

半葉10行19字，白口，左右雙邊，單黑魚尾，半框高16釐米，寬13.2釐米。版心上鐫書名，中鐫卷次，下鐫葉碼，天頭鐫評文。

卷端題"元詩選，無錫顧奎光星五選輯，陶瀚昆謀、陶玉禾昆穀參評"。内封題"元詩選"。卷首依次有清乾隆十六年（1751）《元詩選叙》，署"乾隆十六年辛未孟春錫山顧奎光書於怡齋"；凡例；總論；《元詩選名氏爵里考》；目録。

鈐有"衡陽常氏潭印閣藏書之圖記""齊安林氏逸聖收藏金石書畫之記""有味在三餘""均室點勘"印。

元詩選卷一

無錫顧奎光星五選輯

陶瀚昆謀

陶玉禾昆穀 參評

元文宗一首

自集慶路入正大統途中偶吟

真景本色不雕飾而饒詩意賦早行者無以踰之結語尤見帝王景象

穿了氁衫便著鞭一鉤殘月柳梢邊二三點露滴如雨六七個星猶在天犬吠竹籬人過語雞聲茅店客驚眠須臾捧出扶桑日七十二峰都在前

元詩自攜七言律詩十六卷七言絶句五卷 AC149 Zra 2

〔清〕姚培謙選輯

清康熙六十一年（1722）遂安堂刻本　十册

半葉9行19字，小字雙行字同，黑口，左右雙邊，雙黑魚尾半框高17.4釐米，寬12.8釐米。版心中鐫書名、卷次及葉碼。

卷端題“元詩自攜，華亭姚培謙平山選輯，錢塘張琳玉田、同里朱霞初晴參閲”。内封題“華亭姚平山選輯，元詩自攜，遂安堂藏版”。卷首依次有清康熙六十一年《序》，署“康熙壬寅上巳姚培仁宅安氏書”；清康熙六十一年《序》，署“康熙六十一年二月花生日華亭姚培謙平山氏題於卧雲草堂西偏之花嶼”；發凡；目録。

鈐有“光熙所藏”“丁福保印”印。

元詩自攜卷一 七言律詩

華亭姚培謙平山選輯

錢塘張 琳玉田

同里朱 霞初晴 參閲

文宗皇帝

自集慶路入正大統途中偶吟

穿了鞾衫便着鞭一鈎殘月柳梢邊二三點露滴如雨六七个星猶在天犬吠竹籬人過語雞鳴茅店客驚眠須臾捧出扶桑日七十二峰都在前

詩持全集一集四卷二集十卷三集十卷

〔清〕魏憲評選

清康熙十年(1671)閩中魏氏枕江堂刻本　十二册

半葉9行18字, 小字雙行字同, 白口, 四周單邊, 單黑魚尾, 半框高17.5釐米, 寬13.8釐米。版心上鎸書名, 中鎸卷次, 下鎸葉碼及“枕江堂”。

内封題“閩中魏惟度先生評選, 詩持全集, 六經堂藏板”。

《詩持一集》卷端題“詩持一集, 閩中魏憲惟度評選, 梁谿顧宸修遠參閱”。卷首依次有凡例; 清康熙十年《詩持一集自序》, 署“康熙辛亥中秋前五日閩三山魏憲惟度題時寓金閶之虎丘山房”; 目録。

《詩持二集》卷端題“詩持二集, 古閩魏憲惟度評選, 同里翁白未青參閱”, 内封題“閩中魏惟度先生評選, 詩持二集, 六經堂藏板”。卷首依次有清魏憲撰《詩持自序》; 凡例; 總録; 目録。

《詩持三集》卷端題“詩持三集, 閩中魏憲惟度評選, 秣陵張𢘊南邨參閱”, 内封題“閩中魏惟度先生評選, 詩持三集, 六經堂藏板”。卷首依次有清康熙九年(1670)《詩持三集自序》, 署“康熙庚戌至日閩兩峰魏憲惟度題”; 凡例; 目録。

鈐有“真州吴氏有福讀書堂藏書”印。

詩持一集卷之一

閩中魏　憲惟度評選

梁谿顧　宸修遠參閱

王思任　季重　山陰人所著有爾爾集避園擬存集

謝鶴

見賜揚州鶴何人不羨清一江寒影到午夜感思驚暫㩻琹相待終要松與盟緱山乘此會爲報只吹笙

㩻琹要松清思妙想

漂母祠

天下名家詩觀初集十二卷二集十四卷三集十三卷別集一卷 AC149 Zra 71

〔清〕鄧漢儀評選

清康熙十一至二十九年(1672—1690)慎墨堂刻本　四十册

半葉11行23字, 小字雙行字同, 白口, 四周單邊, 單黑魚尾, 無界行, 半框高17.4釐米, 寬13.2釐米。版心上鎸書名, 中鎸卷次, 下鎸葉碼。《初集》版心葉碼下鎸“慎墨堂篋中藏稿”,《二集》《三集》版心葉碼下鎸“慎墨堂定本”。

《初集》卷端題“詩觀初集, 東吴鄧漢儀孝威評選, 同學李文胤鄴嗣参閲”, 内封題“鄧孝威先生論次, 天下名家詩觀初集, 金閶王允民梓行”。卷首依次有清康熙十一年鄧漢儀撰《詩觀序》, 署“康熙壬子季秋望日”; 凡例; 目録。

《二集》卷端題“詩觀二集, 東吴鄧漢儀孝威評選, 同學李念慈屺瞻参閲”, 内封題“鄧孝威先生論次, 天下名家詩觀二集, 書林道盛堂梓行”。卷首依次有清康熙十七年(1678)《序》, 署“康熙戊午孟秋下澣南陽鄧漢儀書於古文選樓”; 凡例; 目録。

《三集》卷端題“詩觀三集, 東吴鄧漢儀孝威評選, 同學張潮山來参閲”, 内封題“鄧孝威先生論次, 天下名家詩觀三集, 書林道盛堂梓行”。卷首依次有清康熙二十九年《詩觀三集序》, 署“康熙庚午冬月新安張潮題於詒清堂”; 清康熙二十八年(1689)《序》, 署“康熙己巳春杪南陽鄧漢儀自序於慎墨堂”; 目録。

鈐有“集古堂圖書”“東壁藏書”“青箱樓藏書”“華仁記子”“巴陵方氏碧琳琅館藏書”“石香珍賞”“功惠珍藏”印。

詩觀初集

東吳鄧漢儀孝威評選

同學李文胤鄴嗣叅閲

錢謙益 受之 牧齋 蒙叟 江南常熟人 秋槐高會夏五諸集

南滁望滁陽王廟遂趨臨濠道中感而有述

我車出南滁遂走臨濠道帝鄉多白雲王侯盡宿草緬懷滁陽王一旅起傭保眞龍潛魚服椒塗附蘿蔦家人畜帝后天子呼翁媼遺業賚龍興殘軀沒雲擾廟貌亘已隆血胤終莫考麗牲碑版傳立馬墓田杳嘯歌感牧豎惆悵詢父老我觀草昧初羣雄覲大寶逐鹿分犄角探龍競鱗爪眞人信天授詎能一劍掃牧羊蕩泰灰銅馬啓漢造赫赫高光業驅除豈

上下千古

鼎革之際

詩觀初集 卷之一 一 慎墨堂藏

百名家詩選八十九卷

〔清〕魏憲輯選

清康熙間聚錦堂刻本　三十六册

半葉9行18字，白口，左右雙邊，單黑魚尾，半框高18.8釐米，寬13.9釐米。版心中鎸選家名，下鎸葉碼及“枕江堂”。

卷端題“百名家詩選，福清魏憲惟度輯選，宣城施閏章愚山、含山李衷燦梅郁、黄岡程啓朱念伊、無錫顧貞觀華峰參”。内封題“魏惟度彙輯，皇清百名家詩，聚錦堂藏板”。卷首依次有朱刻清康熙二十一年（1682）《御製昇平嘉宴詩序》，署“康熙二十一年正月十四日”；朱刻《御製麗日和風被萬方》；登選詩家名録。

鈐有“華仁記子”“緯雲”“應麐”“桂窗”印。

百名家詩選

福清魏　憲惟度輯選

宣城施閏章愚山　含山李來㷋栴邨

黄岡程啓朱念伊　無錫顧貞觀華峰　參

魏裔介 字石生號貞菴柏鄉人

觀滄海

滄海非東崑崙非西倬彼天漢元氣混齊蓬萊

三山是耶非耶銀臺金闕庚不乘槎凋色萬物

震蕩九土沐日浴月天樞地戶幸甚至哉歌以

國朝律賦偶箋四卷

〔清〕沈豐岐箋

清乾隆二十四年（1759）養素齋刻本　四册

半葉9行19字，小字雙行字同，黑口，左右雙邊，單黑魚尾，半框高16.4釐米，寬11.7釐米。版心中鎸“律賦偶箋”、卷次及葉碼。

目録端題“歸安沈豐岐大宗箋，吴浩然涵之、弟升嶠方李參訂”。卷首依次有清乾隆二十三年（1758）《序》，署“乾隆戊寅年嘉平月朔旦歸安沈豐岐識”；目録。

鈐有“樂生堂藏書”“狂枕山”印。

璿璣玉衡賦　　潘耒

仰崇高於穹宇。浩遼廓而無形。惟三辰與七曜。有懸象之著明。咸浮空而宗動。紛綸轉而莫停。兩極建樞於南北。萬象羅列於縱橫。既欹斜而旁紐。亦出入之互經。章亥無所施其算。容成莫能測其情。（先賦天象、難窺是前一層）時惟至人。參天兩地。窮幽洞明。覃精畢智。握陰陽之樞機。探造化之根蒂。剖青萌。及黃芽。搜月窟。與日竁。見兩儀之互苞。察四遊之相際。作鴻寶以前民。有璣（奇警）

切問齋文鈔三十卷 4735 36336

〔清〕陸燿輯

清乾隆四十一年(1776)刻本　八册

半葉12行25字, 小字雙行字同, 白口, 左右雙邊, 單黑魚尾, 半框高18.4釐米, 寬14.5釐米。版心中鎸書名、卷次及葉碼。

卷端題“切問齋文鈔, 吴江陸燿朗甫輯”。内封題“乾隆乙未鎸板, 切問齋文鈔”。卷首依次有清乾隆四十一年《序》, 署“乾隆四十有一年歲次丙申孟冬之月通家生桐鄉馮誥受撰”; 清乾隆四十年(1775)《序》, 署“乾隆四十年乙未春日吴江陸燿朗甫書”; 例言; 總目。

切問齋文鈔卷第一

吳江陸燿朗甫輯

學術一

辨志

張稷若（名爾岐濟陽人有蒿菴集）

人之生也未始有異也而卒至於大異者習爲之也人之有習初不知其何以異也而遂至於日異者志爲之也志異而習以異習異而人以異志也者學術之樞機適善適惡之轅楫也樞機正則莫不正矣樞機不正亦莫之或正矣適燕者北其轅雖未至燕必不誤入越矣適越者南其楫雖未至越必不誤入燕矣嗚呼人之於志可不慎歟今夫人生而呱呱以啼啞啞以笑蠉蠉以動惕惕以息無以異也出而就傅朝授之讀暮課之義同一聖人之易書

静觀室三蘇文選十六卷

〔宋〕蘇洵、蘇軾、蘇轍撰 〔明〕錢穀輯

明萬曆間刻本 八册

半葉10行20字，白口，四周單邊，無魚尾，半框高19.4釐米，寬12.3釐米。兩截版，上鎸評文，下鎸正文，版心上鎸“三蘇文選”及卷次，中鎸葉碼。

卷端題“静觀室三蘇文選，浙人錢穀文登甫選批”。卷首依次有明萬曆七年（1579）《静觀室三蘇文選引》，署“萬曆七年己卯春正月上元日仁和錢穀書”；目録；凡例。

鈐有“印廬所藏精品”“訪雪菴主”“夏子猷印”“子猷珍賞”“訪雪”“子猷之印”印。

茅鹿門曰蘇氏父子於論六經處支離旁午特其文嫋娜百折似屬烟波耳

提起下分解子瞻子由二公作策論多用此法

靜觀室三蘇文選卷之一

老泉先生集

浙人錢穀文登甫選批

易論

老泉六經論大都強詞輒見渺茫不根非經術正論特其行文縱横往往空中布景絕處逢生令人有憑虚御風之態故並輯之

言易道之神所以救禮之衰禮不變則易不作

作易者聖人之機權所寓也

聖人之道得禮而信得易而尊信之而不可廢尊之而不敢廢故聖人之道所以不廢者禮爲之明而易

三蘇先生文粹七十卷

〔宋〕蘇洵、蘇軾、蘇轍撰

明刻本　十册

半葉14行26字，白口，左右雙邊，單白魚尾，半框高19.1釐米，寬14.1釐米。版心中鎸“三蘇文粹”、卷次及葉碼。

卷端題“三蘇先生文粹”。

鈐有“方其道鈢”“蓮塘方其道所藏經籍記”“維勤長年”“小萬卷樓”“致之讀過”“徐維勤印”印。

按：有手抄配補葉。

三蘇先生文粹卷第一

老泉先生

論

易

聖人之道得禮而信得易而尊信之而不可廢尊之而不敢廢故聖人之道所以不廢者禮爲之明而易爲之幽也生民之初無貴賤無尊卑無長幼不耕而不饑不蠶而不寒故其民逸民之苦勞而樂逸也若水之走下而聖人者獨爲之君臣而使天下貴役賤爲之父子而使天下尊役卑爲之兄弟而使天下長役幼蠶而後衣耕而後食率天下而勞之一聖人之力固非足以勝天下之民之衆而其所以能奪其樂而易之以其所苦而天下之民亦遂肯棄逸而即勞欣然戴之以爲君師而遵蹈其法制者禮則使然也聖人之始作禮也其説曰天下無貴賤無尊卑無長幼是人之相殺無已也不耕而食鳥獸之肉不蠶而衣鳥獸之皮是鳥獸與人相食無已也有貴賤有尊

詩人玉屑二十卷

〔宋〕魏慶之編

清初同人堂刻本　六册

半葉11行21字，黑口，四周雙邊，雙黑魚尾，半框高19.2釐米，寬13.1釐米。版心中鎸“玉屑”、卷次及葉碼。

卷端題“詩人玉屑”。内封題“宋板重雕，詩人玉屑，同人堂藏板”。卷首依次有宋淳祐四年（1244）《序》，署“淳祐甲辰長至日玉林黄易叔暘序”；目録。

鈐有“哲如陳慶保藏書”“張氏藏書”印。

詩人玉屑卷之一

詩辨第一

滄浪謂當學古人之詩

夫學詩者以識爲主入門須正立志須高以漢魏盛唐爲師不作開元天寶以下人物若自生退屈即有下劣詩魔入其肺腑之間由立志之不高也行有未至可加工力路頭一差愈騖愈遠由入門之不正也故曰學其上僅得其中學其中斯爲下矣又曰見過於師僅堪傳授見與師齊減師半德也工夫須從上做下不可從下做上先須熟讀楚詞朝夕諷詠以爲之本及讀古詩十

唐詩解五十卷

〔明〕唐汝詢選釋　〔清〕毛先舒、韋人鳳参校

清順治十六年（1659）趙孟龍萬笈堂刻本　十五册

半葉9行19字，小字雙行字同，白口，四周單邊，單黑魚尾，半框高20.9釐米，寬14.3釐米。版心上鎸書名，中鎸卷次，下鎸葉碼及"萬笈堂"。

卷端題"唐詩解，華亭唐汝詢仲言父選釋，武林毛先舒馳黄父、韋人鳳六象父参校"。卷首依次有清順治十六年《序》，署"順治己亥長至日西湖沈賦漫題於孤山之放鶴亭"；清毛先舒撰《唐詩解序》；凡例；《刻唐詩解新例四則》，末署"順治己亥冬杪武林趙孟龍識"；詩人爵里；目録。

唐詩解卷之一

華亭唐汝詢仲言父選釋

武林毛先舒馳黄父

常人鳳六象父 參校

五言古詩一

魏徵

○述懷 樂府作出關 唐書本傳徵少有大志從李密來京師未知名自請安輯山東乃擢秘書丞馳驛至黎陽此詩蓋馳驛時作

中原還逐鹿投筆事戎軒縱橫計不就慷慨志猶

苧蘿集二卷

〔清〕趙弘基彙評

清康熙四十五年(1706)灑雪居刻本　二册

半葉9行22字,白口,左右雙邊,單黑魚尾,半框高21釐米,寬13.8釐米,有圖。版心上鎸書名,中鎸卷次及文體名,下鎸葉碼及“灑雪居”。

卷端題“苧蘿集,暨陽趙弘基家山彙評(本姓何),男正字較正”。卷首依次有清康熙四十五年《苧蘿集序》,署“康熙丙戌歲初夏年家弟武宣題”;清康熙四十五年《苧蘿集序》,署“康熙丙戌歲莫春年家眷弟朱阜書於山海樓”;清魏觀撰《苧蘿集序》;清魏述祖撰《題辭》;《郡伯俞公總評》;凡例;圖像及題詞;苧蘿亭對聯;苧蘿集古今姓氏;目次。卷末有清孔豸撰《苧蘿集跋》。

鈐有“良常書屋”“齊安林氏逸聖收藏金石書畫之記”“衡陽常氏潭印閣藏書之圖記”印。

苧蘿集卷上

暨陽趙弘基家山彙評 本姓何

男正宇較正

五言古詩

浣紗石

李白

西施越溪女，出自苧蘿山。秀色掩今古，荷花羞玉顔。浣紗弄碧水，自與清波閒。皓齒信難開，沈吟碧雲間。句踐徵絶豔，揚蛾入吴關。提攜館娃宫，杳渺不可攀。一破夫差國，千秋竟不還。

不假雕琢而自有天然姿態，仙才仙才。

詩删廣業不分卷 AC149 Zra 59

〔清〕王天階選評

清康熙十九年（1680）金閶寶翰樓刻本　十册

半葉10行26字，白口，左右雙邊，無魚尾，無界行，半框高20.8釐米，寬12.1釐米。版心上鎸“詩删廣業”，中鎸選目，下鎸“儉德堂選”。

卷端題“詩删廣業，長洲王天階升吉評定”。内封題“國朝鄉會房行全集，王升吉先生選評，十五科詩删廣業，金閶寶翰樓梓行”。卷首依次有清康熙十九年《序》，署“康熙庚申歲十月望後二日長洲王天階書於儉德堂”；凡例；目次，題“長洲王天階升吉選評，婁東錢京鎬宗岐、雲間馮廷玉來文、龍丘童士炳虎文仝訂”。

鈐有“學耕堂珍賞”“華仁記子”印。

詩刪廣業　國風

長洲王天階升吉評定

參差荇菜　二章　查詩繼

詩人逆未得之思，而因寫其既得之歡焉。夫未得而思，思何勤也；既得而喜，喜又何深也。此謂得情之正者矣。想其時文王以刑于之化（大家舉止）徧于閨房，婦女之間，而后夫人始至之時，亦竊有以窺其度也，故為詩極哀樂之形容焉。其言曰：由前而觀，物有無方而顧，致人亦有異地而相思，彼雜然，其參差者荇菜耶？我則左右以流之矣。此婉然其

兩比縱筆，靠微大有落落，目放船之趣。

文心雕龍十卷 5212 7106

〔南朝梁〕劉勰撰 〔清〕黄叔琳輯注

清乾隆六年（1741）養素堂刻本 六册

半葉9行19字，小字雙行27字，白口，左右雙邊，單黑魚尾，半框高15.7釐米，寬11.4釐米。版心中鎸書名、卷次及篇名，下鎸葉碼及“養素堂”。

卷端題“文心雕龍，梁劉勰撰，北平黄叔琳崑圃輯注，吴趨顧進尊光、武林金甡雨叔参訂”。内封題“文心雕龍輯注，養素堂藏板”。卷首依次有清乾隆三年（1738）《序》，署“乾隆三年歲次戊午秋九月北平黄叔琳書”；例言；文心雕龍元校姓氏；《南史本傳》；目録。卷末有清乾隆六年《跋》，署“乾隆六年辛酉仲秋華亭姚培謙謹識”。

鈐有“馬鑒之印”“叔雅”“春瀛”“德蔭堂”“劉文典”印。

按：卷首有墨筆題記，署“民國二十一年三月文典記時淞滬陷已經旬矣”。

文心雕龍卷第一　　北平黄叔琳崑圃輯注

梁劉　勰撰　　吴趨顧　進尊光

武林金　甡雨叔　　衆訂

原道第一

文之爲德也大矣與天地並生者何哉夫玄黄色雜方圓體分日月疊璧以垂麗天之象山川煥綺以鋪理地之形此蓋道之文也仰觀吐曜俯察含章高卑定位故兩儀既生矣惟人參之性靈所鍾

文心雕龍卷一　原道　一　養素堂

文體明辯六十一卷首一卷目録六卷附録十四卷附録目録二卷 AC149 Zcl 229

〔明〕徐師曾纂 〔明〕茅乾校正

明萬曆間游榕銅活字本 六十六册

半葉10行19字，小字雙行字同，白口，四周單邊，單白魚尾，半框高18.9釐米，寬14.5釐米。版心上鎸書名，中鎸卷次，下鎸葉碼。

卷端題"文體明辯，大明吴江徐師曾伯魯纂，歸安茅乾健夫校正，建陽游榕活板印行"。

按：部分内容爲手抄補配。

文體明辯卷之一

大明吴江徐師曾伯魯纂
歸安茅乾健夫校正
建陽游榕活板印行

古歌謡辭 歌○謡○謳○誦○詩○辭○諺附

按歌謡者朝野詠歌之辭也廣雅云聲比於琴瑟曰歌爾雅云徒歌謂之謡韓詩章句云有章曲謂之歌無章曲謂之謡則歌與謡之辨其來尚矣然考上古之世如卿雲采薇並爲徒歌不皆稱謡擊壤扣角亦皆可歌不盡比於琴瑟則

文章練要十卷

〔清〕王源評訂

清乾隆九年(1744)居業堂刻本　六册

半葉9行22字，小字雙行字同，白口，左右雙邊，雙黑魚尾，半框高19.6釐米，14.4釐米。版心上鎸書名，中鎸章節名、篇名及葉碼，下鎸卷次。

卷端題"文章練要，大興王源評訂，潁州寧世簪、桐城□□仝閲，歙縣程城參正"。内封題"乾隆九年重鎸，王或庵先生手訂，文章練要左傳真本，居業堂梓行"。卷首依次有清王源撰《左傳評序》；清程城撰《文章練要序》；凡例；目録。

鈐有"中臺氏圖書印""衣德堂藏書""安養院藏書記""梅津家藏書印""中臺元倫藏書之印"印。

文章練要卷之一

大興　王源　評訂

潁州　甯世簪

桐城　　　　仝閲

歙縣　程城　叅正

左傳一

鄭伯克段于鄢隱公元年

初鄭武公娶于申曰武姜叔段之禍原于武姜故從武姜叙起生莊公及共叔段莊公寤生驚姜氏故名曰寤生遂惡之囫寤寐而莊公已生故驚

全閩詩話十二卷 AC149 Zcl 17a

〔清〕鄭方坤編輯

清乾隆十九年(1754)詩話軒刻本　十二册

半葉11行21字, 小字雙行字同, 白口, 左右雙邊, 單黑魚尾, 半框高18.3釐米, 寬13.7釐米。版心上鎸書名, 中鎸卷次, 下鎸葉碼及"詩話軒"。

卷端題"全閩詩話, 晋安鄭方坤編輯"。内封題"翻刻必究, 全閩詩話, 耕禮堂藏板"。卷首依次有清朱仕琇撰《序》; 例言; 引用書目; 目録。

鈐有"華仁記子""桂窗"印。

全閩詩話卷一　六朝　唐　五代

晉安鄭方坤編輯

郭璞

福州郡城自無諸開建以都冶曰冶城在今府治東北依山置壘據將軍山甌冶池稱形勝矣晉太康三年既詔置郡命嚴高治故城高謂故城隘不足以廣聚將移白田渡嫌非南向圖以咨郭璞璞指其小山阜曰是宜城城成璞爲記曰桑田爲海人事更改六旬甲子當曰其害更著重衣周廻重戴鄭國歸朝重闢爲待鳥出木空千載不昧前有雙眉重施粉黛溪澗水來盡歸於海主捋其客客在主在稽首東日高山鎮寨本自添金因

古今詞選十二卷 AC149 Zcl 4145

〔清〕沈時棟選

清康熙五十四年（1715）瘦吟樓刻本　十二册

半葉9行20字，小字雙行，字數不等，白口，左右雙邊，單黑魚尾，半框高17釐米，寬12.2釐米。版心上鎸書名，中鎸卷次，下鎸葉碼及“瘦吟樓”。

卷端題“古今詞選，吴江沈時棟焦音選”。卷首依次有康熙五十三年（1714）《序》，署“康熙甲午秋日年家弟梁谿顧貞觀撰”；清康熙三十五年（1696）《序》，署“康熙丙子春日年家弟長洲尤侗撰”；清康熙五十四年《自序》，署“康熙乙未七夕吴江沈時棟焦音氏書於瘦吟樓”；《選略八則》；總目，題“長洲尤侗悔庵、秀水朱彝尊竹垞定，吴江沈時棟焦音選”，末署“姪彤冠雲、廷光兼歷、門人費雲鵬程九仝校”。

鈐有“□（麥）坡”“齊安林氏逸聖收藏金石書畫之記”“尌勛”印。

古今詞選卷一

吳江沈時棟焦音選

蒼梧謠 一名十六字令

周邦彥

眠。月影穿窗白玉錢。無人弄。移過枕函邊。三韻十六字

南歌子 一名南柯子 又唐刘采春有南歌子乃五言絶句

溫庭筠

手裏金鸂鶒。胸前繡鳳凰。偷眼暗形相。不如從嫁與。作鴛鴦。三韻二十三字

又 揚州

彭孫遹

青雀芙蓉舫。紅闌楊柳橋。聽徹玉人簫。一塲花月夢。

琴畫樓詞鈔二十五卷　2677/1-10

〔清〕王昶纂

清乾隆四十三年（1778）三泖漁莊刻本　十册

半葉10行21字，小字雙行32字，白口，左右雙邊，單黑魚尾，半框高19.2釐米，寬13.7釐米。版心上鐫書名，中鐫卷次及篇名，下鐫葉碼。

卷端題“琴畫樓詞鈔，婁縣張梁大木撰，青浦王昶述庵纂”。内封題“琴畫樓詞鈔，三泖漁莊藏板”。卷首依次有清乾隆四十三年《序》，署“乾隆戊戌中秋後二日青浦王昶書”；目録。

鈐有“南洋大學圖書館藏書”印。

琴畫樓詞鈔卷一

婁縣張　梁大木撰　青浦王　昶述庵纂

澹吟樓詞

瑣牕寒 秋雲

薄似湘羅，輕於蜀紙，碧空遥駐。銅華淨拭，飛上一奩香絮。悄無心、天涯倦行，雁邊冉冉風將去。正小樓望斷，離牆斜拂，畫檐低度。　凝竚。微茫處。認半浸涼波，半縈孤嶼。歸鴉弄晚，掩映夕陽紅樹。想銀灣、天女渡來，錦梭碎織抛幾許。又離離、欲寄還疎，數點芭蕉雨。

曲游春 闌干

詞鏡平仄圖譜不分卷 5575 9976

〔清〕賴以邠撰　〔清〕查繼超輯

清乾隆四十八年(1783)林氏栖梧軒刻朱墨套印本　二册

半葉7行18字,白口,四周雙邊,單黑魚尾,半框高13釐米,寬9釐米。版心上鎸書名,中鎸詞類名,下鎸葉碼。

卷端題"詞鏡平仄圖譜,西泠賴損菴著、查隨菴輯,古閩林栖梧繡梓"。内封題"乾隆癸卯年秋鎸,枝亭官太史鑒定,翻刻必究,詞鏡,平仄圖譜,栖梧軒發兑"。卷首依次有清乾隆四十八年《序》,署"乾隆癸卯瓜秋晋水聞皋江聲序";清乾隆四十八年《詞鏡平仄圖譜序》,署"乾隆癸卯年初秋劍津枝亭官志涵題";目録;詞例;《詞論》。

鈐有"馬鑒之印"印。

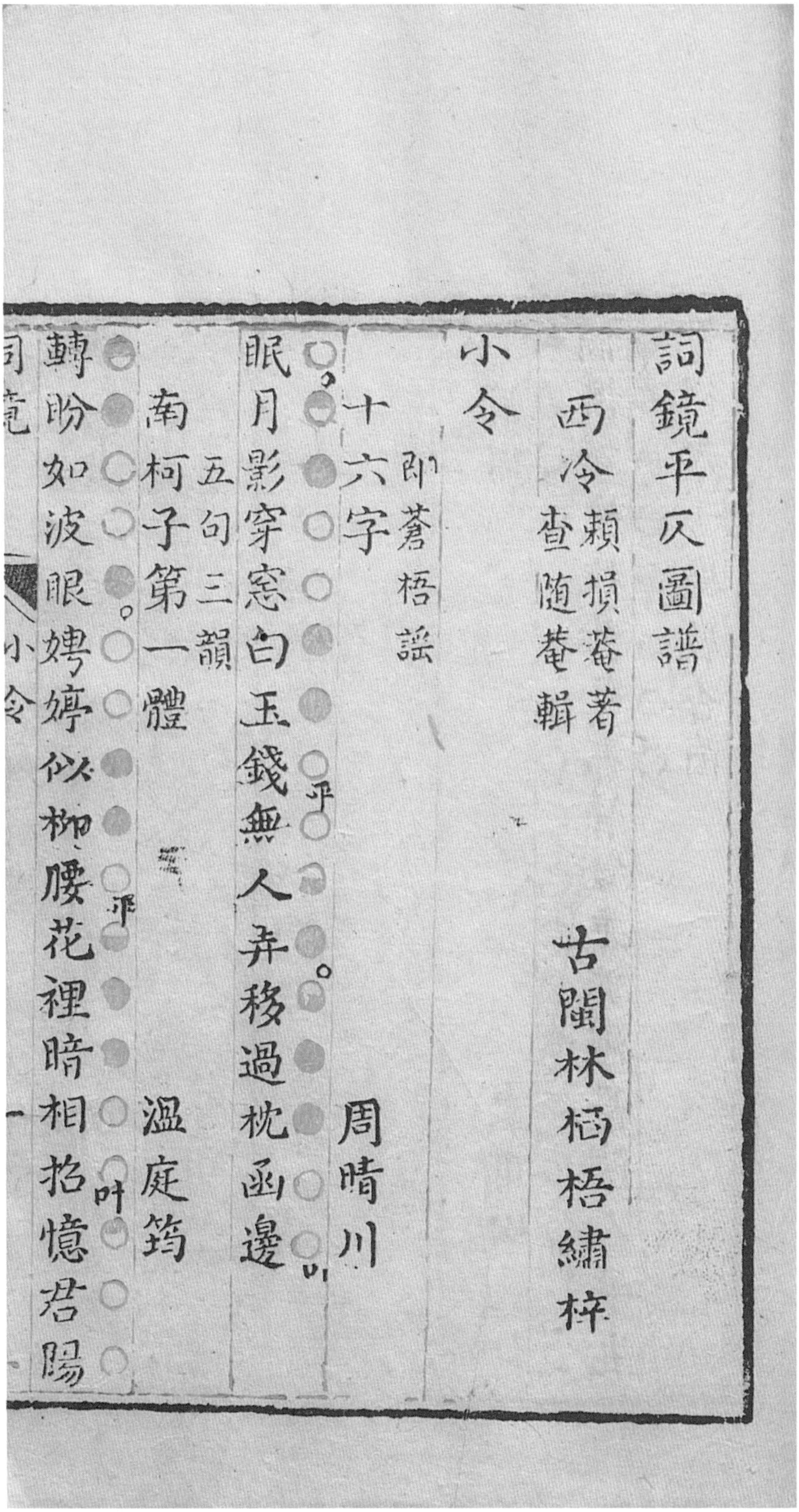

詞鏡平仄圖譜

西泠賴損菴著　查隨菴輯　古閩林栖梧繡梓

小令

十六字　即蒼梧謠　周晴川

眠月影穿窗白玉錢(平)無人弃移過枕函邊(叶)

南柯子第一體　五句三韻　溫庭筠

轉盼如波眼娉婷似柳腰(平)花裡暗相招(叶)憶君陽

吴吴山三婦合評牡丹亭還魂記二卷五十四折附録一卷或問一卷 5686 8441

〔明〕湯顯祖撰 〔清〕陳同等評點

清康熙間刻本 六册

半葉10行20字，小字雙行字同，黑口，四周單邊，單黑魚尾，半框高21.3釐米，寬14.9釐米。兩截版，上截鎸評文，下截鎸正文，版心中鎸"還魂記"、卷次及葉碼。

卷端題"吴吴山三婦合評牡丹亭還魂記，湯義仍先生玉茗堂元本，黄山陳同次令評點，古蕩錢宜在中參評"。内封題"吴吴山三婦合評，牡丹亭，夢園藏書"。

卷首依次有目録；清吴人書《序》；清康熙三十三年（1694）《序》，署"甲戌春日同里女弟林以寧拜題"；《清談則記》二則，後有《清吴人記》《清錢宜記》二則；明萬曆十六年（1588）《牡丹亭還魂記題辭》，署"萬曆戊子秋臨川清遠道人湯顯祖題"；還魂記目録；牡丹亭還魂記色目。卷末有清錢宜撰《紀事》；像；清康熙三十四年（1695）《跋》，署"乙亥春日馮嫻跋"；清李淑撰《跋》；清顧姒題《跋》；清洪之則撰《跋》。

鈐有"許紹南印"印。

閒中日月惟以思量作消遣耳

情不獨兒女也惟兒女之情最難告人故千古忘情人必于此處看破然看破而至于相負則又不及情矣

錢曰兒女英雄同一情也項羽帳中之飲兩喚奈何正是難訴處

世境本空凡事多從愛起如麗娘因遊春而感夢因夢而寫眞而死而復生許多公案皆愛

吴吴山三婦合評牡丹亭還魂記

湯義仍先生玉茗堂元本

黄山陳同次令評點

古蕩錢宜在中參評

上卷

標目

【蝶戀花】（末上）忙處拋人閒處住。百計思量，沒箇爲歡處。白日消磨腸斷句，世間只有情難訴。　玉茗堂前朝復暮，紅燭迎人，俊得江山助。但是相思莫相負，牡丹亭上三生路。

【漢宮春】杜寶黃堂，生麗娘小姐，愛踏春陽。（吴曰：有女懷春，吉士誘之。）感夢書生折柳，竟爲情傷。寫眞留記，葬梅花道院淒涼。三年上，有夢梅柳子，於此赴高唐。　果爾回生定配。

雅趣藏書不分卷 857.5 928

〔清〕錢書撰

清康熙四十二年(1703)刻朱墨套印本　二册

半葉9行25字, 白口, 四周單邊, 無魚尾, 無界行, 半框高21釐米, 寬13.3釐米, 有圖。版心上鎸書名, 下鎸葉碼。

卷端題“雅趣藏書, 吴門錢書西山訂”。卷首依次有清康熙四十二年《序》, 署“康熙癸未秋九月望日雲間陳王珍侯氏題於石城書院”; 清康熙四十二年《自序》, 署“癸未桂秋吴門錢書西山氏題”; 清鄭鵬舉撰《序》; 清康熙四十二年《序》, 署“歲在昭陽協洽秋日年家眷弟徐鵬拜題於南州草堂”; 目録。

鈐有“南洋大學圖書館藏書”印。

雅趣藏書

吳門錢書酉山訂

怎當他臨去秋波那一轉

美目盼兮情傳之矣夫秋波最足關情者也况轉於臨去時乎當之者將奚以為情耶若以人之以荀相感者予亦不自知其何心也第情不可見有顯然直露其表者而其情淺矣乃情不可見有（空中樓□象）隱然微示其意者而其情轉深（外傳神）何也當猝然邂逅之餘而凝眸罵然若欲傳若不欲傳覺有徘徊踟躕者令人一望而神馳也已知

雅趣藏書　二

風流棒傳奇二卷二十六齣 5699 5659

〔清〕萬樹編 〔清〕吴秉鈞題評

清康熙二十五年（1686）綮花别墅刻本 二册

半葉9行22字，白口，四周單邊，單黑魚尾，半框高18.3釐米，寬13.3釐米。版心上鎸“風流棒”，中鎸卷次，下鎸葉碼及“綮花别墅”，天頭鎸有評文。

卷端題“風流棒傳奇，陽羨紅友山農萬樹編次，古越琰青道人吴秉鈞題評”。内封題“樂府新編，紅友寓言，風流棒，綮花别墅”。卷首依次有清康熙二十五年《序》，署“康熙丙寅重九山陰琰青子吴秉鈞題”；清康熙二十五年《序》，署“康熙二十五年丙寅清和月上浣山陰後學吴棠禎伯憩氏戲題於端州之文來閣”；目次。

鈐有“許紹南”印。

風流跌蕩[illegible]，是郭舍人後身。嘗讀紅友資齋鑑一曲，莊莊乎言之，謂可羽翼經傳。孰知其恢諧幽譎，乃能如此。大言小言，無乎不可。

風流棒傳奇卷上

陽羨紅友山農萬　樹編次

古越琛青道人吳秉鈞題評

第一齣　情畧

〔木蘭花〕（末上）從來喫棒因爭訟，獨有閨刑無可控。犯人只有一名夫，默受敲頭刑法重。何須醋罐和虀甕，打喜之時先受用。可知此棒喚風流，萬摑千敲渾不痛。（問答照常）

〔鳳樓吟〕笑荆郎風魔無比，場中卷上題詩。蹇公因謝女，特遴才儁，錯付書辭。奸徒將誑配，妄提兵，兔婦雄雌。爲倪氏

山水隣新鐫花筵賺二卷

〔明〕范文若撰

明崇禎間刻本　二册

半葉9行20字，小字雙行字同，白口，四周單邊，單白魚尾，半框高19.9釐米，寬13.7釐米，有圖。版心上鐫“花筵賺”及卷次，下鐫葉碼。

卷端題“山水隣新鐫花筵賺，吴儂荀鴨填詞，西湖一韋訂証”。卷首有目録。

鈐有“霜月蟲音齋藏書”“許紹南印”“許紹南先生贈書之印”印。

山水隣新鐫花筵賺上卷

吳儂　荀鴨　填詞　西湖　一草　訂証

話柄

西江月　柳七郎君死矣、阿誰奉旨填詞、花閒蘭畹動
吟髭、只少記歌娘子、　鬧註潘安花縣、更憐沈約腰
肢、坦然無夢到京師、且伴鴛鴦嬲死、
沁園春　優汝前來、演太真姑女、玉鏡粧臺、更幼輿風
月、芳姿巧慧、謝溫隨趣、各有心懷、謝假溫郎、溫粧謝
壻、小姐夫人兩不猜、尤堪笑、芳偷團扇、擲過墻來、

花筵賺二

新刻出相音注勸善目連救母行孝戲文三卷一百一折

〔明〕鄭之珍編

明萬曆間金陵富春堂刻本　六册

半葉10行24字，小字雙行字同，白口，四周單邊，單黑魚尾，半框高18.4釐米，寬12.2釐米，有圖。版心上鎸"出像目連記"，中鎸卷次，下鎸葉碼。

卷端題"新刻出相音注勸善目連救母行孝戲文，新安鄭之珍編，金陵富春堂梓"。

鈐有"許紹南印"印。

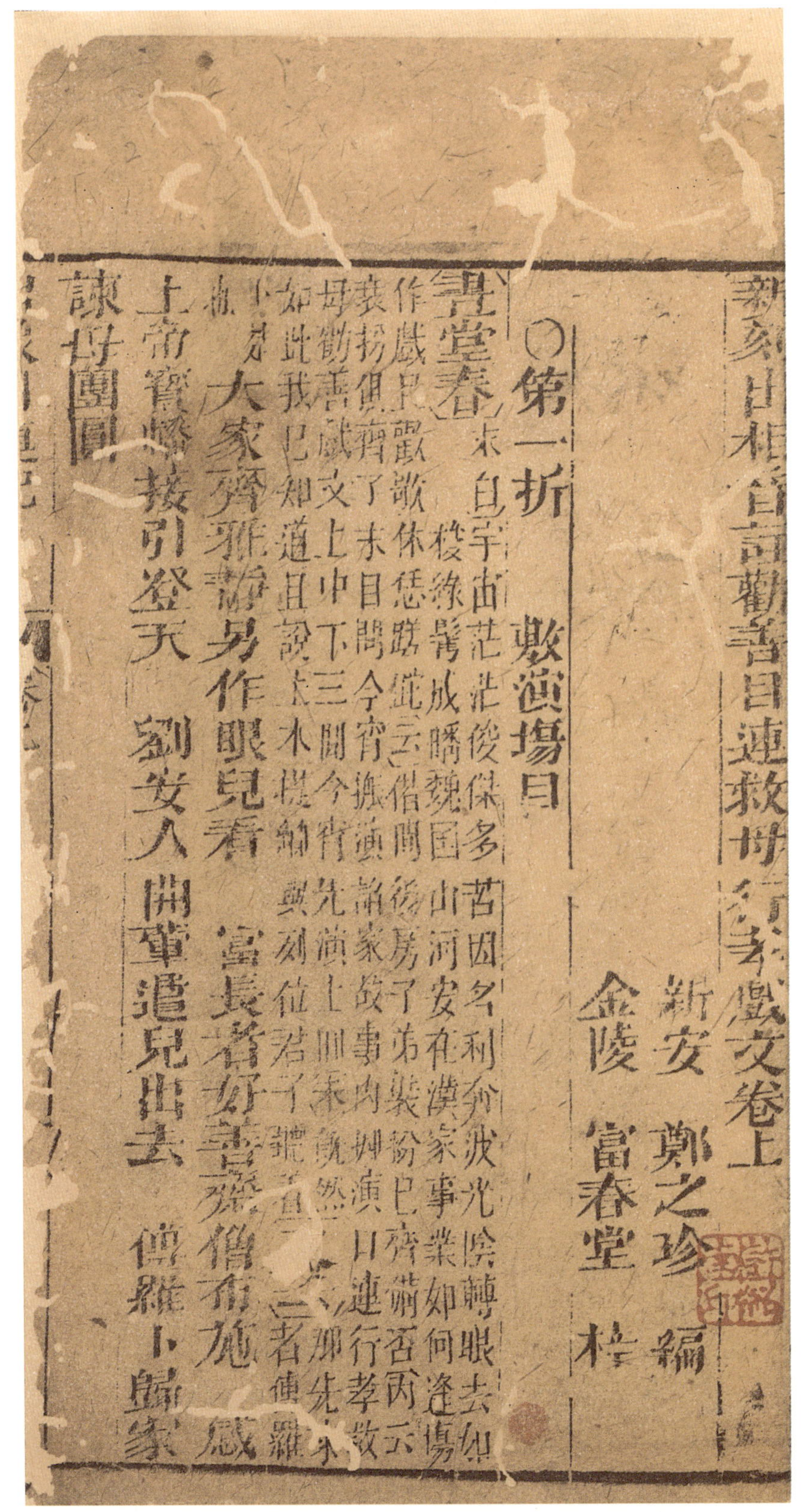

新刻出相音註勸善目連救母行孝戲文卷上

新安 鄭之珍 編

金陵 富春堂 梓

○第一折 敷演場目

【畫堂春】末白 宇宙茫茫俊傑多苦因名利奔波光陰轉眼去如梭緣鬢髩成皤魏國山河安在漢家事業如何逢場作戲且歡歌休恁蹉跎云借問後房子弟裝扮已齊備否內云裝扮俱齊了末目問今宵搬演誰家故事內搬演目連行孝救母勸善戲文上中下三間今宵先演上回[illegible]然如此我已知道且說大木[illegible][illegible][illegible]刻位若子號[illegible][illegible]三者便羅[illegible]

下場 大家齊雅靜另作眼兒看 富長者好善齋僧布施感上帝寶幡接引登天 劉安人開葷遣兒出去 傅羅卜歸家諫母團圓

新刻出像點板時尚崑腔雜曲醉怡情不分卷

題〔清〕菰蘆釣叟點次

清初古吴致和堂刻本　十二册

半葉9行22字，小字雙行字同，白口，四周單邊，單黑魚尾，半框高19釐米，寬12釐米，有圖。版心中鎸曲目，下鎸葉碼。

内封題“新訂繡像崑腔雜曲，醉怡情，從來才子胸襟，常寓意於傀儡文人筆墨，尤精工於艷製，但繁詞難以遍閱而窺豹不妨一斑，本坊特嚴加删訂，取其詞調清新刻畫最工者以登梨棗，使演習者揣摩曲至、旁觀者聞聲起舞，誠宇内之奇觀詞壇之勝覽也，識者珍之，古吴致和堂梓”。目次端題“新刻出像點板時尚崑腔雜曲醉怡情，清溪菰蘆釣叟點次”。卷首依次有《醉怡情雜劇序》；目次；像。

鈐有“許紹南印”印。

占花魁

一顧

山坡里羊（生挑油担上）身兒遠迢迢如寄，夢兒亂紛紛難據，影兒孤冷，心兒碎，鴻雁稀，書兒何處題，淚兒濕透衫兒袂，故國雲山望裏迷。我秦種流落臨安，蕭條旅邸，蒙店主人指引，教我賣油，每日挑出，頗有人買，儘堪度日。只是生意微細，恐人笑恥。咳，奮威當作曾做牛荷薪翁子，志終酬，丈夫窮達尋常事，何必區區獨賣油。且挑到前面去，再作道理。思微生來遇數奇，棲遲窮兒志怎灰。（下）

皂羅袍（副淨上）家傷西湖流水，喜滔滔生意，庭戶光輝。老身王九媽，自從美兒聽了劉家妹子言語，欣然接客，往來如市。青樓名占百花魁，王孫公子

新刻京臺公餘勝覽國色天香十卷 AC149 Zcl 837

〔明〕吴敬所編輯

清順治間益元堂刻本　十二册

兩截版，上欄半葉16行14字，下欄半葉13行16字，白口，四周單邊，單黑魚尾，無界行，半框高20.9釐米，寬13.3釐米。版心上鎸“國色天香”，中鎸卷次，下鎸葉碼。

卷端題“新刻京臺公餘勝覽國色天香，撫金養純子吴敬所編輯，大梁周文煒如山甫重梓”。内封題“撫金吴敬所編輯，國色天香，益元堂新刊”。卷首依次有明謝友可撰《刻公餘勝覽國色天香序》；目録。

珠淵玉圃（題集大謚樂業君子攅勞忽焉）
□加徐達右丞相兼太子少傅誥
命將出師，立興王之大業；建邦啟土，
資佐運之能臣。仗斧鉞而成顯功，秉
鈞衡而居右揆。才爲異等，賞亦非常。
爾在朝廷，誕宣綸綍。某剛毅英傑，達
曉韜鈐。從予起兵于濠上，克存捧日
之心；來茲定鼎于江南，遂作擎天之
柱。氣貫萬人而無敵，援幟摧城；威行
四境而推恩，撫民安堵。牙旗指顧，淮
海澄清；雷電鏗轟，湖湘率服。西連巴
蜀，東際滇洋。有征則總水陸之兵，戎
所向但收郡邑之圖籍。削平三強國，
古之名將何以加；辛勤十餘年，吾之
封疆孰此定。登奏蘇湖之捷，俘其臣
王而歸。允謂元勳，宜膺上爵。尊崇相

新刻京臺公餘勝覽國色天香卷之一

撫金　養純子　吳敬所　編輯
大梁　周文煒　如山甫　重梓

龍會蘭池錄

宋南濠汴郡中都路人蔣生世隆，年弱冠，
學行名時，以韓蘇自許。凡天下名士傾
貲相結納。金兆將蒲濮興福拜爲異姓
兄弟。與福倪家高琪，水虎寨之甚密。世
隆乃臨別于蔣家村，臨行間，以執筆爲
約，各有詩贈，具錄於此。世隆詩曰：
水萍相遇自天涯，文武崢嶸興莫賒。佐國
有心追季布，蓬門無膽作朱家。蛟龍豈是
池中物，珠翠終成錦上花。此去從伊携手

新鐫全像通俗演義隋煬帝艷史八卷四十回

題〔明〕齊東野人編演　題〔明〕不經先生批評

明崇禎四年(1631)人瑞堂刻本　十六册

半葉9行20字, 白口, 四周單邊, 單黑魚尾, 半框高20.5釐米, 寬14釐米, 有圖。版心上鐫"艷史", 中鐫回次, 下鐫葉碼。

卷端題"新鐫全像通俗演義隋煬帝艷史, 齊東野人編演, 不經先生批評"。内封題"繡像批評, 艷史, 人瑞堂梓"。卷首依次有明笑癡子撰《隋煬帝艷史叙》; 明崇禎四年《艷史題辭》, 署"崇禎辛未朱明既望檇李友人委蛇居士識於陶陶館中"; 明崇禎四年《艷史序》, 署"崇禎辛未歲清和月野史主人漫書於虚白堂"; 凡例; 爵里姓氏; 圖; 目録。每卷卷末有總評。

鈐有"許紹南印"印。

新鐫全像通俗演義隋煬帝艷史卷一

齊東野人編演

不經先生批評

第一回

隋文皇帶酒幸宮妃　獨孤后夢龍生太子

詞曰

試問水歸何處、無明徹夜東流、滔滔不管古今愁、浪花如噴雪、新月似銀鈎、暗想當年富貴、挂錦帆直至揚州、風流人去幾千秋、兩行金線柳

繡像京本雲合奇踪玉茗英烈全傳十卷八十回

〔明〕徐渭編

清初刻本　十册

半葉10行22字，白口，四周單邊，單黑魚尾，無界行，半框高18.7釐米，寬13.3釐米，有圖。版心上鎸“雲合奇蹤”，中鎸卷次，下鎸葉碼。

卷端題“繡像京本雲合奇踪玉茗英烈全傳，稽山徐渭文長甫編”。

卷首依次有清東山主人撰《序》；目録；像。

繡像京本雲合奇踪玉茗英烈全傳卷一

稽山徐渭文長甫編

第一回　元順帝荒淫失政

龍興虎奮居淮甸　際會風雲除僭亂
手提寶劍定山河　長驅鐵馬清民患
殺氣遙籠濠泗城　帝星正照鳳陽縣
四海英雄逐義起　萬國諸侯連貢獻
百戰功勞建大勳　千場汗馬征強叛
血汗兩浙縛奸兇　尺鏑三江擒賊旗
掃動妖氛天下寧　施張清氣乾坤變

類叢部

藝文類聚一百卷

〔唐〕歐陽詢撰

明嘉靖二十八年（1549）山西刻本　十二册

半葉14行28字，小字雙行字同，白口，左右雙邊，單黑魚尾，半框高22.7釐米，寬15.8釐米。版心中鎸“藝文”、卷次及葉碼。

卷端題“藝文類聚，唐太子率更令弘文館學士歐陽詢撰”。卷首依次有明嘉靖二十八年《重刻藝文類聚序》，署“嘉靖己酉季春望日奉敕提督雁門等關兼巡撫山西地方督察院右副都御史濮陽蘇祐序”；明嘉靖二十八年《重刻藝文類聚序》，署“嘉靖己酉春三月巡按山西監察御史莆田黄洪毗頓首拜書”；明嘉靖二十八年《山西新刻藝文類聚序》，署“嘉靖己酉夏六月望日知平陽府事洛陽張松頓首謹書”；目録。卷末有明嘉靖二十八年《重刻藝文類聚後序》，署“嘉靖己酉歲正月奉”。

鈐有“炳卿藏舊槧古鈔之記”印。

藝文類聚卷第一

唐太子率更令弘文館學士歐陽詢撰

天部上 天 日 月 星 雲 風

天

周易曰。大哉乾元。萬物資始。乃統天。雲行雨施。品物流形。大明終始。六位時成。時乘六龍以御天。乾道變化。各正性命。 又曰立天之道曰陰與陽 又曰天行健 尚書曰乃命羲和欽若昊天 又曰皇天震怒命我文考肅將天威 禮記曰天地之道博也厚也高也明也悠也久也日月星辰繫焉萬物覆焉 論語曰天何言哉四時行焉百物生焉 老子曰天得一以清 春秋繁露曰天有十端天地陰陽水土金木火人凡十端天亦喜怒之氣哀樂之心與人相副以類合之天人一也 爾雅曰穹蒼蒼天也春爲蒼天夏爲昊天秋爲旻天冬爲上天 春秋元命苞曰天不足西北陽極於九故天周九九八十一萬里 渾天儀曰天如雞子天大地小天表裏有水地各乘氣而立載水而浮天轉如車轂之運 黃帝素問曰

歲華紀麗四卷

〔唐〕韓鄂撰 〔清〕高士奇校

清康熙三十年(1691)刻本 二册

半葉9行16字，小字雙行字同，黑口，四周雙邊，單黑魚尾，半框高16.6釐米，寬9.8釐米。版心中鎸書名、卷次及葉碼。

卷端題“歲華紀麗，唐韓鄂撰，錢唐高士奇校”。卷首有清康熙三十年《序》，署“康熙辛未秋八月竹窗高士奇”。

鈐有“鄞馬鑒季明藏”印。

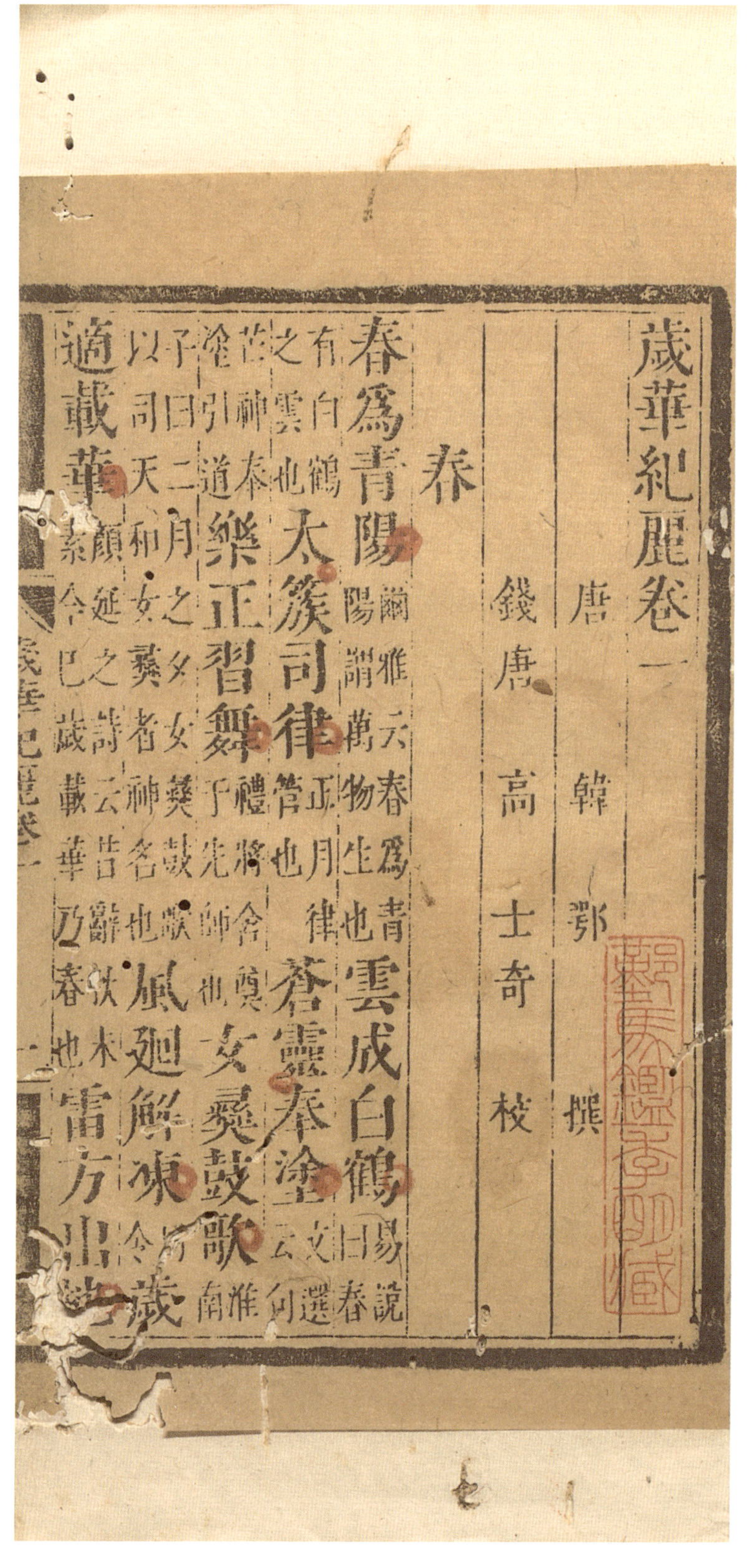

歲華紀麗卷一

唐　韓　鄂　撰

錢唐　高　士奇　校

春

春爲青陽爾雅云春爲青陽謂萬物生也雲成白鶴易說曰春有白鶴之雲也太簇司律正月律管也蒼靈奉塗文選云句芒神奉塗引道樂正習舞禮將舍奠于先師也女夷鼓歌淮南子曰二月之夕女夷鼓歌以司天和女夷者神名也風廻解凍月令歲適載華顏延之詩云告辭狀木素今已歲載華乃春也雷方出地

歲華紀麗卷一　一

文苑英華一千卷 AC149 Zra 81

〔宋〕李昉等編纂

明隆慶元年（1567）胡維新等刻隆慶六年（1572）補刻本　一百一册

半葉11行22字，小字雙行字同，白口，四周單邊，單白魚尾，半框高21釐米，寬15.8釐米。版心上鎸書名，中鎸卷次，下鎸葉碼。

卷端題“文苑英華”。卷首依次有明隆慶元年《刻文苑英華序》，署“隆慶元年□□□日賜進士□□□□□□□尹奉敕巡撫福建地方兼□軍務督察院右僉都御史蜀漢涂澤民撰”；明隆慶元年《刻文苑英華序》，署“隆慶元年正月穀旦賜進士第奉命巡按福建承事郎江西道監察御史姚江胡維新謹叙”；參修者名録；事始；目録，題“翰林院學士朝請大夫中書舍人廣平縣開國男食邑三百户上柱國賜紫金魚袋宋白等奉敕纂”。

鈐有“木堂秘笈”“犬養毅印”印。

文苑英華卷第一　賦一

天象一

天賦　劉允濟

臣聞混成發粹大道含元興於物祖首自胚渾分泰階而立極光耀魄以司尊懸兩明而必照列三緯而無言驅馭陰陽裁成風雨叶乾位而凝化建坤儀而作輔錯落九垓岧嶤八柱爍黄道而開域闢紫宫而爲宇横斗樞以旋運

文苑英華一千卷

〔宋〕李昉等編纂

明隆慶元年(1567)刻隆慶萬曆間遞修本　一百册

半葉11行22字, 小字雙行字同, 白口, 四周單邊, 單白魚尾, 半框高20.8釐米, 寬15.6釐米。版心上鎸書名, 中鎸卷次, 下鎸葉碼。

卷端題"文苑英華"。卷首依次有明隆慶元年《刻文苑英華序》, 署"隆慶元年季夏穀日賜進士中議大夫贊治尹奉敕巡撫福建地方兼督軍務督察院右僉都御史蜀漢涂澤民撰"; 明隆慶元年《刻文苑英華序》, 署"隆慶元年正月穀旦賜進士第奉命巡按福建承事郎江西道監察御史姚江胡維新謹叙"; 《纂修文苑英華事始》; 纂修者名録; 目録。

鈐有"南海馮貽嘉堂所藏印""曼殊圖書之印""曼殊院藏""蘇式之藏書""南海蘇氏式之藏書"印。

按: 此書爲明隆慶六年(1572)、萬曆六年(1578)、萬曆三十六年(1608)遞修本。

文苑英華卷第一　　賦一

天象一

天賦二首　　碧落賦一首

天行健賦一首　　乾坤爲天地賦一首

披霧見青天賦一首　　鍊石補天賦一首

管中窺天賦二首　　三無私賦一首

天賦　　劉允濟

臣聞混成發粹大道含元與於物祖首自胚渾分泰階而立極光耀魄以司尊懸兩明而必照列五緯而無言驅陰陽裁成風雨叶乾位而凝化建坤儀而作輔錯落九垓岩嶤八柱爍黃道而開域闢紫宫而爲宇犢斗樞以旋運

錦繡萬花谷前集四十卷後集四十卷續集四十卷別集三十卷

明嘉靖十五年(1536)錫山秦汴繡石書堂刻本　四十八册

半葉12行21字, 小字雙行字同, 白口, 左右雙邊, 單黑魚尾, 半框高18.9釐米, 寬13.5釐米。版心上鎸"萬花谷", 中鎸卷次, 下鎸葉碼及集次。

卷端題"錦繡萬花谷前集"。卷首依次有宋淳熙十五年(1188)《錦繡萬花谷序》, 署"淳熙十五年十月一日叙"; 總目。

鈐有"養拙軒藏書印"印。

錦繡萬花谷前集卷之一

天

九關虎豹　虎豹九關啄害下人此言天門九重虎豹守之出楚辭

磨蟻　天圓如倚蓋地方如碁局天旁轉半在地上半在地下日月本東行天西旋入于海牽之以西如蟻行磨上磨左旋蟻右行磨疾蟻進蟻不得不西出晉天文志吳王蕃傳

銀黃左界　河漢水之精發而浮上宛轉隨流名曰天河一曰雲漢詩疏亦名銀潢謝莊月賦斜漢左界北陸南躔亦曰銀灣出許洞詩亦曰銀浦出李賀詩

金階兩闕　神異經東北大荒中有金闕高千丈上有明月珠徑三丈光照千里中有金階兩闕名天門出杜詩注

通明殿　通明玉帝殿名常有紅雲捧之坡詩云侍臣鵠

古今合璧事類備要前集六十九卷後集八十一卷續集五十六卷别集九十四卷外集六十六卷

〔宋〕謝維新、虞載輯

明萬曆三十七年（1609）錫山秦氏刻本　五十册

半葉8行16字，小字雙行24字，白口，左右雙邊，單白魚尾，半框高19.4釐米，寬13.7釐米。版心中鎸"合璧事類"、卷次及葉碼，下鎸五行名。

卷端題"古今合璧事類備要，錫山秦秋文成甫重校刻"。卷首依次有明嘉靖三十五年（1556）《重刊合璧事類序》，署"嘉靖丙辰冬十月既望柱國光禄大夫太子太保禮部尚書詔侍諮問應制晋陵顧可學撰"；明黄叔度撰《合璧事類跋》；明萬曆三十七年《重刻合璧事類序》，署"萬曆己酉孟秋錫山東林掌記顧憲成撰，荆溪後學王永圖書"；總目；目録。

古今合璧事類備要卷之一

天文門

錫山秦汴文成甫重校刻 前集

天

事類 羣物之祖 天者丨丨丨丨也故徧覆包含而無所殊建日月風雨以和之經陰陽寒暑以成之前漢董仲舒傳 羣陽之精 天丨丨丨精也合爲太一分爲殊名故立字一大爲天春秋說題 高目下耳 敢問天聰明曰昭昭乎惟天爲聰惟天爲明夫能丨其丨而丨其丨者聽天也夫揚問明 積氣成形 杞國有憂天地崩墜者曉之曰天積氣耳亡處亡形奈何憂其崩列子 道猶張弓 天之丨其丨丨丨乎高者抑之下者舉之有餘者損之不足者補之老子 形如倚蓋 周髀家云

小學紺珠十卷 9308 1133

〔宋〕王應麟輯 〔清〕陳守誠訂 〔清〕陶其愫較

清乾隆十七年(1752)恕堂刻本 十册

半葉10行21字,小字雙行字同,白口,四周雙邊,單黑魚尾,半框高10.1釐米,寬8.2釐米。版心上鐫"紺珠",中鐫卷次,下鐫葉碼。

卷端題"小學紺珠,宋王伯厚先生輯,新城陳守誠伯常訂,南城陶其愫孚中較"。内封題"小學紺珠,恕堂藏版"。卷首依次有元大德四年(1300)《小學紺珠序》,署"大德庚子紫陽晚學方回序";元大德五年(1301)《序》,署"大德辛丑陵陽牟應龍謹序";清乾隆十七年《小學紺珠序》,署"乾隆十七年歲在壬申五月新建夏之翰序";目録。卷末有清陳守誠撰《跋》。

鈐有"輔卿珍藏""夢翔""渠晋鶴印""昭餘渠夢翔圖籍訪古印""楊弇秘笈""長興王修考藏善本"印。

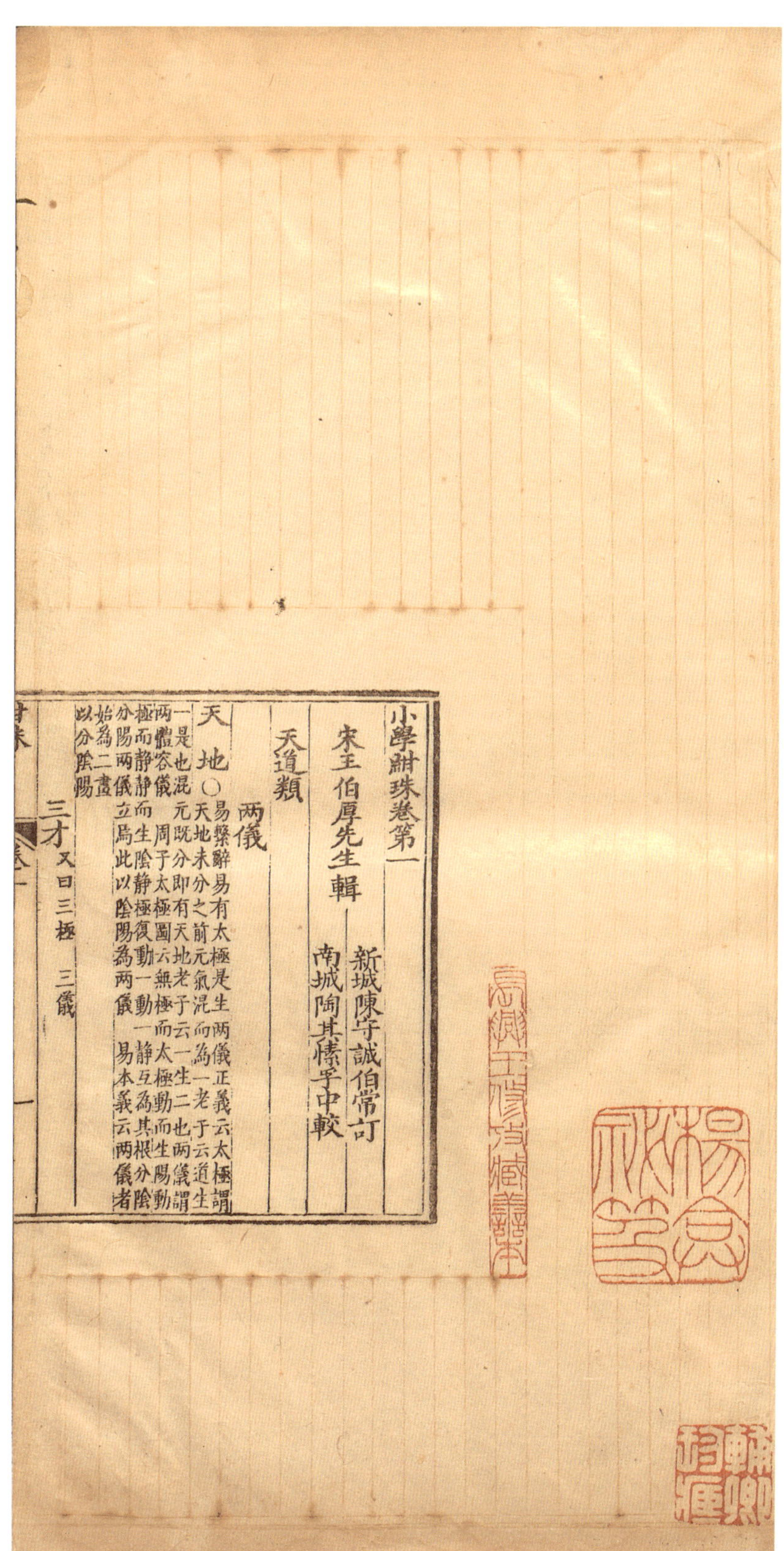

小學紺珠卷第一

宋王伯厚先生輯　新城陳守誠伯常訂　南城陶其愫孚中較

天道類

兩儀

天地○易繫辭易有太極是生兩儀正義云太極謂天地未分之前元氣混而爲一老子云道生一是也混元既分即有天地老子云一生二也兩儀謂兩體容儀周子太極圖云無極而太極動而生陽動極而静静而生陰静極復動一動一静互爲其根分陰分陽兩儀立焉此以陰陽爲兩儀易本義云兩儀者始爲二畫以分陰陽

三才又曰三極　三儀

新增説文韻府群玉二十卷 9304 5635

〔元〕陰時夫編輯　〔元〕陰中夫編注　〔明〕王元貞校正

明萬曆十八年（1590）金陵徐智督刻本　十册

半葉11行22字，小字雙行字同，白口，左右雙邊，單黑魚尾，半框高21.7釐米，寬14.3釐米。版心上鐫書名，中鐫卷次及葉碼。

卷端題“新增説文韻府群玉，晚學陰時夫勁弦編輯，新吴陰中夫復春編注，秣陵王元貞孟起校正”。卷首依次有明萬曆十八年《韻府群玉序》，署“萬曆庚寅夏日五嶽山人沔陽陳文燭玉叔撰”；元滕賓撰《序》；元至大三年（1310）《序》，署“至大庚戌臘江村姚雲”；元大德十一年（1307）《序》，署“大德丁未春前進士竹野倦翁八十四歲書於聚德樓”；元延祐元年（1314）《自序》，署“延祐改元甲寅秋鄉試後五日幼達書”；元陰時夫撰《自序》；凡例；目録；事類總目。

鈐有“朱丁”“玉瑞之章”印。

新增說文韻府羣玉卷之一　上平聲

晩學　陰　時夫　勁弦　編輯
新吳　陰　中夫　復春　編註
秣陵　王　元貞　孟起　校正

一東 獨用

東 德弘切（說文）東動也从日在木中（漢志）｜方陽氣動○夾漈鄭氏曰木若木也日所升降在上曰杲在中曰東在下曰杳一曰春方也（記）大明生於｜（禮器）（詩）我來自｜（東山）駕言徂｜（車攻）（孟）決諸｜方則｜流（莊）順流而｜行○坦｜腹｜牀 **道東**（漢）鄭玄事馬融融辭歸融曰吾｜｜矣（本傳） **易東** 丁寬學易於田何寬東歸何曰｜巳｜矣（本傳） **乃東** 夏枯草名｜｜冬至後生五月枯（本草） **活東** 科斗｜｜（爾雅）蝦蟇名○急就章曰款東亦曰欵凍以其凌寒而生 **丁東** 丁當瓏聲或謂｜｜｜｜（詩緝）東郎當也 **小東** ｜｜大東杼軸維其空（詩）言大小皆取於東國 **闑東** 賓入不中門公事自闑西私事自｜｜（記玉藻） **門東** 叫怒索飯啼｜｜｜｜（杜）謂庖廚｜｜

新編事文類聚翰墨大全前集十二集一百卷後集五集三十四卷 AC149 Zcl 4208

〔元〕劉應李編

明刻本　三十四册

半葉12行26字，小字雙行字同，黑口，四周單邊，雙黑魚尾，半框高19.7釐米，寬13釐米，有圖。版心上鎸"翰墨大全"，中鎸集數及卷次，下鎸葉碼。

卷端題"新編事文類聚翰墨大全，前鄉貢進士省軒劉應李希泌編"。卷首依次有元大德十一年（1307）《新刊翰墨大全序》，署"歲在丁未月正元日是爲大德之十有一年前進士考亭熊禾去非父序"；總目；圖；目録。

鈐有"大沼圖書""不出户外萬萬柔柔屋圖書章"印。

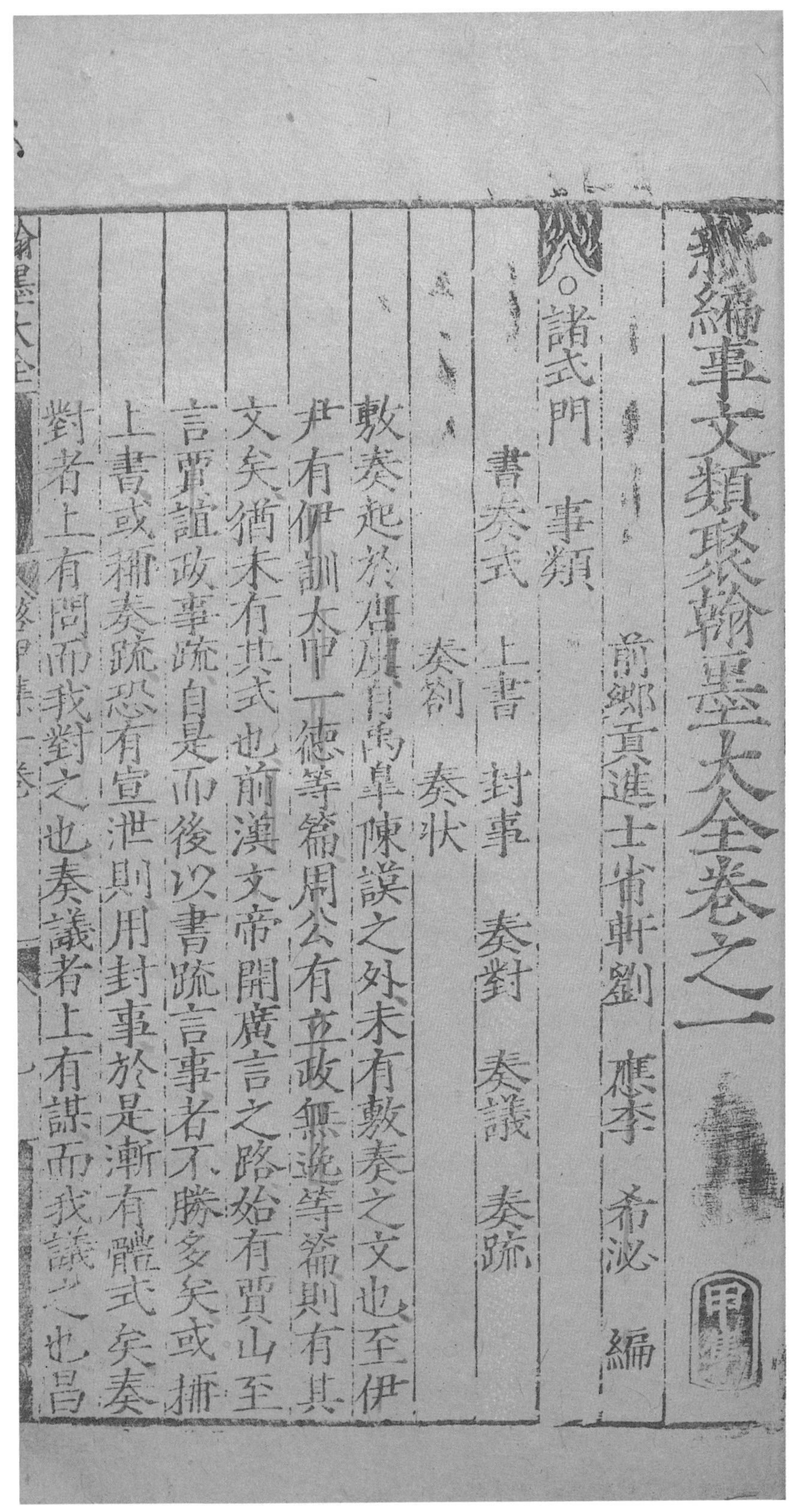

新編事文類聚翰墨大全卷之二

前鄉貢進士肯軒劉應李希泌編

〇諸式門　事類

書奏式　上書　封事　奏對　奏議　奏疏

奏劄　奏狀

敷奏起於唐虞有禹皐陳謨之外未有敷奏之文也至伊尹有伊訓太甲一德等篇周公有立政無逸等篇則有其文矣猶未有其式也前漢文帝開廣言之路始有賈山至言賈誼政事疏自是而後以書疏言事者不勝多矣或摭上書或稱奏疏恐有宣泄則用封事於是漸有體式矣奏對者上有問而我對之也奏議者上有謀而我議之也昌

經濟類編一百卷

〔明〕馮琦纂　〔明〕馮瑗等校

明萬曆三十二年（1604）浙虎林郡南屏山刻本　五十四册

半葉10行20字，白口，四周單邊，無魚尾，半框高21.3釐米，寬15釐米。版心上鎸書名、卷次，中鎸葉碼，下鎸篇名。

卷端題“經濟類編，明北海馮琦纂，弟馮瑗、楚黄門人周家棟、淮南門人吴光義校”。卷首依次有明萬曆三十二年《經濟類編叙言》，署“萬曆甲辰歲嘉平既望仁和令淮南門人吴光義頓首拜書”；校刻姓氏，署“大明萬曆三十二年校刻於浙虎林郡南屏山”；凡例；目録。卷末有《雜言》，署“萬曆甲辰歲冬至前十日北海馮瑗謹識時舟次浙餘不溪”。

鈐有“細園”印。

經濟類編卷一

明北海馮琦纂

弟馮瑗

楚黄門人周家棟 校

淮南門人吴光義

帝王類一

君道二十四則

周亢倉楚君道篇　始生之者天地。養成之者人也。能養天之所生而物攖之，謂之天子。天子之動也，以全天氣故。此官之所以自立也。立官者以全生也。今

劉氏鴻書一百八卷

〔明〕劉仲達纂輯　〔明〕湯賓尹删正

明萬曆三十九年(1611)宣城劉氏樂志齋刻本　二十册

半葉10行21字,小字單行字同,白口,四周單邊,單白魚尾,半框高21.5釐米,寬14.7釐米。版心上鎸"鴻書",中鎸卷次,下鎸葉碼及部類。

卷端題"劉氏鴻書,明宣城劉仲達纂輯,太史湯賓尹删正"。卷首依次有明萬曆三十九年《鴻書序》,署"時萬曆歲在辛亥中秋日江寧顧起元撰,茂苑丘羲民書";明萬曆三十九年《叙》,署"萬曆辛亥孟春夏日友弟湯賓尹書";明陶明先撰《牋》;明萬曆三十九年《書鴻書後》,署"辛亥秋仲山陰祁承爍書於白雲吏隱";凡例,末署"萬曆歲辛亥春王正月赤劍齋識";明黄景星撰《引》;目録。

鈐有"中邨佐滕氏藏書記"印。

劉氏鴻書卷一

明　宣城劉仲達　纂輯

太史湯賓尹　删正

天文部一

天

伯陽父曰有物混成先天地生獨立而不改周行而不殆可以爲天地母未有天地之時其氣混沌如雞子溟涬始芽鴻濛滋萌太極元氣函三爲一極中也元始也清輕者上爲天濁重者下爲地冲和之氣爲人芒雜之氣爲物孕在天地未分之前元氣混而爲一是太初太

山堂肆考五集二百四十卷 9299 9493

〔明〕彭大翼纂 〔明〕張幼學編輯

明萬曆四十七年（1619）梅墅石渠閣刻本 六十册

半葉11行22字，白口，四周單邊，單黑魚尾，半框高20.6釐米，寬13.2釐米。兩截版，上欄鎸注解，下欄鎸正文，版心上鎸書名，中鎸集名及卷次，下鎸葉碼。

卷端題"山堂肆考，明古揚彭大翼雲舉父纂著、張幼學儀伯父編輯，秣陵焦竑弱侯父、同郡凌儒海樓父、四明馮任重夫父、同郡成友謙石生父、弟大翺雲健父較，外孫張映漢侯赤父重較"。内封題"彭雲舉先生編著，山堂肆考，梅墅石渠閣藏板"。卷首依次有明萬曆二十三年（1595）《山堂肆考序》，署"萬曆乙未一陽月賜進士及第翰林院修撰秣陵焦竑侯父撰"；明萬曆二十三年《山堂肆考叙》，署"萬曆乙未孟冬望日海陵凌儒撰"；明馮任重撰《山堂肆考序》；明萬曆二十五年（1597）王兆雲撰《山堂肆考序》，署"萬曆丁酉夏五"；明萬曆二十三年《山堂肆考序》，署"萬曆乙未季秋之吉文林郎知海門縣事黄岡廖自伸伯常父撰"；明成友謙撰《重訂山堂肆考》；明萬曆二十三年《山堂肆考自序》，署"萬曆歲在乙未冬十有一月長至日雲南霑益州知州維揚林居彭大翼書於猶賢軒中"；明彭大翺撰《跋山堂肆考》；明彭取第撰《山堂肆考跋》；明萬曆四十七年《小記》，署"萬曆己未上元日孫壻張幼學頓首手記於因篤樓"；凡例；參訂姓氏；總目；目録。

鈐有"石渠閣"印。

山堂肆考天文第一卷

明　古揚　彭大翼　雲舉父　纂著

張幼學　儀伯父　編輯

秣陵　焦竑　弱矦父

同郡　凌儒　海樓父

四明　馮任　重夫父　較

同郡　成友謙　石生父

弟　大翺　雲健父

外孫　張映漢　矦赤父　重較

○天

河圖括地象。易有太極。是生兩儀。兩儀未分。其氣

天中記六十卷 AC149 Zra 26

〔明〕陳耀文纂 〔明〕屠隆校

明萬曆間刻本 三十册

半葉11行21字，小字雙行字同，白口，左右雙邊，單黑魚尾，半框高19.4釐米，寬13.5釐米。版心上鎸書名，中鎸卷次，下鎸葉碼。

卷端題“天中記，朗陵陳耀文晦伯甫纂，四明屠隆緯貞甫校”。卷首依次有明萬曆二十三年（1595）《天中記序》，署“萬曆乙未中秋東海屠隆緯真甫纂”；明萬曆十七年（1589）《天中記序》，署“萬曆己丑春日沔陽陳文燭撰”；《天中記叙》，未署撰者，似闕葉；目録。

鈐有“北越天神高橋庫中圖書之記”印。

天中記卷之一

朗陵陳耀文晦伯甫纂
四明屠隆緯真甫校

天

五號 尚書說云天有五號尊而君之則曰皇天元氣廣大則稱昊天仁覆愍下則稱旻天自天監下則稱上天據遠視之蒼蒼然則稱蒼天周禮疏

四名 爾雅曰春爲蒼天夏爲昊天秋爲旻天冬爲上天李巡注曰春萬物始生其色蒼蒼故曰蒼天夏萬物壯盛其氣昊昊故曰昊天秋萬物成熟皆有文章故曰旻天旻文也冬陰氣在上萬物伏藏故曰上天

尚友録二十二卷 2257.6 9570

〔明〕廖用賢編纂

清雍正四年（1726）三瑞堂重刻本　二十四册

半葉7行20字，小字雙行字同，白口，四周單邊，無魚尾，半框高21.4釐米，寬13.8釐米。版心上鐫書名，中鐫卷次及韻部，下鐫葉碼及刻字字數。

卷端題"尚友録，閩綏安賓于廖用賢編纂"。内封題"雍正四年重鐫，晋安廖大中丞先生參訂，尚友録，三瑞堂藏板，翻刻必究"。卷首依次有清康熙五年（1666）《尚友録序》，署"康熙丙午仲春花朝督學使者山陽陸求可撰"；清順治十年（1653）《尚友録序》，署"順治癸巳鞠月古吴介菴季芷題於三山李署之鏡瀾亭"；明天啓元年（1621）《尚友録序》，署"天啓元年歲次辛酉仲冬長至前一日賜進士出身巡撫福建都察院右僉都御史會稽商周祚撰"；明萬曆四十五年（1617）《刻尚友録序》，署"萬曆四十有五年丁巳孟月同邑謝兆申謹序"；凡例；明萬曆四十五年《尚友録自叙》，署"時萬曆四十有五年季夏朔日吸露齋居士賓于廖用賢謹題"；目録。

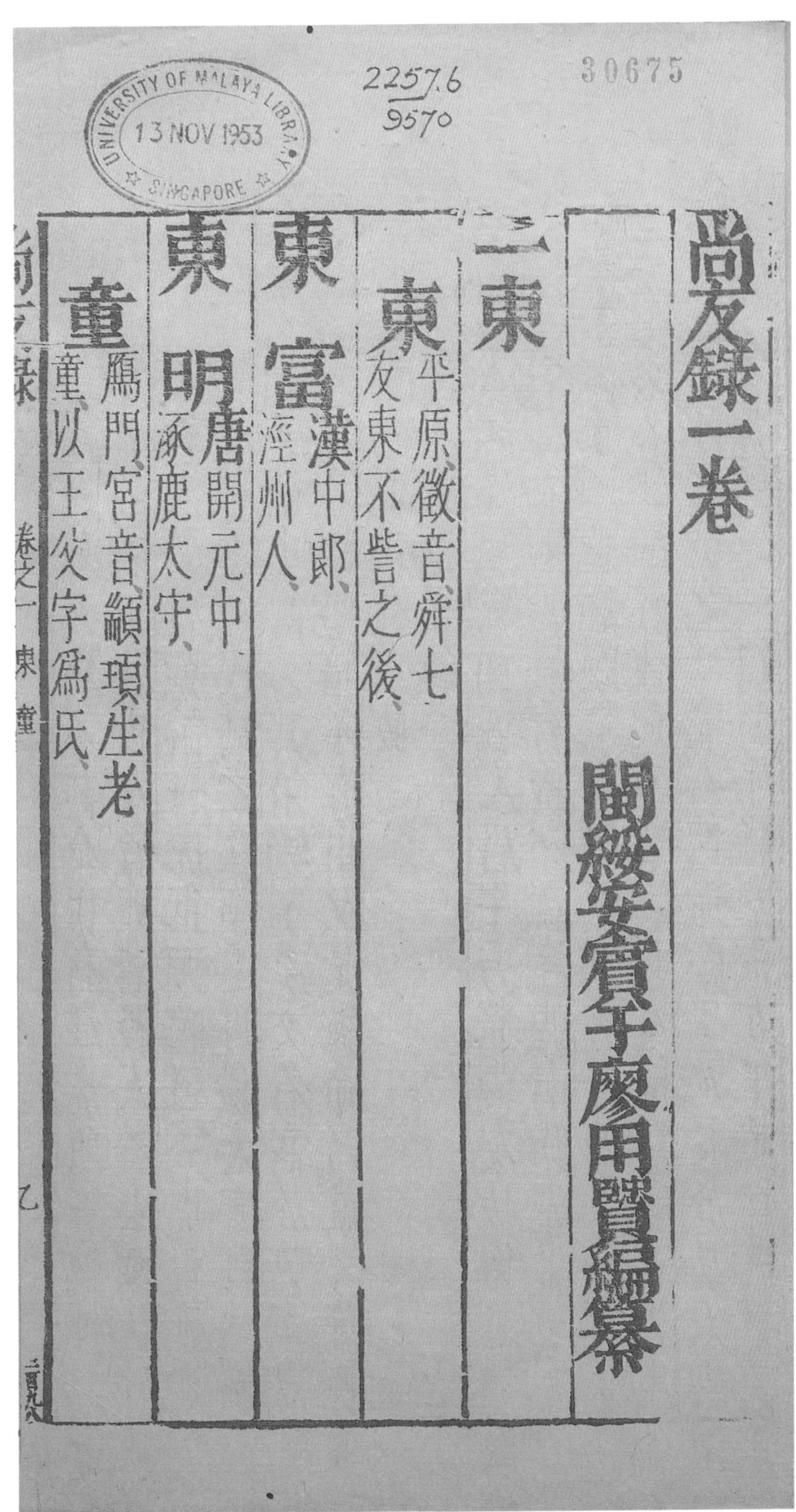

尚友錄一卷

閩綏安賔王廖用賢編纂

一東

東 平原徵音舜七友東不訾之後

東 富 漢中郎涇州人

東 明 唐開元中涿鹿太守

童 鴈門宮音顓頊生老童以王父字爲氏

尚友録　卷之一　東　童　乙　二百九八

博物典彙二十卷 042.69 170

〔明〕黄道周纂

明崇禎八年（1635）刻本　十二册

半葉9行19字，小字雙行字同，白口，左右雙邊，無魚尾，半框高20.1釐米，寬13.9釐米。版心上鐫書名，中鐫卷次及類目，下鐫葉碼。

卷端題“博物典彙，史官黄道周参玄氏纂”。内封題“黄石齋太史纂輯，博物典彙”。卷首依次有明崇禎八年《序》，署“崇禎乙亥長至前一日年弟蔣德璟題”；目録。

鈐有“薛禧汝字仲迓”“學山堂”“仲迓”“薛禧汝印”“南洋大學圖書館藏書”印。

博物典彙卷之一

史官黃道周參玄氏纂

天文

渾天

言天者有三家。一曰盖天。二曰宣夜。三曰渾天。蔡邕言宣夜之學。絕無師承。周髀術數具存。考驗天象。多所違失。惟渾天者。近得其情。所謂周髀者。即盖天之說也。其言天地中高而四隤。日月相隱蔽以爲晝夜矣。又云。天形南高而北下。

御定駢字類編二百四十卷 9301 2472

〔清〕沈宗敬等編纂

清雍正六年(1728)武英殿刻本 一百二十册

半葉10行21字,小字雙行字同,黑口,四周雙邊,雙黑魚尾,半框高17.2釐米,寬11.8釐米。版心上鎸門類,中鎸"駢字類編"、卷次及類目,下鎸葉碼。

卷端題"御定駢字類編"。卷首依次有清雍正四年(1726)《御製駢字類編序》,署"雍正四年五月初九日";凡例;清雍正六年奉旨開列參纂諸臣職名;目録。

鈐有"潤生""閬源父""士鐘"印。

御定駢字類編卷第一

天地門一

天

天地〔易乾〕夫大人者與丨丨合其德〔又坤〕丨丨變化草木蕃丨丨閉賢人隱〔又泰象〕曰丨丨交泰后以財成丨丨之道輔相丨丨之宜以左右民〔又豫象〕丨丨以順動故日月不過而四時不忒〔又復象〕復其見丨丨之心乎〔又咸象〕丨丨感而萬物化生聖人感人心而天下和平觀其所感而丨丨萬物之情可見矣〔又豐象〕丨丨盈虛與時消息〔又繫辭〕易與丨丨準〔注〕言聖人作易與丨丨相準謂準擬丨丨則乾健以法天坤順以法地之類是也〔又〕範圍丨丨之化而不過〔又〕廣大配丨丨〔又〕丨丨之道貞觀者也〔又〕丨丨之大德曰生〔又說卦〕丨丨定位山澤通氣〔書泰誓〕惟丨丨萬物父母惟人萬物之靈〔又周官〕少師少傅少保曰三孤貳公弘化寅亮丨丨弼予一人〔詩小序〕昊天有成命郊祀丨丨也〔禮記曲禮〕天子祭丨丨祭

新鐫分類評注文武合編百子金丹十卷 1063 3400

〔明〕郭偉選注 〔明〕王星聚校訂 〔明〕郭中吉編次

明經國堂刻本 六册

半葉9行22字，小字雙行字同，白口，四周單邊，無魚尾，無界行，半框高21.9釐米，寬14.5釐米。版心上鐫書名，中鐫卷次、類目及分類名，下鐫葉碼。

卷端題“新鐫分類評注文武合編百子金丹，温陵郭偉士俊父選注，淳陰王星聚奎徵父校訂，男郭中吉在中父編次”。内封題“合諸名公批評，郭士俊先生類選，百子金丹，是集也弘蒐諸子，廣合名批，文彙六編，類分百種，語語琅玕，字字珠璣，舉業家珍文壇秘寶也，勿與坊刻諸子混視，具隻眼者自能辨之，經國堂梓行”。卷首依次有凡例，末署“白下主人少山傅夢龍謹識”；目録。

鈐有“陳慶保”印。

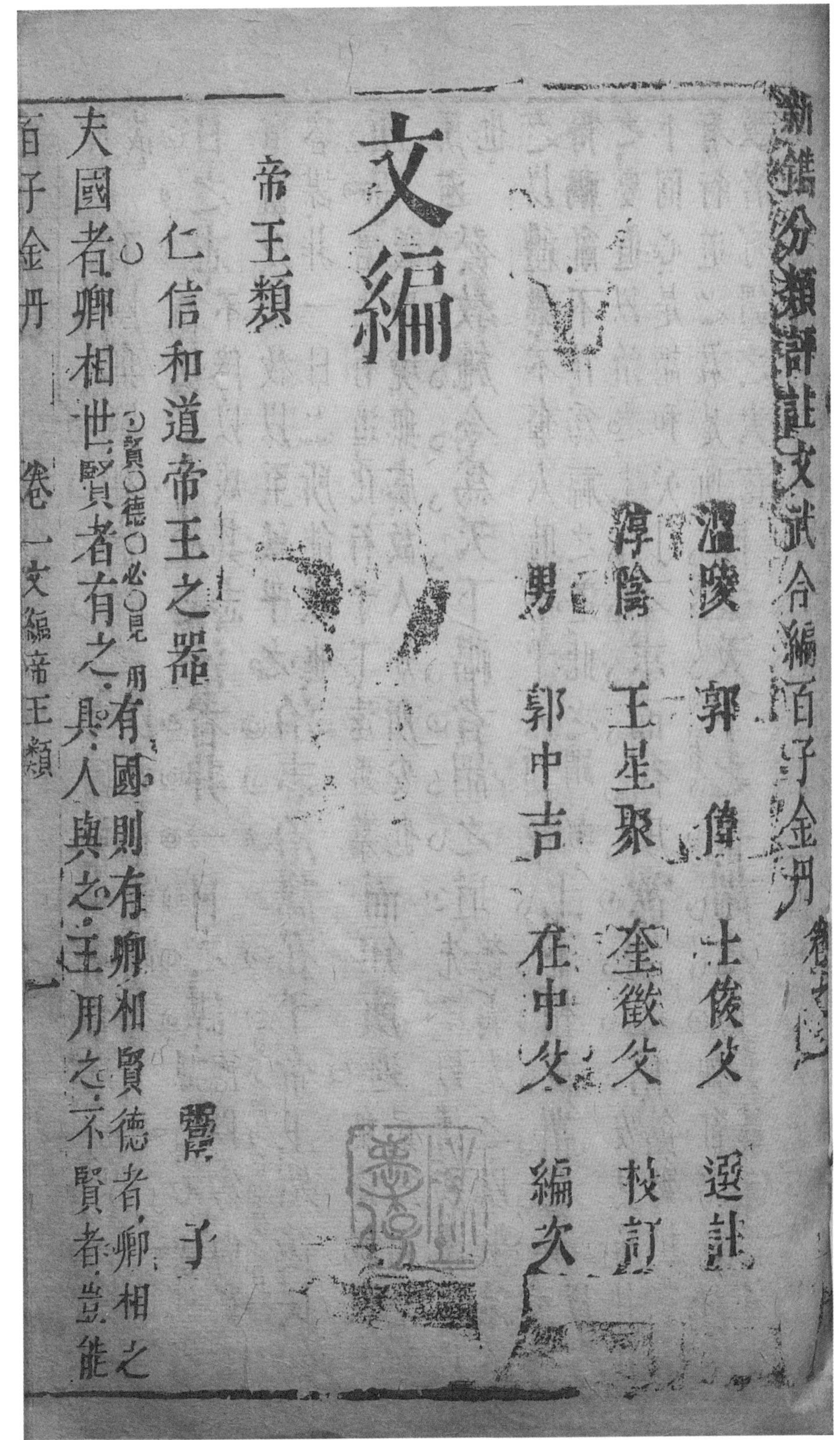
新鐫分類評註文武合編百子金丹卷之一

潛陵 郭偉 士俊父 選註

淳陰 王星聚 奎徵父 校訂

男 郭中吉 在中父 編次

文編

帝王類

仁信和道帝王之器 鬻子

夫國者卿相世賢者有之。(○賢○德○必○見 用)有國則有卿相賢德者，卿相之與人與之，主用之。不賢者，豈能

百子金丹 卷一文編帝王類 一

鏡烟堂十種二十七卷 9118 3549

〔清〕紀昀編輯

清乾隆間刻本　二十册

半葉10行21字，小字雙行字同，白口，四周單邊，單黑魚尾，半框高18.2釐米，寬12.3釐米。版心鎸書名，下鎸葉碼。

内封題"河間紀曉嵐編輯，鏡烟堂十種，沈氏四聲考、唐人試律説、才調集、瀛奎律髓、李義山詩、陳後山詩、張爲主客圖、風雅遺音、庚辰集、館課存稿"。

子目：

沈氏四聲考二卷

唐人試律説一卷

删正二馮評閲才調集二卷

删正方虚谷瀛奎律髓四卷

點論李義山詩集三卷

後山集鈔三卷

張爲主客圖一卷

風雅遺音二卷

庚辰集五卷

館課存稿四卷

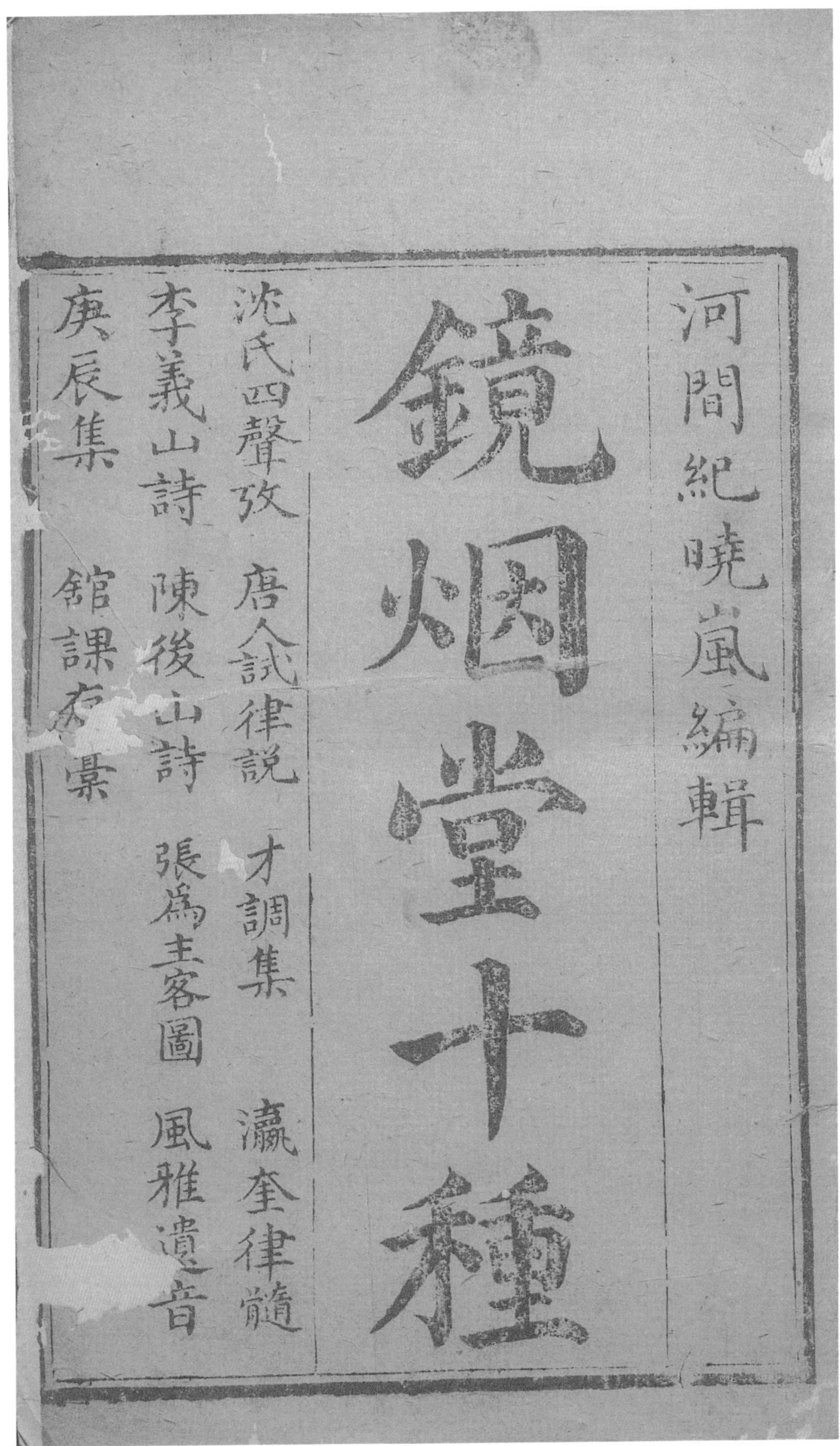

河間紀曉嵐編輯

鏡烟堂十種

沈氏四聲攷　唐人試律說　才調集　瀛奎律髓

李義山詩　陳後山詩　張爲主客圖　風雅遺音

庚辰集　館課存稾

高梅亭讀書叢鈔十種

〔清〕高塘集評

清乾隆五十三至五十四年(1788—1789)廣郡永邑培元堂楊氏刻本　四十册

半葉9行25字,小字雙行字同,白口,四周雙邊,單黑魚尾,無界行,半框高19.6釐米,寬15.4釐米。版心上鎸書名,中鎸卷次、篇名及葉碼。

《左傳鈔》内封題"乾隆五十三年訂,和陽高梅亭集評,左傳鈔",鈐"廣郡永邑培元堂楊藏板"朱印。《嘉懿集初鈔》内封題"乾隆五十四年鎸,和陽高梅亭編輯,嘉懿集初鈔",鈐"廣郡永邑培元堂楊藏板"朱印。其餘同《左傳鈔》内封題字。

子目:

左傳鈔六卷

歸餘鈔四卷

唐宋八家鈔八卷

國策鈔二卷

國語鈔二卷

公羊傳鈔一卷

穀梁傳鈔一卷

史記鈔四卷

前漢書鈔四卷

嘉懿集初鈔四卷(館藏缺卷三至卷四)

假象而試化機。飛動。覺逍遙意境遊字精神。洋洋活現。全為至人神人聖人寫照。

此節正指點出氣化來。蒼蒼無極。即後所云天地六氣。是逍遙者所乘而御也。

逍遙遊（莊子內篇。逍遙超然自在之貌。遊者。無所倚著之謂。）

北冥（溟通。海水冥冥無涯也。）有魚其名為鯤鯤之大不知其幾千里也。化而為鳥其名為鵬鵬之背不知其幾千里也怒（勃發之意）而飛其翼若垂天之雲是鳥也海運（狀氣之鼓動）則將徙於南冥南冥者天池也（解南冥一句。屬上。）

（從一魚一鳥寓意空。中。結。撰。間。間布置。）

（承）（忽。勒。）（忽。証。手。法。跳。脫。）

齊諧者志怪者也（引齊諧先解一句。屬下。）諧之言曰鵬之徙於南冥也水擊三千里摶扶搖而上者九萬里去以六月息者也野馬也（日中游氣）塵埃也（浮動可見者）生物之以息相吹也天之蒼蒼其正色邪其遠而無所至極邪（此從下視上之勢）其視下也亦若是則已矣（上視下。猶下視上。）

（承）（陡。接。）（遊。字。寓。象。飛。揚。早。已。含。舉。氣。化。）

且夫水之積也不厚則負大舟也無力覆杯水於坳（音要）堂之上（堂之坎處）

（以。水。喻。風。明。九。萬。里。而。後。已。之。故）

帰余抄周 卷一 逍遙遊 一

河南二程全書七種

〔宋〕程顥、程頤撰

清康熙間禦兒吕氏寶誥堂刻本　十二册

半葉12行22字，小字雙行字同，黑口，左右雙邊，雙黑魚尾，半框高17.8釐米，寬14釐米。版心中鎸書名及卷次，下鎸葉碼。

内封題“二程全書，禦兒吕氏寶誥堂刊”。

鈐有“南洋大學圖書館藏書”印。

子目：

河南程氏遺書二十五卷附録一卷

河南程氏外書十二卷

明道先生文集五卷

伊川先生文集八卷附録二卷

伊川易傳四卷

伊川經説八卷

二程粹言二卷

河南程氏遺書第一　　二先生語一

端伯傳師說

伯淳先生嘗語韓持國曰如說妄說幻爲不好底性則請別尋一箇好底性來換了此不好底性著道即性也若道外尋性性外尋道便不是聖賢論天德蓋謂自家元是天然完全自足之物若無所汚壞即當直而行之若小有汚壞即敬以治之使復如舊所以能使如舊者蓋爲自家本質元是完足之物若合修治而修治之是義也若不消修治而不修治亦是義也故常簡易明白而易行禪學者總是强生事至如山河大地之說是他山河大地又干你何事至如孔子道如日星之明猶患門人未能盡曉故曰予欲無言如顏子則便默識其他未